Pierre de Forêt

Die Geburt der Seele

Pierre de Forêt

Die Geburt der Seele

Ihr Werden und ihr schöpferisches Potential

///////////////////// SILBERSCHNUR /////////////////////

© Verlag „Die Silberschnur" GmbH

ISBN 3-931 652-67-X

1. Auflage 1999

Covergestaltung: d t p XPresentation, Boppard
Druck: FINIDR, 壓 s. r. o., Český Těšín

Verlag »Die Silberschnur« GmbH · Steinstraße 1 · D-56593 Güllesheim

www.silberschnur.de
e-mail: info@silberschnur.de

Winterabend

Winterabend ist's und draussen stille,
nur das Feuer im Kamin
lodert so, als wär's sein Wille,
dich - du kleine Kreatur -
zu mahnen an des Schöpfers Wille,
dich zu führen - in der Stille -
aus durch dich erlebten Schranken,
die gebaut sind auf Gedanken -
dir zu weisen deiner Seele Spur.

Pierre de Forêt

Inhaltsverzeichnis

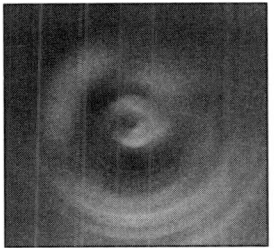

Vorwort des Verfassers

Das Buch „Im Herzen der Wirklichkeit" hat zu zahlreichen Zuschriften aus der Leserschaft geführt. Jede dieser Zuschriften war für mich sehr wertvoll, und ich bedanke mich an dieser Stelle ganz herzlich bei allen, welche die Mühe auf sich genommen haben, mir ihre Meinung oder ihre durch das Buch ausgelösten Fragen mitzuteilen. Zum überwiegenden Teil stammten die Zuschriften von Menschen, die sich durch das Buch positiv angesprochen fühlten. Daneben erreichten mich aber auch einige kritische Reaktionen von Menschen, die sich durch einzelne Aussagen meines Begleiters verletzt fühlten. Ich weiss, dass das nicht seiner Absicht entspricht, und als Autor bedauere ich, dass ich - weil ich mich einer Authentizität der veröffentlichten Aussagen verpflichtet fühle - auch im vorliegenden Buch und den geplanten Folgewerken nicht werde vermeiden können, dass solche Aussagen Aufnahme finden, denn häufig sind sie für das Verständnis anderer Aussagen unabdingbar.

Ich habe verschiedene Male darauf hingewiesen, dass es sich bei den veröffentlichten Aussagen meines Begleiters um eine durch mich getroffene Auswahl handelt. In mancher Zuschrift wurde das kritisiert; es wird befürchtet, dass ich der Leserschaft dadurch wichtige Aussagen vorenthalten würde. Doch es gibt verschiedene Gründe, die dagegen sprechen, dass ich alle seine Aussagen veröffentliche. So ergeben viele von ihnen nur im Kontext meiner in seiner Begleitung gemachten ausserkörperlichen Erfahrungen einen Sinn. Andere wiederum eignen sich deshalb nicht für eine Veröffentlichung, weil sie dermassen im Widerspruch zu den gängigen Wertvorstellungen unserer Gesellschaft stehen, dass sich ein grosser Teil der Leserschaft durch sie verletzt fühlen würde. Wenn immer das möglich ist, versuche ich deshalb, bei meiner Auswahl solche Aussagen beiseite zu lassen. Da sich die Aussagen aber häufig ergänzen und überschneiden, komme ich nicht umhin, manchmal - sogar aus meiner Sicht - recht provokative Aussagen in den Buchtext aufzunehmen, weil der Leserschaft sonst der Zusammenhang und damit das Verständnis für andere, meines Erachtens wichtige Aussagen fehlen würde.

Ein katholischer Theologe und ein weiterer Leser lehnten die Aussage meines Begleiters, wonach der menschliche Körper nicht ein Gefäss für die Seele darstelle und wir Menschen eine Schöpfung unserer eigenen Seele seien, kategorisch ab und empfanden es als anmassend, dass ich - gemeint war wohl mein Begleiter - das „Buch Genesis" in Frage stellen würde. Es ist unbestritten, dass die Aussagen meines Begleiters im Widerspruch zu den Aussagen der Bibel über Gott als den Schöpfer der Welt stehen, doch die Kritiker sollten bedenken, dass das auch auf alle diesbezüglichen wissenschaftlichen Erkenntnisse zutrifft. Obwohl ich solche Kritiken ernst nehme, konnte und wollte ich aber nicht vom geplanten Inhalt des vorliegenden Buches abweichen. So habe ich, wie geplant, die Aussagen meines Begleiters aus einer Lektion in den Buchtext aufgenommen, in der er tatsächlich ein völlig neues Bild der Schöpfung vermittelt hat. Dieser Teil kann im weitesten Sinne tatsächlich als Neufassung der Genesis verstanden werden. Die darin enthaltenen

Aussagen meines Begleiters bilden die eigentliche Basis und Voraussetzung für das Verständnis seiner danach folgenden Ausführungen zum Themenkreis „Reinkarnation und Karma".

Bereits in der Einführung zu „Im Herzen der Wirklichkeit" habe ich darauf hingewiesen, dass ich die Begleitumstände meiner ausserkörperlichen Erfahrungen als eher nebensächlich betrachte und ich das Interesse der Leserschaft ausschliesslich auf den Inhalt der Aussagen meines Begleiters lenken möchte. Selbstverständlich waren aber die Umstände meiner ausserkörperlichen Exkursionen stets ein Thema zwischen meinem Begleiter und mir, und so war es nicht zu vermeiden, dass auch in den in „Im Herzen der Wirklichkeit" veröffentlichten Aussagen entsprechende Hinweise zu finden sind. Insbesondere seine Aussagen zur Objektivität ausserkörperlicher Erfahrungen, hat von Seiten der Leserschaft zu vielen Fragen geführt. Besonderes Interesse galt dem Umstand, dass gemäss seinen Aussagen Unterschiede in der „Gültigkeit" solcher Erfahrungen bestehen sollen. Da nur ein sehr geringer Teil der Leserschaft selbst über ausserkörperliche Erfahrungen verfügen dürfte, bin ich nach wie vor der Meinung, dass es wichtigere Aussagen meines Begleiters gibt, die sich zu veröffentlichen lohnen, als seine Ausführungen zu diesem Thema. Andererseits ist es mir aber auch ein Bedürfnis, die Fragen aus der Leserschaft, die sich aus den Aussagen meines Begleiters ergeben, zu beantworten. Das letzte Kapitel dieses Buches ist deshalb - ausserplanmässig - diesem Thema gewidmet. Zudem werden im Anhang einige Fragen aus der Leserschaft beantwortet.

Das vorliegende Buch baut auf den Aussagen auf, die in „Im Herzen der Wirklichkeit" veröffentlicht wurden. Manche Frage, die darin unbeantwortet blieb, wird nun geklärt. Da aber jedes Buch als Teil eines Gesamtwerkes zu verstehen ist, ist es unvermeidlich, dass auch im vorliegenden Buch wieder neue Fragen auftauchen, die darin nicht abschliessend beantwortet werden können. Ich war am Anfang der Kontakte zu meinem Begleiter häufig selbst etwas enttäuscht, wenn er nicht bereit war, von einem behandelten Thema abzuweichen und er auf Fragen meinerseits - meistens mit dem Hinweis auf noch folgende Aussagen - nur bedingt einging. Inzwischen habe ich aber den tieferen Sinn seiner „Strategie" längst erkannt: Ich wäre, wie ich rückblickend zugeben muss, gar nicht in der Lage gewesen, seine Antworten auf meine mich damals beschäftigenden Fragen zu verstehen. Dazu fehlte mir ganz einfach die erforderliche Hintergrundinformation oder - wie es mein Begleiter ausdrückte - dazu musste zuerst ein stabiles (Wissens-) Fundament geschaffen werden. Ich erachte es deshalb als sinnvoll, wenn auch die Leserschaft analoge Erfahrungen macht. Aus diesem Grund versuche ich, bei der Auswahl der zu veröffentlichenden Aussagen eine gewisse Chronologie zu wahren und lasse Fragen auch dann offen, wenn diese mir selbst in der Zwischenzeit längst beantwortet wurden.

Obwohl die Leserschaft also davon ausgehen kann, dass solche Fragen - zumindest soweit sie von allgemeinem Interesse sein können - in einem der Folgewerke beantwortet werden, wirft das vorliegende Buch möglicherweise auch ganz persönliche Fragen auf. Sollten Sie nach der Lektüre dieses Buches solche Fragen beschäftigen, so versuchen Sie bitte, diese schriftlich zu formulieren und mir über den Verlag zukommen zu lassen. Mein Begleiter ist gerne dazu bereit, mich dabei zu unterstützen, diese Fragen zu beantworten. Fragen von allgemeinem Interesse, werden gegebenenfalls - selbstverständlich unter Wahrung der Anonymität der Fragesteller/innen - in einem gesonderten „Frage/Antwort-Band" behandelt.

Nun bitte ich Sie, liebe Leserin, lieber Leser, zu versuchen, gewohnte Denkstrukturen zu verlassen, sich für Neues zu öffnen und ihren Gefühlen zu gestatten, sich ein weiteres Mal auf die faszinierenden Aussagen meines Begleiters einzulassen.

Ihr Pierre de Forêt

12

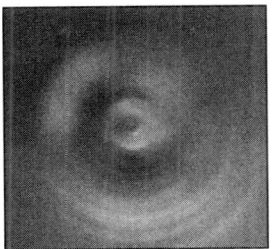

Zusammenfassender Kommentar zu „Im Herzen der Wirklichkeit"

Die Aussagen des vorliegenden Buches können in ihrem Zusammenhang nur dann wirklich verstanden werden, wenn die Leserschaft sich bereits mit den Aussagen befasst hat, die in „Im Herzen der Wirklichkeit" veröffentlicht wurden. Der folgende Überblick kann demnach zwar für das Verständnis der im vorliegenden Buch gemachten Aussagen behilflich sein, die Lektüre von „Im Herzen der Wirklichkeit" kann er aber nicht ersetzen.

1959, im Alter von 7 Jahren, machte ich, im insgesamt wenig erfreulichen Umfeld meiner frühen Jugend, die erste unbeabsichtigte, aber bewusste ausserkörperliche Erfahrung. Ich fand mich dabei in einer Realität wieder, die sich - zumindest auf den ersten Blick - nicht offensichtlich von unserer alltäglich erlebten Realität unterschied, doch erkannte ich bald, dass darin völlig andere Gesetzmässigkeiten Gültigkeit haben. So konnte ich zum Beispiel die in unserem Sinne kompakte

Materie durchdringen, das heisst, Wände bildeten für mich kein Hindernis, und alles Gegenständliche war für mich im wahrsten Sinne des Wortes zwar sichtbar, aber nicht greifbar.

Bei diesem ersten Ausflug machte ich die Bekanntschaft mit einem Wesen, das - wie es mir selbst, mehr als zehn Jahre später, bei meiner nächsten ausserkörperlichen Erfahrung zu verstehen gab - in einer Realität „zuhause" ist, in der das selbstbewusste Sein nicht an eine Form gebunden ist. Es nahm - gemäss seinen Aussagen - lediglich menschliche Form an, damit ich es überhaupt als „verkörpertes" Wesen wahrnehmen konnte. Auf meine Frage nach seinem Namen entgegnete das Wesen, dass es viele Namen getragen habe, dass diese aber bedeutungslos seien, weil sie immer nur dem Teil seiner Gesamtpersönlichkeit gegolten hätten, der sich in einer materiellen Hülle manifestiert habe. Was damit gemeint ist, kann ich aus Platzgründen hier nicht erläutern, sondern muss dazu auf den ersten Band verweisen. Da die Kommunikation in jener Dimension, in der unsere Kontakte stattfinden, nonverbaler Art ist - die Vorstellung, die wir allgemein mit Telepathie verbinden, ermöglicht dabei zumindest eine gedankliche Annäherung an die Art - erübrigen sich Namen aber ohnehin. Ich weiss, wann das Wesen mich „anspricht" und umgekehrt gilt dasselbe. Wir einigten uns deshalb darauf, dass, wenn ich gegenüber meinen Mitmenschen von ihm spreche, ich es als „meinen Begleiter" bezeichne. Das mag für die Leserschaft zwar recht unpersönlich klingen - schöner wäre doch ein wohlklingender Name, mit dem man sich identifizieren und den man mit einem Bild verbinden könnte. Letztlich dient seine „Namenlosigkeit" aber unserer Absicht, die Aufmerksamkeit der Leserschaft auf den Inhalt seiner Aussagen zu lenken.

Als mir mein Begleiter damals erklärte, dass sich unser „Treffpunkt" in jener Dimension befinde, die wir allgemein mit dem Begriff „Jenseits" umschreiben und in der wir uns alle nach unserem Tod wiederfinden werden, mochte ich ihm anfänglich nicht glauben. Zu sehr unterschied sich die durch mich erlebte Realität von meinen Vorstellungen über das Jenseits. Das mag der Leserschaft als Hinweis darauf dienen, dass ich die Aussagen meines Begleiters keineswegs unkritisch als Wahrheit akzeptiere, obwohl er mir - soweit es mir möglich war, seine Aussagen jenseits von Zeit und Raum durch eigene Erfahrungen zu überprüfen - nie Anlass zu Zweifeln gab. Ich bin jedoch ausgeprägt kritisch veranlagt und kann dieses Naturell auch bei den Kontakten mit meinem jenseitigen Begleiter nicht verleugnen, was er selbst übrigens keineswegs als nachteilig wertet.

Um mich vom Wahrheitsgehalt seiner Aussage, wonach sich unser Treffpunkt im Jenseits befinde, zu überzeugen, forderte mich mein Begleiter damals auf, ihn auf einer „Reise" zu begleiten, die uns schliesslich an das Sterbebett eines jungen Mannes in einem Spital führte. Aus der Optik des „Jenseits" konnte ich dabei beobachten, wie sich der „Geistkörper" - der den Tod des physischen Körpers offensichtlich überlebt - von diesem trennt und gewissermassen im „Jenseits" erwacht. Überraschend und faszinierend zugleich war für mich die Tatsache, dass manche Menschen - wie ich an dem jungen Mann beobachten konnte - offensichtlich nach ihrem Tod vorerst nicht begreifen, dass sie gestorben sind. Später habe ich dann selbst festgestellt, dass diese Nichtakzeptanz des eigenen Todes sogar die Regel ist, wenn der Tod ganz plötzlich, also zum Beispiel durch einen Unfall eintritt. Für Menschen, die von der Weiterexistenz nach dem Tod überzeugt sind, mag es zwar unwahrscheinlich klingen, dass der Verstorbene seinen eigenen Tod nicht realisieren soll. Doch wer sich das Jenseits als eine Realität vorstellt, die sich vollkommen von unserer materiellen Wirklichkeit unterscheidet, muss wissen, dass diese Vorstellung weit von dem entfernt ist, was ihn nach seinem Tod dereinst erwartet. Das Jenseits, wie es sich dem Einzelnen direkt nach seinem Tod präsentiert, unterscheidet sich auf den ersten Blick überhaupt nicht offensichtlich von unserer erlebten materiellen Realität. Der junge Mann jedenfalls versuchte alles, um wieder in seine physische Hülle, die er soeben verlassen hatte, hineinzukommen und suchte nach Möglichkeiten, sich in der physischen - also unserer - Wirklichkeit bemerkbar zu machen.

Das beobachtete Geschehen beim Sterben des jungen Mannes vermittelte mir ausserdem einen Eindruck davon, wie ein verstorbener Mensch im Jenseits empfangen wird. Ich musste zur Kenntnis nehmen, dass es - völlig entgegen allen mir bis dahin bekannten Theorien - keineswegs immer Verwandte oder Bekannte sind, die einen Verstorbenen im Jenseits empfangen, sondern dass diese Aufgabe gar nicht so selten von „Geistwesen" übernommen wird, die diese Aufgabe erfüllen, indem sie die Gestalt von bekannten, oder von den Verstorbenen - in ihrer Vorstellung vom Jenseits - erwarteten Persönlichkeiten annehmen. Eine Täuschung ist für mich deshalb ausgeschlossen, weil ich in der Zwischenzeit an unzähligen Empfangszeremonien für soeben verstorbene Menschen teilnehmen konnte und dabei - als Teil meiner Lebensaufgabe - seit vielen Jahren auch selbst die „Rolle" von Verwandten und Bekannten dieser Menschen übernehme. Meistens handelt es sich dabei um Menschen, die mir aus der materiellen Realität nicht bekannt sind, doch war es mir auch schon vergönnt, verstorbene Menschen aus meinem persönlichen Bekannten- und Verwandtenkreis in die Realität des Jenseits „einzuführen". In der Regel sind das sehr beglückende Erfahrungen, doch manchmal kehre ich auch tieftraurig von solchen Exkursionen zurück, weil mir solche Erfahrungen immer wieder vor Augen führen, wie falsch das Selbstbildnis der meisten Menschen ist und wie sehr sie sich die persönlichen Nachtodeserfahrungen dadurch komplizieren und erschweren.

Heute kann ich daran zwar nichts Aussergewöhnliches mehr finden, aber bei meinem ersten „Ausflug" war es für mich schon sehr beeindruckend, dass ich mich bewusst im Jenseits aufhalten konnte, ohne dazu erst sterben zu müssen. Ich konnte mich selbst davon überzeugen,

16

dass das Jenseits nicht irgendwo „im Himmel", also getrennt von unserer materiellen Realität existiert. Denn ich konnte dabei sowohl das Geschehen in der materiellen Welt, als auch das im Jenseits beobachten, je nachdem, auf welches der Geschehen ich meine Aufmerksamkeit richtete.

Meine Beobachtungen beim Sterben des jungen Mannes benutzte mein Begleiter anschliessend, um mir die Natur unserer Wahrnehmung zu erläutern. Er erklärte mir u.a. Wesen und Funktionsweise des Bewusstseins, die Gesetzmässigkeiten, denen Zeit und Raum unterliegen und wies mich schliesslich darauf hin, dass wir Menschen ein völlig von der umfassenden Realität abweichendes Selbstbildnis haben. Manche seiner Aussagen bereiteten mir Mühe, sie zu akzeptieren - gerade weil sie ein völlig neues Selbstbildnis erforderten. Eine davon war zum Beispiel die Aussage, wonach wir Menschen nicht „Geschöpfe Gottes" in dem Sinne seien, dass uns Gott als verkörperte Wesen geschaffen habe, sondern dass wir in unserem materiellen Erscheinungsbild „lediglich" Manifestationen von Aspekten individueller Seelen darstellten. Er wies mich darauf hin, dass wir uns unsere Seele nicht als etwas vorstellen sollten, das wir besitzen. Er beschrieb sie als das grössere Ganze, das tatsächlich von Gott geschaffen worden sei, von dem wir, als verkörperte Wesen, jedoch nur einen kleinen Teil repräsentierten. Es handelte sich dabei keineswegs um seine einzige unserem Selbstbildnis widersprechende Aussage. So bestand er zum Beispiel darauf, dass wir selber die wahren Schöpfer der materiellen Realität seien.

Nach dieser ersten Reise in einer jenseitigen Dimension hatte ich - anlässlich vieler weiterer, bewusster ausserkörperlicher Erfahrungen, die ich unter Anleitung meines Begleiters willentlich herbeizuführen lernte - Gelegenheit, an unzähligen Empfängen soeben verstorbener Menschen im Jenseits teilzunehmen. Ausserdem zeigte mir mein Begleiter - anhand von Anschauungsbeispielen - wie sich der weitere

Aufenthalt eines Verstorbenen im Jenseits gestaltet. Ich gelangte dabei zu der Erkenntnis, dass jeder Mensch sich seine zukünftige jenseitige Realität aufgrund seines Denkens und Handelns in der materiellen Dimension selbst gestaltet. Kaum ein Mensch - davon konnte ich mich überzeugen - wird nach seinem Tod in einer objektiven Realität „erwachen". Erst allmählich wird sich die selbstgeschaffene subjektive Realität des Jenseits einer objektiven Realität annähern, wobei dieses „allmählich" nicht in unserem Verständnis zeitlich zu definieren ist.

Ich stellte auch schon bald fest, dass das durch mich im Jenseits beobachtete Geschehen in vielerlei Hinsicht im Widerspruch zu Berichten stand, die - gemäss Quellenangabe - aus dieser Dimension stammen sollen. Mein Begleiter erklärte diese Tatsache damit, dass solche Berichte von Wesen stammen, die sich noch sehr stark mit der materiellen Dimension verbunden fühlen. Diese Wesen würden zwar ihre erlebte Realität beschreiben, doch handele es sich dabei eben fast ausschliesslich um „subjektive", durch Erwartungshaltung und Wertvorstellungen dieser Wesen geprägte Realitäten, die keinen Rückschluss auf die tatsächliche Beschaffenheit der objektiven jenseitigen Wirklichkeit zuliessen.

In allen „Lektionen" meines Begleiters - so nenne ich unsere Kontakte, die sich nicht wesentlich von dem unterscheiden, was wir uns unter einer Schulstunde vorstellen - erfuhr ich Wahrheiten, die grosse Anforderungen an meine Bereitschaft stellten, gewohnte Denkhaltungen und Wertvorstellungen zu hinterfragen. Aus den Begegnungen jenseits von Zeit und Raum hatte ich aber schon bald die Erkenntnis gewonnen, dass es eine Form von Wissen gibt, die weniger mit dem Verstand, als vielmehr mit dem „Herzen" als wahr empfunden wird. Ich möchte damit zum Ausdruck bringen, dass sich auch mein Verstand gegen manche Aussagen meines Begleiters wehrte und auch heute noch wehrt. Dieser Ablehnung durch den Verstand steht aber mein unerschütterliches inneres Wissen entgegen, dass mein Begleiter - so wie sein ganzes Wesen reine, uneigennützige Liebe ausstrahlt - sich bei seinen Aussagen einzig durch sein Bestreben leiten lässt, mir Erkenntnisse zu vermitteln, die der Mensch alleine mit dem Verstand weder begreifen noch akzeptieren kann und die doch, aus der Optik einer „höheren" Warte, aus dem Fundus der „umfassenden Wahrheit" stammen.

Wo sich die Aussagen meines Begleiters auf unsere materielle Realität bezogen, habe ich diese - soweit mir das möglich war - überprüft. Dazu kann ich nur sagen, dass bisher alle seine Aussagen zutreffend waren und zwar auch dann, wenn sie in vollkommenem Widerspruch zu unseren gängigen Vorstellungen von der Realität standen. Ich habe dadurch ein neues Bild von der Realität der Dinge gewonnen, wodurch für mich persönlich viele bis dahin unbeantwortete Fragen geklärt worden sind. Und doch muss ich bei dieser Gelegenheit auch eingestehen, dass es mir - trotz der Unterstützung durch meinen Begleiter - bei der Niederschrift häufig nicht leicht fällt, das mir vermittelte Wissen in die richtigen Worte zu fassen, weil Begriffe aus einer durch uns alle erlebten Realität nur sehr bedingt geeignet sind, eine Realität, die sich dem Erleben der meisten Menschen entzieht, zu beschreiben. Auch wenn mir das möglicherweise nicht immer so gelingt, wie ich es mir selber wünsche, so glaube ich doch daran, dass auch die Leserschaft die Wahrhaftigkeit, die aus den Aussagen meines Begleiters spricht, intuitiv erfassen wird.

Viele seiner Aussagen mögen unter wissenschaftlichen Gesichtspunkten zumindest fragwürdig sein. Doch - ich kann dabei nur mein Empfinden ausdrücken - viele der sogenannten „naturwissenschaftlichen Erkenntnisse" stehen offensichtlich im Widerspruch zum intuitiven Wissen des Menschen. „Aber das kann doch nicht Massstab für die Gültigkeit wissenschaftlicher Erkenntnisse sein", werden Wissenschaftler auf diesen Einwand entgegnen. Auf ein solches Argument haben wir eigentlich nur zwei Möglichkeiten zu reagieren: Entweder, wir akzeptieren die wissenschaftliche Autorität nicht nur über unser Denken, sondern auch über unser Fühlen - was für mich einer Erniedrigung des „göttlichen Funkens" in uns gleichkommt - oder wir sind uns, um mit den Worten meines Begleiters zu sprechen, der „*Tatsache bewusst, dass insbesondere die Naturwissenschaften lediglich Glaubensüberzeugungen verbreiten, die keine über eure materielle Realität hinausreichende Wahrheit vermitteln.*"

Ich zitiere ihn weiter:

„*Jedem einzelnen Menschen wohnt ein intuitives Wissen inne, das ihm Zugang zur umfassenden Wahrheit ermöglicht. Vergleiche die euch durch eure Wissenschaftler vermittelten Erkenntnisse mit diesem intuitiven Wissen in dir. Stehen sie im Widerspruch dazu, dann kannst du uneingeschränkt davon ausgehen, dass nicht dein intuitives Wissen, sondern die wissenschaftliche Erkenntnis von relativer Gültigkeit ist. Euer intuitives Wissen schöpft direkt aus der Quelle der umfassenden Wahrheit, wogegen euer Verstand Wahrheiten nur dann als solche akzeptiert, wenn sie in den Raster eurer Wertvorstellungen und Überzeugungen passen.*"

Mein Begleiter stellt, wie aus dem vorstehenden Zitat unschwer zu erkennen ist, das intuitive Wissen über die wissenschaftlichen Erkenntnisse der Menschheit. Die Leserschaft mag darüber selber urteilen. Immerhin spricht die Tatsache, dass die Wissenschaft den Wert und die Realität emotionaler oder psychischer Erfahrungen bestreitet - obwohl jeder Mensch intuitiv weiss, dass seine erlebte Realität massgebend dadurch beeinflusst wird - doch sehr für den Standpunkt meines Begleiters.

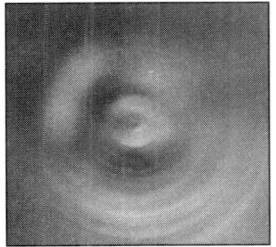

Der Anfang war Bewusstsein

Dass - und wie - jeder Mensch dereinst seine erlebte jenseitige Realität durch seine Gedanken und seine Erwartungshaltung, oder wie es mein Begleiter nennt, durch die Art seiner gewohnten Wahrnehmung, selbst gestaltet und manipuliert, konnte ich zwar anlässlich meiner inzwischen unzähligen ausserkörperlichen Exkursionen zur Genüge beobachten. Weil sich alle diese Erfahrungen aber jenseits von Zeit und Raum abspielten, sind sie natürlich nicht geeignet, mir als Beweis für die Aussage meines Begleiters zu dienen, wonach auch die materielle Realität auf die gleiche Art und Weise durch uns gestaltet wird.

Zwar können wir uns alle vorstellen, dass unsere Erwartungen und Überzeugungen nicht ohne Einfluss auf unsere erlebte Realität bleiben. Doch seine Aussage geht weit über das hinaus, was wir unter einer von uns ausgehenden Beeinflussung des Geschehens verstehen. Um mit seinen Worten zu sprechen: *„Die materielle Realität, wie ihr*

sie tagtäglich als fremdbestimmt erfahrt, hat nur unter Zugrundele-
gung von Zeit und Raum Gültigkeit. So wie Zeit und Raum - zumin-
dest so wie ihr sie versteht und wahrnehmt - ihren Ursprung in euch
selbst haben, so hat auch die materielle Realität ihren Ursprung und
ihre einzige Ursache in euch selbst. Ihr erschafft eure materielle Rea-
lität also im wahrsten Sinne des Wortes aus euch selbst heraus. Es
existiert keine höhere Instanz, die Einfluss auf die durch euch erlebte
Realität nehmen würde, als ihr - wobei ich mit euch euer Gesamt-
selbst, also eure individuellen Seelen anspreche. "

Ich hatte während der mittlerweile langjährigen Unterrichtung durch
meinen Begleiter gelernt, dass es Wahrheiten gibt, die sich der objektiven Beweisbarkeit entziehen und die intuitiv doch als solche erkannt
werden können. So war es auch diesmal; ich wusste, dass seine Aussage nicht über den Verstand begriffen, sondern nur intuitiv erfasst
werden konnte. Das warf natürlich tiefgreifende Fragen auf, denn angenommen, wir Menschen wären tatsächlich die Schöpfer der materiellen Realität, dann müsste sowohl die biblische Schöpfungsgeschichte
als auch die wissenschaftliche „Urknalltheorie" hinterfragt werden.

Darauf angesprochen, erklärte mein Begleiter, dass die Zeit für diese Information noch nicht reif sei. Wenige Wochen später, nach eini-
gen Lektionen zu anderen Themen, die für die Leserschaft im Zusammenhang nicht von Bedeutung sind, erklärte er sich jedoch bereit,
diesem Thema eine seiner Lektionen zu widmen. Es sollte eine der
längsten Lektionen werden, die er mir jemals erteilt hat.

Meine damalige Freundin - ein äusserst wertvoller, liebenswürdiger
Mensch, mit dem ich mich noch heute gedanklich sehr intensiv verbunden fühle, auch wenn sich unsere Lebenswege längst getrennt haben - konnte nicht verstehen, wie "man siebzehn Stunden schlafen
kann". Meine ausserkörperlichen Exkursionen waren für sie - wie für
die meisten Menschen - nicht nachvollziehbar. Immerhin akzeptierte

sie aber, dass ich manchmal „Zeit für mich selbst brauchte" und so konnte ich mich jeweils darauf verlassen, dass sie das Zimmer, in dem ich mich - oder zumindest mein physischer Körper sich - während meiner ausserkörperlichen Exkursionen aufhielt, nicht betreten würde. Das ist für mich deshalb wichtig, weil ich immer recht unsanft in meine physische Hülle „zurückgeholt" werde, wenn sich jemand dieser nähert. Doch, wie gesagt, meine Freundin respektierte meinen „Spleen", mich manchmal für viele Stunden in ein Zimmer zurückzuziehen.

Wie üblich, war mein Begleiter auch diesmal - nach meinem bewusst erlebten Ausstieg aus dem physischen Körper - sogleich zur Stelle und geleitete mich einmal mehr in jene jenseitige Parklandschaft, in der er gewöhnlich seine Lektionen abhielt, sofern er mir nicht an bestimmten Orten Anschauungsunterricht über ein behandeltes Thema geben wollte.

Nachdem unsere Treffen inzwischen bereits unzählige Male stattgefunden hatten, waren sie bereits von einer gewissen Routine geprägt, und so erübrigte es sich, dass er jede seiner Lektionen mit einer Einführung begann, die sich anfänglich vorwiegend um meine Erfahrungen beim Ausstieg aus der körperlichen Hülle drehte. Ohne eine solche Einführung begann er deshalb sogleich mit seiner Lektion:

„Du vermutest ganz richtig: Weder eure religiösen Schöpfungsgeschichten, noch die vermeintlich realistischere wissenschaftliche Theorie eines „Urknalls", vermögen die wahre Natur eurer Existenz und die Gesetzmässigkeiten, denen eure erlebte materielle Realität unterliegt, zu erklären. Nachdem religiöse Schöpfungstheorien die „aufgeklärten" Menschen in eurer Zeitepoche nicht mehr zu überzeugen vermochten, sprang die Wissenschaft ein und vermittelte euch ein neues Bild von der Entstehung all dessen, was ist. Aufgrund des euch durch Erziehung, Schule und Medien vermittelten Bildes seid ihr nun aber

davon überzeugt, dass euch die Wissenschaft bewiesenes Wissen vermittelt, während eure Religionen von euch Glauben auch dann fordern, wenn ihre Lehren vermeintlich bestenfalls schönen Märchen entsprechen. Ihr verkennt deshalb die Tatsache, dass gerade euer vermeintliches Wissen häufig schönen Märchen entspricht, während die vermeintlichen Märchen der Religionen der umfassenden Wahrheit näher stehen, als euer Verstand zu akzeptieren in der Lage ist.

Zwar mögen die wissenschaftlichen Schöpfungs- oder Evolutionstheorien für eine auf ihren Verstand fixierte Menschheit überzeugender klingen. Sie sind aber trotzdem keineswegs näher an einer objektiven Wahrheit, als es die religiösen Theorien waren und sind. So basiert zum Beispiel die Theorie eines Urknalls unbestrittenermassen zu einem Teil auf wissenschaftlicher Gewissheit. Doch, wie der überwiegende Teil wissenschaftlicher Theorien, überschreitet auch sie diesen Punkt. Darüber hinaus basiert sie auf Hypothesen und Spekulationen, die zwar einer gewissen Logik zu folgen scheinen und doch weit davon entfernt sind, die durch die Wissenschaft selbst geforderten Beweiskriterien zu erfüllen. Dabei sind - wie du hier selbst vielfach beobachten konntest - auch diese Beweiskriterien, die sich ausschliesslich an der Oberfläche der Dinge orientieren, keine Garanten für tatsächliche Wahrheit.

Die relative Gültigkeit eurer wissenschaftlichen Erkenntnisse liegt in der Art begründet, wie sich eure Wissenschaftler einer Fragestellung nähern. Sie erstellen ein theoretisches Modell und sammeln danach Fakten, die das Modell bestätigen. Alles, was dem Modell widerspricht, wird verworfen. Das Resultat nennen sie dann „wissenschaftliche Gewissheit". Ein solches Modell stellt auch die Theorie eines Urknalls dar. Nun werden fleissig Daten gesammelt, die das Modell bestätigen, und in wenigen Jahren wird dann die Urknalltheorie als wissenschaftliche Gewissheit gehandelt.

*Ich fühle mich verpflichtet, dich immer wieder auf die relative Gül-
tigkeit und den beschränkten Wert dessen hinzuweisen, was in eurer
Gesellschaft als wissenschaftlich fundierte Wahrheit „gehandelt" wird.
Es ist gewissermassen zwingend, dass manche meiner Aussagen diesen Wahrheiten widersprechen. Täten sie es nicht, dann wäre ihr Wert
und ihre Gültigkeit genauso relativ. Wir werden, um gewisse Aussagen
in den richtigen Zusammenhang zu stellen, trotzdem nicht darum herum kommen, manchen Seitenblick auf die Erkenntnisse eurer Wissenschaften zu werfen. Ich behaupte übrigens nicht, dass diese Erkenntnisse grundsätzlich falsch sind, sondern gestehe ihnen unbedingt eine
relative Gültigkeit zu, soweit sie sich auf eure direkt erlebte materielle Realität beziehen. Überall dort aber, wo sich eure Wissenschaftler
zu Aussagen verleiten lassen, die vermeintlich Hinweise auf die Ursache eurer physischen Existenz oder die eurer Mitwelt geben, sind
diese mehrheitlich leeres Geschwätz. Doch wenden wir uns nun unserem heutigen Thema zu:*

*Ihr könnt jedes der Fragmente, die in ihrer Summe die euch be-
kannte Schöpfung ausmachen, in immer kleinere Bestandteile zerlegen, und werdet letztlich zur Einsicht gelangen, dass diese Schöpfung,
eure physischen Körper eingeschlossen, nichts anderes als Energie ist.
Energie, die sich in einem vermeintlich willkürlichen Reigen zu ganz
spezifischen Formen verdichtet. Das haben auch eure Physiker erkannt; für sie ist heute Energie und Materie grundsätzlich dasselbe.
Nicht erkannt haben sie dagegen bisher, dass auch Energie und Bewusstsein letztlich eins sind. Bewusstsein steht hinter jeder Transformation von Energie in Materie, oder anders gesagt, ohne Bewusstsein
könnte sich Energie nicht in Materie und umgekehrt transformieren.*

*Am Anfang war die gesamte der Schöpfung innewohnende Energie -
in eurem Sinn - an einem Punkt konzentriert. Diese Urenergie war
sich ihrer selbst genau so bewusst, wie sich noch heute die gesamte
der sichtbaren und unsichtbaren Schöpfung innewohnende Energie
ihrer selbst bewusst ist. Die Urenergie verfügte aber nicht nur über*

Bewusstsein, sondern sie w a r Bewusstsein. Sie „verkörperte" gewissermassen alles Bewusstsein, das auch heute noch existiert, also auch euer eigenes, das nicht wenige eurer Wissenschaftler als chemisches Abfallprodukt eures Gehirns verstanden wissen wollen.

Nun ist euch zwar der Begriff „Energie" nicht fremd, denn eure erlebte Realität wird in nicht geringem Masse durch die Verfügbarkeit von Energie bestimmt. Könnte die von mir angesprochene Urenergie aber in eurem Sinne quantifiziert und qualifiziert werden, dann würde ein einziges Gramm dieser „Substanz" genügen, eure Energieprobleme, unabhängig eures tatsächlichen Bedarfs, für alle Zeiten zu lösen. Eure Elektrizität kommt der von mir angesprochenen Energie zwar am nächsten, doch ist auch sie weit vom Potential der Urenergie entfernt, die zum Beispiel eure materielle Realität begründet. Es ist gar nicht falsch, wenn ich eure Elektrizität als S c h a t t e n der Urenergie bezeichne. Das ändert aber nichts an der Tatsache, dass letztlich jede Bewusstseinsform, ob sie sich nun in eurer materiellen Realität - als Materie - oder in einer immateriellen Dimension manifestiert, auf Elektrizität oder präziser gesagt, auf Elektromagnetismus basiert. Dabei handelt es sich keineswegs um eine Gesetzmässigkeit, die den Instrumenten eurer Physiker verborgen bleiben müsste. Diese schauen nur gewissermassen in die falsche Richtung!

Auch wenn es ihnen gelingt, die Materie in immer kleinere Bestandteile zu zerlegen und diese mit Namen zu versehen, so ist die Art und Einstellung, wie sie sich der Materie „nähern" doch nicht geeignet, deren wahre Natur zu ergründen. Sie werden mit ihren Messinstrumenten tiefer und tiefer in die Materie eindringen und bleiben doch Gefangene ihrer eigenen Dogmen. Sie sprechen der Materie ihren transzendenten Aspekt ab und werden deshalb, unabhängig davon, wie klein der „Baustein" ist, den sie beschreiben, nie mehr als eine Beschreibung ihrer Oberfläche hervorbringen. Die Tatsache des bewussten Seins jedes noch so kleinen Materieteilchens ist ihren Methoden nicht zugänglich.

26

Das kleinste Materiefragment w e i s s (!) um die Absicht des ma-
nipulierenden Wissenschaftlers, denn es ist selber Bewusstsein von der
gleichen Art wie das Bewusstsein des Wissenschaftlers, das seine Na-
tur zu ergründen sucht. Das kleinste Materiefragment wird deshalb in
jedem Fall das erwartete Forschungsresultat im Sinne des Wissen-
schaftlers hervorbringen. Dieser ist dann begeistert und stolz auf sei-
ne Entdeckung und erkennt nicht, dass sein Forschungsobjekt in
gewissem Sinne mit ihm kooperiert und ihm dabei lediglich e i n e n
T r a u m erfüllt hat. Wissenschaftliche Tatsachen in eurem Sinne sind
also mehrheitlich ebenso Resultate schöpferischer Aktivität wie es das
Bild eines Malers ist! Sie decken keineswegs - wie die Wissenschaft-
ler selbst glauben - etwas Bestehendes, wenn auch Unbekanntes auf,
sondern sie schaffen kreativ eine Tatsache, die ohne das ihr zugrun-
deliegenden Denkmuster nicht Tatsache wäre oder hätte werden kön-
nen.

Doch wenden wir uns nun wieder dem Geschehen zu, dem ihr selbst
und in der Folge auch die materielle Dimension ihre Existenz ver-
dankt: Die Urenergie, dieses geballte Bewusstsein, enthielt alles, was
die Schöpfung ausmacht; alles, was die für euch sichtbare und un-
sichtbare Schöpfung in sich vereinigt. Aber sie war noch viel mehr. Sie
war - was allen eurem Verstand zugänglichen Gesetzmässigkeiten wi-
derspricht - ihr eigener Schöpfer! Sie war Ursprung und Schöpfung
zugleich.

Trotz dieser Aussage spricht nichts dagegen, dass ihr das auslösen-
de Moment der Schöpfung auch weiterhin Gott nennt, wenn ihr dafür
eine Definition braucht. Mit dem vorher Gesagten unterstreiche ich
aber die früher gemachte Aussage, wonach es sich bei diesem Etwas,
das ihr „Gott" nennt, nicht um ein Wesen in eurem Sinn handelt. So
ist auch meine Aussage zu verstehen, dass Gott alles ist, was ist, ohne
dass etwas was ist, deswegen Gott wäre. Da eurer Wahrnehmung tat-
sächlich nur ein winzig kleiner Ausschnitt der umfassenden Realität

zugänglich ist, entspricht auch die Summe dessen, was in eurem Sinn Teil der Schöpfung ist, nicht dem, was Gott ist. Wer also „die Natur" mit Gott gleichsetzt, ist von der Wahrheit genau so weit entfernt wie derjenige Mensch, der Gott als übergeordnetes Wesen versteht. Gott ist - so könnte man seine Realität beschreiben - die Summe aller Lebensenergie, wobei die Manifestation dieser Lebensenergie nur zu einem sehr geringen Teil in dem zu erkennen ist, was eure materielle Realität ausmacht.

Nun verfügen aber, von euch weitgehend negiert, alle Fragmente der Schöpfung über diese Lebensenergie; selbst die in eurem Sinne „tote" Materie. Der Kieselstein repräsentiert genau so die wahre Natur Gottes, wie ihr es tut. Ihr steht dem „Abbild Gottes" nicht näher als dieser Kieselstein. Er ist beseelt wie ihr und ist sich seiner selbst als Teil des Ganzen sogar bewusster als ihr, die ihr euch durch euren Verstand von eurem wahren Selbst ablenken lasst. Ich erinnere daran, dass kein Fragment der Schöpfung existiert, das nicht über Bewusstsein verfügen würde, denn es ist seiner Natur gemäss nichts anderes als Bewusstsein. Das Bewusstsein eines Steines, einer Pflanze, eines Baumes oder eines Tieres unterscheidet sich nicht im geringsten von eurem eigenen Bewusstsein, ihr unterscheidet euch lediglich in der Art eurer Wahrnehmung. Euer Problem mit dieser Aussage liegt darin, dass ihr unter „Bewusstsein" und „Wahrnehmung" in der Regel das Gleiche versteht. Doch Wahrnehmung ist eine Fähigkeit des Bewusstseins und mit diesem so wenig identisch, wie die Sprache mit euch identisch ist.

Die Urenergie, aus der alles seinen Anfang nahm, unterstand und untersteht noch heute einer einzigen Gesetzmässigkeit. Man könnte es das „Gesetz der Expansion und der aus ihr folgenden Kontraktion" nennen. Da mit dieser Bezeichnung - nach eurem Verständnis - aber nicht der gesamte ihm innewohnende Prozess abgedeckt wird, nenne ich es in der Folge das „G e s e t z d e r W e c h s e l w i r k u n g".

28

Dieser Gesetzmässigkeit folgend, dehnte sich die Urenergie aus, wobei jedem Energieteilchen das Wissen innewohnt, dass es sich dereinst wieder mit seinem Ursprung, also mit allen anderen an diesem Prozess beteiligten Energieteilchen, vereinigen würde. Diese Ausdehnung erfolgte nicht nur in die euch bekannte materielle, sondern in unendlich viele parallel dazu existierende immaterielle Dimensionen.

Eure Physiker haben zwar eine Theorie, die besagt, dass neben eurer Materie auch Antimaterie existiert, die möglicherweise - als Pendant zu eurem materiellen Universum - ein „Antiuniversum" bildet. Ich werde bei anderer Gelegenheit noch vertieft darauf eingehen. Doch soviel sei hier schon gesagt: Eure Physiker sind nahe an der Wahrheit; das Tragische ist nur, dass diese Wahrheit nie im Sinne objektiver Kriterien wird bewiesen werden können. Tatsächlich existiert nicht nur ein Universum, sondern unzählige Universen, in denen sich Antimaterie unterschiedlichster Art zu Formen strukturiert.

„Hinter" diesen Universen existieren aber wieder andere, die gewissermassen aus „Antiantimaterie" gebildet werden und „dahinter" wieder andere, die aus „Antiantiantimaterie" bestehen und so fort. Falsch ist dagegen das Bild, das sich eure Physiker von der Natur der Antimaterie machen. Nach ihrer Theorie müsste sich ein „Antiuniversum" weit entfernt vom materiellen Universum befinden, weil sich Materie und Antimaterie gegenseitig neutralisieren. Doch der Raum, den eure materielle Dimension einnimmt, ist identisch mit dem Raum, den die aus Antimaterie gebildeten Dimensionen einnehmen, und trotzdem löschen sie sich ganz offensichtlich nicht gegenseitig aus, wie sie es - der Theorie eurer Physiker zufolge - eigentlich tun müssten. Bezüglich dieser These müssen eure Wissenschaftler also noch „nachsitzen"!

Kehren wir aber zurück zur Ausdehnung der Ursprungsenergie: Sie erfolgte - und erfolgt noch heute - mit einer sich für euch ins Unvorstellbare steigernden Geschwindigkeit, weshalb eure Physiker davon *ausgehen, dass sie ihren Antrieb aus einer gewaltigen Explosion schöpfe, die am Anfang stattgefunden haben müsse. In eurer biblischen Schöpfungsgeschichte steht die kurze Zeit von sechs Tagen, in der die gesamte Schöpfung realisiert worden sein soll, symbolisch für diese Ausdehnungsgeschwindigkeit. Nur liegen ·die Wissenschaftler mit ihrer These diesmal - ich bin versucht zu sagen, ausnahmsweise - näher am tatsächlichen Geschehen als die biblische Schöpfungsgeschichte. Diese vermittelt euch vor allem deshalb ein falsches Bild, weil sie nicht zwischen der Erschaffung eures Universums und der „Besiedelung" der Erde unterscheidet.*

Tatsächlich entstand eure bewohnte materielle Realität, wie ihr sie wahrnehmt, selbstverständlich nicht innerhalb von sechs Tagen, sondern in eurem Zeitverständnis innerhalb von vielen Milliarden Jahren und ist - ebenfalls in eurem Zeitverständnis - um Milliarden Jahre älter als eure Evolutionstheoretiker heute annehmen. Zumindest in Teilbereichen werden sie schon in wenigen Jahren erkennen, dass ihre Annahmen weit von der Wahrheit entfernt sind.

Doch wie gesagt, sind eure Wissenschaftler mit ihrer Urknallthese tatsächlich einmal näher am tatsächlichen Geschehen als die biblische Schöpfungsgeschichte. Die gesamte Energie, die euer materielles Universum „bindet", wurde - immer nach euren Zeitbegriffen - binnen weniger als einer billionstel Sekunde freigesetzt. Es ist zwar verständlich, dass eure Wissenschaftler sich diesen Vorgang nur als physikalische Explosion vorstellen können. Nachdem sie aber nicht einbeziehen, dass sich die freigesetzte Energie ihrer selbst bewusst war - und ist -, kommen sie in ihrer These letztlich doch zu falschen Schlussfolgerungen.

Wissenschaft und Religionen vermitteln euch unzutreffende Vorstellungen, auf denen letztlich sogar euer falsches Selbstbildnis basiert, denn sie übersehen das Wesentliche des Ereignisses: Sowohl aus euren

religiösen Schöpfungsgeschichten als auch aus eurer „Urknalltheo-
rie" entsteht der Eindruck, dass das Ergebnis dieses Prozesses eine
unendliche Zahl voneinander unabhängiger, sich in den unterschied-
lichsten Formen manifestierender Fragmente sei. Es existiert bei euch
bis heute weder eine religiöse, noch eine philosophische und schon
gar nicht eine wissenschaftliche Theorie, die den Schöpfungsvorgang
nicht auf die eine oder andere Art mit Trennung gleichsetzt. Zwar wird
in diesen Theorien mehrheitlich davon ausgegangen, dass am „An-
fang der Zeit" alles, was ist, eine Einheit gebildet hat. Ebenso mehr-
heitlich wird aber als Resultat des Schöpfungsgeschehens eine Viel-
zahl voneinander getrennter „Lebensformen" oder „Materieteilchen"
angenommen. Alle diese Vorstellungen sind deshalb grundsätzlich
falsch, weil das bereits angesprochene Gesetz der Wechselwirkung
eine auf ewig, durch nichts zu trennende Einheit erfordert.

Der Schöpfungsakt oder Urknall führte deshalb auch keineswegs
zu einer Teilung der ursprünglichen Energie. Diese hat sich lediglich
in für euch unvorstellbarem Masse ausgedehnt, hat sich in vielfältiger
Form manifestiert, ohne dass dabei aber auch nur das kleinste Frag-
ment die Verbindung zu den anderen Teilen und zu seinem Ursprung
verloren oder aufgegeben hätte.

Als verkörperte Individuen könntet ihr genausowenig ohne die Pflan-
zen oder Tiere existieren, die eure Mitwelt bevölkern, wie sich diese
ohne eure Existenz in der materiellen Realität „halten" könnten. Mei-
ne Aussage geht dabei - ihrem tieferen Sinn gemäss - weit über das
hinaus, was ihr unter „Abhängigkeit" von eurer Mitwelt versteht. Kei-
nes der Atome, die in ihrer Summe eure Zellen und letztlich euer ma-
terielles Erscheinungsbild formen, könnte existieren, ohne dass es in
permanenter Verbindung und Interaktion mit jedem einzelnen jener
Atome stehen würde, die in ihrer Summe eine pflanzliche oder tie-
rische Zelle und letztlich das materielle Erscheinungsbild von Pflan-
zen und Tieren formen. Alles was ist, bildet auch heute noch genau so

eine Einheit, wie zu Beginn des Schöpfungsaktes, als alles noch an einem „Punkt" in der Ursprungsenergie vereinigt war.

Der tatsächliche Schöpfungsakt lässt deshalb auch keinen Spielraum für das Selbstbildnis, das ihr aus euren religiösen Schöpfungstheorien ableitet. Würdet ihr erkennen, dass jede Ameise aus der gleichen Urenergie hervorgegangen ist wie ihr selbst - nicht weniger bewusst und nicht weniger „wichtig" für das Bestehen des „umfassenden Ganzen" ist - und ihr zudem, wie die Ameise, mit eurem Ursprung und untereinander untrennbar verbunden seid, es würde euch Mühe bereiten, zu erklären, weshalb ihr euch in eurem Selbstbildnis über dieser Ameise stehend empfindet. Denn einmal abgesehen von ihrem materiellen Erscheinungsbild unterscheidet sich die Ameise in ihrer Natur nicht im geringsten von dem, was ihr als verkörperte Wesen tatsächlich seid.

Ich verstehe sehr wohl, dass ihr mit dieser Aussage Probleme habt. Diese entstehen jedoch ausschliesslich dadurch, dass ihr euch durch die Aussage in eurem „Wert" herabgesetzt fühlt. Dieser Empfindung habe ich - auch weil ich sie nicht nachvollziehen kann - nichts entgegenzusetzen. Jene Menschen aber, die sich aufgrund ihrer religiösen Überzeugungen gegen die Gleichwertigkeit der gesamten Schöpfung sträuben, sollten sich bewusst sein, dass sie damit Aspekte „ihres" Gottes als minderwertig einstufen."

„Damit kannst du aber sicher keinen Menschen, der die Gleichwertigkeit der gesamten Schöpfung aus religiöser Überzeugung ablehnt, überzeugen. Sie empfinden sich ja nicht, in deinem Sinn, als göttlichen Aspekt. In ihrem Selbstbildnis sehen sie sich als verkörperte Wesen - fast so, wie der Bildhauer eine Statue erschafft - von einem Gott geschaffen, der selbst ausserhalb seiner Schöpfung steht. Sie identifizieren sich selbst in ihrem Selbstbildnis doch genauso wenig mit dem Bild, das sie sich von diesem Gott machen, wie sie andere Teile der Schöpfung als quasi „verkörperte" Aspekte dieses Gottes verstehen."

„Richtig, danke für den Hinweis. (Schmunzelnd): Wir sind schon ein richtig eingespieltes Team! Du hast vollkommen recht; wer Gott - also das, was ihr als Ursprung von allem, was ist, versteht - weiterhin als überirdisches, schöpferisches, verstandesgemäss handelndes Wesen versteht, das ausserhalb und unabhängig seiner Schöpfung existiert, den werde ich mit meiner Aussage nicht erreichen. Die Tatsache, dass weder die Schöpfung ohne Gott, noch Gott ohne die Schöpfung überhaupt „Realität" hätte werden können, entzieht sich dem Verständnis dieser Menschen.

Deine Mitmenschen zu überzeugen ist aber weder meine Absicht, noch ist es Teil oder Inhalt unserer gemeinsamen Aufgabe. Du solltest nie vergessen, und es in den Diskussionen mit deinen Mitmenschen auch erwähnen, dass meine Aussagen von ihrem Aufbau und Inhalt her ursprünglich ausschliesslich für dich bestimmt waren. Ich habe mich dabei ausschliesslich an deiner Erfahrung, deiner Wahrnehmungsfähigkeit und deinem Sprachverständnis zu orientieren. Dass du dich, durch die Erfahrungen die dir in meiner Begleitung ermöglicht werden, in deiner Wertung der „irdischen" Realität von deinen Mitmenschen unterscheidest, ist gewissermassen selbstverständlich. Ich setze deshalb in meinen Ausführungen fast sicher Erkenntnisse voraus, die vielen deiner Mitmenschen fehlen. Es war zwischen uns aber von Anfang an vereinbart, dass es deiner Entscheidung überlassen bleibt, welche meiner Aussagen du deinen Mitmenschen zugänglich machen willst. Du musst im Einzelfall beurteilen, ob eine Aussage in eurem Sinne allgemeinverständlich ist.

Im vorliegenden Fall dürften jedoch eher die Glaubensüberzeugungen deiner Mitmenschen dem Verständnis meiner Aussage entgegenstehen. Doch wenn ihr euch, in eurer Wertung der Realität, durch euren Glauben an einem allem übergeordneten Wesen namens „Gott" orientiert, dann beschränkt ihr damit eure Wahrnehmung. Ihr tut euch selbst den grössten Gefallen, wenn ihr jede religiöse Lehre, jede Philosophie und jede esoterische Theorie als absurd von euch weist, die euch Gott als übergeordnetes Wesen nahezubringen versucht, dem ihr dereinst gegenüberzutreten habt wie einem Richter. Gott ist alles - ausser dem, was solche Theorien in „ihn" hineininterpretieren! Niemand von euch wird seinem Schöpfer in der Gestalt des Richters begegnen, es sei denn, ihr würdet euch durch eure Glaubensüberzeugungen die entsprechende subjektive Realität selbst erschaffen. Die Theorie eines richtenden, strafenden Gottes mag zwar als wirksames Disziplinierungsinstrument der institutionellen Kirchen ihre Berechtigung haben, doch Anspruch auf Wahrheit sollte sie unter keinen Umständen erheben.

Aber wenden wir uns doch wieder der „Schöpfungsgeschichte" zu, wie sie einer Annäherung an das tatsächliche Geschehen entsprechend - gemäss eurem Zeit- und Raumverständnis - abgelaufen ist: Wie gesagt, der Ausdehnungsprozess der Ursprungsenergie ist nach eurem Zeitverständnis noch keineswegs abgeschlossen. Das Weltall, wie ihr es wahrnehmt, dehnt sich noch heute ständig weiter aus. Dadurch dehnen sich auch die Lichtwellen, die euch von Galaxien erreichen, die Millionen und Milliarden von Lichtjahren von euch entfernt sind, ständig aus und lassen euch ihren einstigen Ursprung - trotz der vermeintlich korrekten Berechnungsmodelle - ganz woanders vermuten, als dort, „wo" er wirklich war. Dabei ist dieses „Wo" deshalb irrelevant, weil der Ursprung von allem, was ist, nicht - wie das eure Wissenschaftler versuchen - räumlich zu definieren ist. Dazu erinnere ich einmal mehr an die Gleichzeitigkeit allen Geschehens.

Weil nun aber die Schöpfung immerwährende Bewegung ist und dabei (trotzdem) in die „Gesetzmässigkeit der Gleichzeitigkeit allen Geschehens" eingebunden ist, ist es a priori sinnlos, nach dem „Ort" zu forschen, an dem das Geschehen vermeintlich seinen Anfang nahm, denn einen solchen „Ort" verlangt lediglich die Gesetzmässigkeit, unter welcher der menschliche Verstand funktioniert. Zeit und Raum haben wie gesagt keine über euer physisches Wahrnehmungsmuster hinausreichende Gültigkeit. Könntet ihr die umfassende Realität befreit vom Filter von Raum und Zeit erfassen, dann würdet ihr erkennen, dass euer Universum in jedem Augenblick neu erschaffen wird. Der Versuch eurer Wissenschaftler, unter Zugrundelegung einer linear verlaufenden Zeit nach den Ursprüngen des materiellen Universums zu suchen, ist also ohne jede Aussicht auf Erfolg. Ich werde auch darauf bei anderer Gelegenheit noch vertiefend eingehen.

Die Tatsache, dass sich euer Universum ausdehnt, führte nicht nur zur Urknalltheorie, sondern sie bietet euren Wissenschaftlern ein schier unbegrenztes Tummelfeld für die Entwicklung von Zukunftsprognosen im Hinblick auf euer Universum. Zur Zeit dominiert die These, dass die in eurem Universum zum Ausdruck gelangende Energie sich einmal erschöpfen müsse und dieses gewissermassen in einem grossen „Endknall" in sich zusammenstürzen werde. Mit diesem Modell widerspricht sich die Wissenschaft zwar selbst, denn eines ihrer Grundgesetze besagt doch, dass Energie weder erzeugt noch zerstört, sondern nur transformiert werden könne. Sie sind euch bei ihrem Modell also zumindest noch die Antwort schuldig, in was oder wohin dann die Energie eures Universums transformiert wird.

Sie werden euch diese Antwort schuldig bleiben, denn bevor sie sich diese zurechtgelegt haben, also schon in wenigen Jahren, wird diese Theorie durch eine neue abgelöst, die besagt, dass sich das Universum unter Zunahme der Ausdehnungsgeschwindigkeit unendlich weiter ausdehnen werde. Wäre diese Theorie zutreffend, dann würdet ihr - respektive eure fernen Nachkommen - irgendwann in einen sternenlosen Nachthimmel schauen, denn durch die unendlich weitergehende Ausdehnung eures Universums würden sich ja auch die Sterne immer weiter voneinander entfernen. Doch ich kann dich beruhigen: Auch diese Theorie wird neue Fragen aufwerfen, die wieder zu neuen Theorien führen werden und so weiter und so fort. Wie gesagt, die Art, wie sich eure Wissenschaftler der umfassenden Realität nähern, ermöglicht ihnen immer nur einen Blick auf die „Hülle" der Wahrheit und die ist, wie ihr in eurem Alltag feststellen könnt, sehr trügerisch!

Nach diesem kleinen Ausflug in die Welt der Astrophysiker wollen wir uns nun der Frage nach der Zukunft eures Universums gewissermassen aus einer höheren Warte zuwenden. Ich habe vorhin davon gesprochen, dass die Urenergie, die durch den Schöpfungsakt freigesetzt wurde, einzig der Gesetzmässigkeit von „Expansion und aus ihr folgender Kontraktion" unterworfen sei. Weil durch diese Bezeichnung nach eurem Verständnis nicht der gesamte, dem Gesetz innewohnende Prozess abgedeckt ist, nannte ich es „das Gesetz der Wechselwirkung". Dieses Gesetz ist in Zusammenhang mit der angesprochenen Ausdehnung der Urenergie von einiger Bedeutung, denn es bedingt, dass diese Ausdehnung nicht unendlich sein kann. Es erleichtert dir das Verständnis der umfassenden Wahrheit, wenn ich im folgenden in Bildern spreche: Der göttliche Wille, sein Plan, seine Vorstellung von der Schöpfung, entspricht einem tiefen Einatmen. Die Schöpfung selbst, als sich die göttliche Vorstellung in der Befreiung der Urenergie manifestierte, entspricht dem befreienden Ausatmen. Irgendwann muss dem ein neuer Atemzug und anschliessend ein neues Ausatmen folgen. Das heisst, auf die Expansion der Urenergie - und damit u.a. auch auf die Ausdehnung eures materiellen Universums - wird, der ihr innewohnenden Gesetzmässigkeit folgend, die Kontraktion folgen.

Hinter der Schöpfung steht ein bewusster Wille - ein ordnendes Prinzip. Dieser Wille manifestiert sich in einem Plan, dem das Ereignis als solches folgte bzw. heute noch folgt und dessen Gesetzmässigkeiten allgegenwärtig und unabänderlich sind. Dadurch folgt die gesamte Schöpfung einem für euch - als verkörperte Wesen - unergründlichen Plan. Was ihr als Zufall interpretiert, ist lediglich der Beschränkung eures Verstandes zuzuschreiben. Schon der Versuch, euch diesen Plan zu erläutern, muss zwingend an der Kapazität eures Verstandes scheitern. Doch, auch wenn euer Verstand dazu nicht ausreicht, eurem übergeordneten

36

Gesamtselbst, also euren individuellen Seelen, ist er keineswegs fremd, denn sie sind sowohl Teil, als auch bewusste, aktive Teilnehmer an diesem Plan.

Jedes Fragment der Schöpfung kann nur im Rahmen der Gesetzmässigkeit dieses Planes wirksam werden. Und, nicht zu vergessen, jedes Fragment steht dabei - aufgrund der bestehenden untrennbaren Verbindung - in Interaktion mit allen anderen Fragmenten. Die Intensität dieser Verbindung wird durch den beschriebenen Ausdehnungsprozess nicht tangiert. Wenn sich eure Wissenschaftler der Tragweite dieser Aussage bewusst wären, so wären sie dort, wo sie im Begriff sind, die der Menschheit innerhalb des umfassenden Planes gesetzten Grenzen - welche eurem intuitiven Wissen keineswegs verborgen sind - zu überschreiten, bestimmt vorsichtiger. Ihr könnt nicht oft genug darauf hingewiesen werden: Jeder menschliche Eingriff, auch nur in ein einzelnes Fragment der Schöpfung, hat - aufgrund der bestehenden Verbindung und Interaktion - unweigerlich Auswirkungen auf euch Menschen selbst.

Ihr sprecht von d e m Universum und schliesst darin alles ein, was für euch Realität ist. Dass „hinter" dieser Realität viele weitere gleichwertige Realitäten - oder wenn du willst „Universen" - existieren, bleibt eurer durch eure eigenen Wertvorstellungen getrübten Wahrnehmung verschlossen. Alle diese Universen sind durch die gleichen Bewusstseinsfragmente - oder vielleicht sollte ich sie besser „Bewusstseinseinheiten" nennen - gebildet, die als "Baustoff" auch die Existenz eures materiellen Universums sicherstellen. Ungeachtet dessen, wie ihr die materielle Realität durch eure physischen Sinne wahrnehmt, solltet ihr euch stets in Erinnerung rufen, dass das Bewusstsein Ursprung und Ursache der gesamten Schöpfung ist und demnach Realität war, bevor sich das erste Fragment der Schöpfung in der Materie manifestierte. Was ihr unter Materie, aber auch unter bewusstem Sein versteht, geht ausschliesslich aus Bewusstsein hervor. Es muss zwingend zu einem falschen Bild der Realität führen, wenn - was ihr permanent tut - Materie und Bewusstsein getrennt werden!

Es ist wichtig für das Verständnis meiner zukünftigen Aussagen, dass du dir der Gesetzmässigkeit bewusst bist, wonach Materie immer Bewusstsein ist. Ausdrücklich: i s t, nicht e n t h ä l t ! Bewusstsein muss sich aber nicht - und tut es auch tatsächlich nur zu einem sehr geringen Teil - in der Materie manifestieren, denn es ist für seine Existenz nicht an eine Form gebunden.

Sowohl die religiösen als auch die wissenschaftlichen Schöpfungstheorien gehen davon aus, dass das Universum - ich beschränke mich im folgenden auf euer materielles Universum, obwohl das Gesagte sinngemäss immer auch für alle anderen existierenden Universen gilt - durch eine objektive Ursache geschaffen wurde. Hier ist es ein schöpferischer Gott, dort ist es eine ursächliche Explosion. Während die religiösen Schöpfungstheorien keinen Zweifel daran lassen, dass der Schöpfergott bewusstes Leben geschaffen hat, sind die Wissenschaftler nicht in der Lage, eine Erklärung dafür zu geben, wie denn aus der durch den Urknall entstandenen toten Materie bewusstes Leben hervorgegangen sein soll. Sie haben zwar die Gesetzmässigkeiten erkannt, unter denen „Zellansammlungen" möglich sind, doch ist es ihnen nicht möglich zu erklären, wie diese schliesslich zu Bewusstsein gelangen. Die naive Theorie, wonach der Mensch - übrigens als einziges Lebewesen - „rein zufällig" zu Bewusstsein gelangt sei, zeigt deutlich die Grenzen wissenschaftlicher Erkenntnisse mittels der aktuell gültigen Kriterien auf.

Sofern ihr den Schöpfergott als „Energiegestalt" versteht, welche die gesamte der Schöpfung innewohnende Energie auf sich vereinigt, steht meine Definition, wonach die Materie aus Bewusstsein hervorgeht, (noch) nicht im Widerspruch zu eurem Schöpfergott; denn wie gesagt, Bewusstsein ist Energie und Energie ist Bewusstsein.

Materie ist aber nicht einfach „verklumptes" Bewusstsein, sondern jedes einzelne Atom verfügt auch über „ein" eigenes, unabhängiges, äusserst aktives, individuelles Bewusstsein. Jedes individuelle Bewusstsein dieser Atome wäre, seiner Natur gemäss, in der Lage, auch unabhängig vom individuellen Bewusstsein anderer zu existieren, mit denen es sich in einem „schöpferischen Reigen" zu jener Form vereinigt (mein Begleiter sagte „verklumpt"), *die ihr über eure physischen Sinne, als individuelle materielle Struktur wahrnehmt.*

Kein Atom eures physischen Körpers ist aufgrund seiner Natur oder Beschaffenheit dazu „gezwungen", sich an dessen Manifestation zu beteiligen. Jedes dieser Atome würde über das Potential und die Freiheit verfügen, sich an der Manifestation jeder anderen materiellen Form zu beteiligen. Die Atome, die eure Zellen und - in ihrer Summe - schliesslich die physische Struktur eures Körpers bilden, unterscheiden sich in ihrer Natur - wie bereits bei anderer Gelegenheit gesagt - nicht von den Atomen, die sich zu einer Pflanze oder einem Tier strukturieren. So findet denn auch während dem, was ihr als euer Leben begreift, ein ständiger Austausch von Atomen unter den verschiedenen materiellen Formen statt. In eurem Körper sterben ununterbrochen Zellen. Die Atome, welche ihnen materielle Struktur verliehen haben sind dadurch in der Lage - und tun es auch - sich zum Beispiel an der Bildung einer neuen Zelle einer bereits lebenden Pflanze oder eines bereits lebenden Tieres zu beteiligen. Umgekehrt bilden Atome, die zuvor Teile von zum Beispiel pflanzlichen oder tierischen Zellen waren, neue Zellen in eurem Körper.

Ihr müsst also - sowenig wie eine Pflanze oder ein Tier - keineswegs zuerst sterben, damit die Atome, die eurem Körper Form verleihen, sich an der Manifestation einer anderen, in eurem Sinne lebendigen Form beteiligen können. Zwar wisst ihr, dass die „Zerfallsprodukte" eines toten Körpers zur Grundlage neuen Lebens werden. Meine Aussage geht aber viel weiter. Jede Zelle, die in eurem Körper stirbt,

*feiert - noch zu euren Lebzeiten - ihre Auferstehung in einer anderen,
zum Zeitpunkt des Todes dieser Zelle bereits existierenden materiellen Form. Verstehst du, was ich sagen will?"*

„Ich glaube schon. Entgegen unserer Auffassung, wonach lediglich
der sich zersetzende tote Körper gewissermassen „Ausgangsproduk-
te" für neues Leben schafft, willst du mir sagen, dass auch zwischen
lebendigen Organismen ein Austausch von Atomen stattfindet. Während
der Zeitspanne, in der ich lebe, kann ein und dasselbe Atom demnach
an der Bildung einer meiner eigenen Zellen, der eines Tieres und der
einer Pflanze beteiligt sein."

*„Ich könnte es nicht treffender zusammenfassen! Fahren wir also
fort:*

*Jedes dieser Atome, die an der Bildung einer menschlichen, tie-
rischen oder pflanzlichen Zelle beteiligt ist, verfügt über - und ist letztlich - Bewusstsein. Nachdem sich dieses Atom an der Bildung jeder
materiellen „Zelle" beteiligen kann, ist auch meine früher gemachte
Aussage, wonach nicht Bewusstsein existiert, das dazu bestimmt wäre
sich als Mensch, und anderes Bewusstsein, das dazu bestimmt wäre,
sich als Tier oder in anderer Form in der Materie zu manifestieren, in
einen grösseren Zusammenhang gestellt.*

*Wenn du nun aber aus dem Gesagten schliesst, dass Bewusstsein in
sich selbst schöpferisch sei, dann ist das zwar nicht gänzlich falsch,
doch berücksichtigst du dabei eine wichtige Tatsache nicht: Damit sich
Bewusstsein in Formen manifestieren kann, bedarf es eines ordnenden Prinzips. Dieses ordnende Prinzip s i n d eure individuellen Seelen! Ihr Menschen dagegen manifestiert „lediglich" Aspekte dieser individuellen Seelen in der Materie. Deshalb s e i d ihr nicht dieses ordnende Prinzip, aber ihr v e r f ü g t gewissermassen als Fähigkeit darüber. Doch alles der Reihe nach!*

40

Vor dem, was ihr unter Schöpfungsakt oder Urknall versteht, verfügte das Bewusstsein zwar bereits über die Fähigkeit, sich - auf Veranlassung eines ordnenden Prinzips - in Formen zu manifestieren, ohne dass es aber bereits in der Lage gewesen wäre, dieser Fähigkeit Ausdruck zu verschaffen. Korrekterweise müsste ich sagen, dass sich das Bewusstsein in einem Zustand des „Nichtseins" oder der „Nichtexistenz" befand. Ich verstehe jedoch, dass diese Aussage für dich einen Widerspruch in sich selbst darstellt. Doch erinnere dich an den Beginn unserer Kontakte. Damals sagte ich dir, du müsstest lernen, dass nichts nichts ist. Ein „Nichtsein" oder eine „Nichtexistenz", wie wir es verstehen, bedeutet keineswegs dasselbe, was ihr in die Begriffe interpretiert.

Als sich das Bewusstsein noch - wie ich es genannt habe - im Zustand des „Nichtseins" befand, war es nicht inexistent. Es war sich seines Potentials bereits bewusst. Es war jedoch, wie gesagt, nicht in der Lage, sich in Formen zu manifestieren obwohl es bereits die V o r s t e l l u n g jeder denkbaren Form in sich trug. Es war gewissermassen in der Manifestation seiner Natur behindert. Für das Verständnis meiner folgenden Ausführungen ist es deshalb wichtig, dass du den Begriff des „Nichtseins" oder der „Nichtexistenz" als „in seinem Ausdruck behindert" verstehst.

Der unbändige Drang des Bewusstseins, seiner Natur Ausdruck zu verschaffen und sich in vielfältiger Form zu manifestieren, führte schliesslich zu dem, was den eigentlichen ursprünglichen Schöpfungsakt ausmacht. In einem gewaltigen, schöpferischen Akt befreite sich das Bewusstsein - und damit sein Ursprung und alles einschliessender Ausdruck, also Gott - aus seiner Beschränkung, seiner „Nichtexistenz". Alles, was dem ursprünglichen Schöpfungsgeschehen zuzuordnen ist, entstand gleichzeitig und zwar - damit ich klar verstanden werde - „gleichzeitig" in eurem Sinn. Das Ergebnis war eine unermessliche Anzahl von Universen, in denen sich Bewusstsein noch heute auf unterschiedlichste Art manifestiert.

Materie ist also nur eine der vielen Ausdrucksmöglichkeiten von Be-wusstsein. Ich will damit aber keineswegs sagen, dass das Resultat des ursprünglichen Schöpfungsaktes Materie gewesen wäre; ganz im Ge-genteil: Der ursprüngliche Schöpfungsakt, das vom „Schöpfergott" direkt ausgehende Geschehen brachte - entgegen der Schöpfungsge-schichten eurer Religionen - keine Materie hervor!

Damit sind wir am Ende des ursprünglichen Schöpfungsaktes an-gelangt. Und doch, wie gesagt, existierten danach weder eure indivi-duellen Seelen, noch Materie. Alles was aus diesem Schöpfungsakt hervorging, war - und ist - Bewusstsein.......!

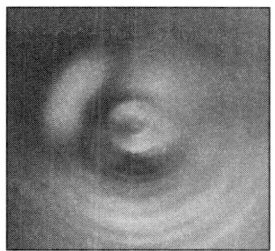

Von der Geburt der individuellen Seelen bis zum „Sündenfall"

Nachdem ich bei der Schilderung des tatsächlichen Geschehens gezwungenermassen all das, was eure religiösen Schöpfungsvorstellungen beinhalten, vom ursprünglichen Schöpfungsakt gewissermassen „abgekoppelt" habe, haben wir nun den Punkt erreicht, wo wir uns von eurem Schöpfungsverständnis entfernen. Und obwohl - oder gerade weil - wir uns damit dem tatsächlichen Geschehen nähern, bewegen wir uns in der Folge stets an der Grenze dessen, was einerseits eurem Verstand zugänglich ist und deshalb auch an der Grenze dessen, was in Worten auszudrücken ist. Ich gebe mir Mühe, in der versuchten Annäherung so treffsicher wie möglich zu sein.

Wie gesagt, folgte und folgt das Schöpfungsgeschehen einem Plan, hinter dem ein bewusster Wille steht. Der Ursprung - das alles Umfassende oder „Gott" - sah in diesem Plan einen „inividualisierten" Aspekt seiner selbst vor, der, wie er selbst, Quelle von Manifestationen in vielfältigster Form sein sollte. Dieser Aspekt sollte sich dadurch von den anderen Aspekten seines Ursprungs unterscheiden, dass er selbst über schöpferisches Potential verfügt, das ihn befähigte, Formen hervorzubringen, die nicht mehr Manifestationen des Ursprungs selbst sein würden. Dazu sollte er über einen freien Willen verfügen. Seiner Natur gemäss wäre dieser Aspekt aber Bewusstsein von der gleichen Art, wie die aus der Urenergie hervorgegangenen Bewusstseinsfragmente, die ihm als Medium für sein schöpferisches Wirken dienen sollten. Dieser Aspekt Gottes sollte durch eure individuellen Seelen manifestiert werden.

Wie vor dem ursprünglichen Schöpfungsakt das gesamte Bewusstsein, so befanden sich eure individuellen Seelen zu diesem „Zeitpunkt"- innerhalb des befreiten Gesamtbewusstseins - noch im Zustand der „Nichtexistenz". Auch eure individuellen Seelen waren sich also bereits sich selbst, ihres Potentials und ihrer Aufgabe innerhalb des schöpferischen Planes bewusst. Auch sie waren aber noch in ihrem Ausdruck behindert. In einem „sekundären" Schöpfungsakt wurden in der Folge plangemäss die individuellen Seelen erschaffen. Dieser Schöpfungsakt stand dem ersten in seiner Grossartigkeit keineswegs nach. Denn aus ihm sind alle existierenden individuellen Seelen hervorgegangen. Individuelle Seelen, die befähigt sind, aus sich selbst heraus „beseelte Formen" zu erschaffen.

Ganz entgegen der bei euch zirkulierenden, anderslautenden Theorien, wurden also alle individuellen Seelen im gleichen „Augenblick" geschaffen. Auch wenn das sprachlich so wenig zu definieren ist wie die Tatsache der Gleichzeitigkeit allen Geschehens, so ist es völlig selbstverständlich, dass vorher keine individuellen Seelen geschaffen wurden und nachher keine mehr geschaffen werden konnten. Auch sieht der umfassende Plan eine solche ergänzende Schöpfung nicht vor.

Würden nach eurem Verständnis heute noch neue Seelen geschaffen, dann wäre der Schöpfer selbst einer Entwicklung unterworfen, also in gewissem Sinne im Entstehen begriffen - unvollkommen. Allein die Tatsache, dass "er" vollkommen ist, schliesst die Erschaffung neuer Seelen aus. Auch hier bin ich mir wieder bewusst, dass diese Aussage verstandesgemäss nicht begriffen werden kann, sondern dass ihr dazu in euer Inneres horchen müsst. Sei dir auch bei diesem Horchen nach innen stets bewusst: Gott ist alles, was ist, auch wenn nichts, was ist, Gott ist!

Es existieren also nicht junge und alte Seelen. Alle eure Seelen sind uralt. Da bei ihrer "Geburt" eure materielle Realität und damit auch Raum und Zeit - nach eurem Verständnis - noch nicht existierten, sind sie alle im wahrsten Sinne des Wortes "älter als die Zeit". Nachdem sie die einzigen aus dem gemeinsamen Ursprung hervorgegangenen Fragmente sind, die dazu geschaffen sind, es diesem Ursprung mittels ihres schöpferischen Potentials gleichzutun, sind sie damit in gewissem Sinne tatsächlich dazu geschaffen, "Abbilder" des alles umfassenden Ursprunges - also nach eurem Verständnis "Abbilder" Gottes - zu werden. Aber eben, zu werden und nicht zu sein!

Genau wie Gott, so entzieht sich auch die wahre Natur der Seele dem Erfassen durch den Verstand. Ihr solltet euch die Seele nicht als Wesen, als etwas Formgebundenes oder als ein geschlossenes System vorstellen. Die Seele ist, wie jede ihrer Manifestationen - also auch ihr Menschen -, eine Bewusstseinseinheit. Nur handelt es sich bei ihr um die gewaltigste Bewusstseinseinheit überhaupt. Ich erinnere dich daran, dass Bewusstsein seiner Natur gemäss Energie ist. Demnach handelt es sich bei der Seele um die grösste bestehende Energieeinheit oder Energiekonzentration aller Universen."

"Mit Ausnahme von Gott selbst, nehme ich an", unterbrach ich die Ausführungen meines Begleiters.

"Falsch! Gott ist das Bewusstsein, die Urenergie. Keine Bewusstseinseinheit ist aber Gott. So wie ihr als verkörperte Wesen die Manifestation

von Aspekten eurer individuellen Seele seid, ohne deshalb diese See-le selbst zu sein, so sind Bewusstseinseinheiten Manifestationen göttlicher Aspekte. Das Bewusstsein in seiner Summe - aber keine Bewusstseinseinheit für sich - ist Gott. Gott ist also keine Bewusstseinseinheit, er ist d a s Bewusstsein. Begreifst du den Unterschied?"

„Ja, alles klar, danke!"

„Wie gesagt, darfst du die Seelen nicht als starre „Form", also gewissermassen als Abbild deines Körpers verstehen. Sie sind, obwohl individualisiert, in den Ausdehnungsprozess der Ursprungsenergie als Ganzes eingebunden. So dehnen auch sie sich - im Zuge des Prozesses, den ihr als „seelische Entwicklung" versteht - über die Dimensionen aus. Ich verweise bei dieser Gelegenheit auf eine früher gemachte Aussage, wonach eure Seelen nicht wandern - weder in Körper noch zwischen den Dimensionen -, sondern sich über die Dimensionen ausdehnen, ohne in den Aspekten aufzugehen, die sie über „Erscheinungsformen" in diesen Dimensionen - also zum Beispiel über euch Menschen - manifestieren. Jene Theorien, welche die Seele als Wanderer zwischen den Welten beschreiben, vermitteln euch demnach kein gültiges Bild von der Natur eurer Seelen.

Nach ihrer Befreiung aus dem Zustand der „Nichtexistenz" begannen die individuellen Seelen, dem ihnen innewohnenden schöpferischen Potential, von dem sie längst „geträumt" hatten, Ausdruck zu verschaffen. Sie waren dabei eingebunden in den ursprünglichen Schöpfungsplan - in die göttliche Schöpferkraft selbst. Sie waren demnach aktive Teilnehmer am Schöpfungsgeschehen.

Mit der letzten Aussage begebe ich mich einmal mehr auf Konfrontationskurs zu den Lehren eurer Religionen. Ich bedaure, dass das bei der Schilderung des tatsächlichen Geschehens nicht zu vermeiden ist. Doch nach eurem Verständnis ist Gott der Schöpfer eurer materiellen

Realität - euch als verkörperte Wesen miteingeschlossen. Nur handelt es sich bei diesem Verständnis des Geschehens um den grundlegenden Fehler, auf dem unerkannt alle eure religiösen und esoterischen Theorien aufbauen.

An allem, was ihr nach eurem religiösen Verständnis - ausser euren individuellen Seelen selbst - der Schöpfung zuordnet, waren eure individuellen Seelen, mittels des ihnen verliehenen schöpferischen Potentials, nicht nur beteiligt, sondern sie sind dessen einzige Ursache und Quelle!

Gott hat sich selbst und damit das gesamte Bewusstsein, die gesamte Energie, die in allen Universen existiert, aus dem Zustand der Nichtexistenz befreit. „Er" hat damit die Voraussetzungen, den Plan und die Gesetzmässigkeiten für etwas sich selbst Organisierendes geschaffen. Das ordnende Prinzip aber, das die Bewusstseinsfragmente zu Bewusstseinseinheiten und - in eurer Dimension - schliesslich zu materiellen Formen zusammenfügte, respektive noch heute stets von neuem zusammenfügt, sind die individuellen Seelen. Trotzdem kann kein einziges Bewusstseinsfragment jemals die Verbindung zu seinem Ursprung verlieren, denn es ist Teil dieses Ursprungs - ein manifestierter Aspekt Gottes.

Nach eurem Verständnis ist das Resultat des Schöpfungsaktes eure erlebte materielle Dimension. In dieser Wertung unterscheiden sich die wissenschaftlichen Thesen nur insofern von den religiösen Lehren, als sie das Geschehen rein physikalisch zu erklären versuchen. Doch die ursprüngliche Schöpfung ist nicht materiell, sie ist eine immaterielle, "psychische Wirklichkeit". Nachdem du weisst, dass psychischen Realitäten mindestens der gleiche „Wert" zukommt wie materiellen, besteht kaum die Gefahr, dass meine Aussage für dich abwertend klingt. Doch nicht nur das Wirken des Schöpfergottes zeitigt in seinem Resultat eine immaterielle Realität, auch die Schöpfungen eurer individuellen

*Seelen sind ihrer Natur gemäss psychische Wirklichkeit und sollten es,
dem ursprünglichen Schöpfungsplan folgend, auch bleiben. Wie gesagt, war und ist es die eigentliche Aufgabe, der Existenzzweck der individuellen Seelen, im Rahmen des ursprünglichen Planes selbst schöpferisch tätig zu sein.*

*Nun war es zwar so, dass es ihnen trotz ihrer Unabhängigkeit - die
sich über den freien Willen manifestiert - nicht möglich war (und ist),
schöpferische Aktivitäten zu entwickeln, die nicht in der Palette unbe-
grenzter Möglichkeiten innerhalb des umfassenden Planes vorgesehen waren. Zu Beginn ihrer Existenz standen ihnen unzählige Möglichkeiten offen, sich im Rahmen dieses Planes schöpferisch zu betätigen. Nur erforderten alle diese Möglichkeiten eine Unterordnung unter das Ganze in dem Sinne, dass der durch „Gott" vorgesehene Plan
die zu respektierenden Grenzen des freien Willens darstellte. Die individuellen Seelen hätten sich, bei der Befolgung dieses Planes, in
ihren schöpferischen Fähigkeiten ausschliesslich durch das Wissen um
die Allmacht und Allwissenheit des „Schöpfergottes" leiten lassen.*

*Die dem allem übergeordneten schöpferischen Plan innewohnende
Gesetzmässigkeit ist und erfordert B e w e g u n g. Die Bewusstseinsfragmente, die den Manifestationen von Bewusstseinsformen durch
eure individuelle Seelen zugrunde liegen, tragen diese Gesetzmässigkeit in sich - auch sie sind Bewegung, und es widerspricht ihrer Natur, sich in unveränderlichen Formen zu vereinen. Das war die einzige Grenze, die euren Seelen in ihren Manifestationen durch das umfassende Gesetz - oder wenn du willst, durch den göttlichen Plan - gesetzt war. Die Akzeptanz dieser Grenzen hätte euren Seelen schöpferisches Wirken „an der Seite" des Schöpfergottes selbst ermöglicht.
Dabei wären ihre Schöpfungen aber keineswegs - wie du das in meine Aussage hineininterpretieren könntest - in gewissem Sinne vor-
bestimmt gewesen. Ihr freier Wille, mit dem sie durch den Schöpfergott ausgestattet waren, hätte ihnen die Verwirklichung ihrer eigenen*

Vorstellungen und Träume ermöglicht, denn alle existierenden Mög-
lichkeiten waren im ursprünglichen Schöpfungsplan vorgesehen.

Die Schöpfungen der individuellen Seelen hatten aber in eurem Sin-
ne keinen Bestand, denn - wie gesagt - der „Baustoff" dieser Schöp-
fungen war - und ist - lebendiges Bewusstsein, das sich seiner Natur
gemäss nicht auf Dauer in „starre Formen" einbinden lässt. Die in-
dividuellen Seelen suchten aber nach Möglichkeiten, ihren Schöpfun-
gen beständige Form zu verleihen. Zudem war in ihnen das Bedürfnis
erwacht, es ihrem Schöpfer gleichzutun und Aspekte ihrer selbst zu er-
schaffen, die selber auch wieder über schöpferisches Potential und ei-
nen freien Willen verfügen sollten. Damit übertraten sie die ihnen durch
den Schöpfergott selbst - respektive seinen ursprünglichen Plan - ge-
setzte Grenze. Es ereignete sich das, was in eurer Religionslehre als
„Sündenfall" mit anschliessender „Vertreibung aus dem Paradies"
beschrieben wird."

„Deine Schilderung des Geschehens erinnert aber wirklich nur ganz
entfernt an die Geschichte, die ich aus der Bibel kenne."

(Schmunzelnd.) „Nun, die Verfasser der Geschichte haben ihrer Phan-
tasie wahrlich freien Lauf gelassen, zudem enthält sie doch einige gra-
vierende Ungereimtheiten. So bedauere ich es sehr, dass in meiner Schil-
derung des Geschehens nirgends ein Apfelbaum steht. Du musst aber
bedenken, dass der auch dort, wo das biblische Geschehen angesiedelt
ist, sehr exotisch gewirkt haben muss. Auch, dass die Schlange wegen
ihrer Beteiligung am Sündenfall auf ihrem Bauch kriechen muss, ist
recht unwahrscheinlich. Zumindest ist hier niemandem klar, wie sie sich
vorher anders fortbewegt haben soll. Eva wollen wir hiermit ebenfalls
von der ihr unterstellten Schuld reinwaschen, denn die individuellen
Seelen, die das „göttliche Gesetz" übertraten, waren und sind andro-
gyn, also geschlechtlich neutral. Wer weiss, ob nicht sogar Adam - das
männliche Prinzip - bei dem Entscheid ausschlaggebend war? Aber

lassen wir das. Es gibt jedenfalls keinen tieferen Grund dafür, dass mei-
ne Schilderung des Geschehens nur ganz entfernt an eure religiöse Leh-
re erinnert, als die überbordende Phantasie der Verfasser dieser Leh-
ren. Aber wenden wir uns doch wieder dem tatsächlichen Geschehen zu:

Die individuellen Seelen entfernten sich also in der Folge vom di-
rekten „göttlichen" Weg und suchten nach Möglichkeiten, ihrem schöp-
ferischen Potential losgelöst von „Gottes" Führung Ausdruck zu ver-
schaffen. Dieser kraft ihres freien Willens gewählte Weg führte sie da-
bei vermeintlich von ihrem Ursprung, also von Gott, weg. Die un-
trennbare Verbindung mit diesem Ursprung wurde nicht mehr wahr-
genommen. Die individuellen Seelen erhoben den selbstgewählten Weg
über den Weg, der ihre willentliche Einbindung in das übergeordnete
Ganze erfordert hätte. In der Folge empfanden sie sich nicht mehr in
dieses übergeordnete Ganze eingebunden und mussten sich gewisser-
massen ihre eigene Identität und ihre eigene, vermeintlich unabhän-
gige Realität erschaffen.

Als Manifestationen dieser Seelen muss sich deshalb auch der
Mensch seine eigene Identität und Realität erarbeiten und empfindet
sich genauso vom übergeordneten Ganzen getrennt. Auch wenn der
gewählte Weg der individuellen Seelen im ursprünglichen Schöpfungsplan
nicht „vorgesehen" war, so war er darin doch als „Wahrscheinlich-
keit" gewissermassen skizziert, denn der Plan ist - wie der Schöpfer
selbst - vollkommen und schliesst demnach auch keine „Planvarian-
te" grundsätzlich aus. Jede Möglichkeit, jede Wahrscheinlichkeit und
damit jeder schöpferische Gedanke ist darin vorgesehen.

Somit führte der gewählte Weg auch nur vermeintlich zu einem Ver-
lust der direkten Führung durch Gott. Da eure individuellen Seelen
Aspekte ihres Ursprungs manifestieren, war und ist es unmöglich, dass
sie den Zugang und die Verbindung zu diesem Ursprung, also in eu-
rem Sinne zu Gott, jemals verlieren können.

Genau so wie ihr als materialisierte Aspekte eurer Seele in ständiger Interaktion mit dieser steht, so stehen eure Seelen in ständiger Interaktion mit ihrem Ursprung; sie - und ihr als verkörperte Aspekte - würden sonst aufhören zu existieren. Es braucht auch niemand von euch zu befürchten, dass „seine" Seele einmal in der „ewigen Verdammnis" enden wird. Denn die Vertreter solcher Lehren übersehen die Tatsache, dass Gott sich mit der Verdammung auch nur einer einzigen individuellen Seele selber in die Unvollkommenheit verdammen würde! Solange die Vertreter dieser Lehren in ihrem Gottverständnis von einem allem übergeordneten Wesen ausgehen, das selbst ausserhalb seiner Schöpfung steht, können sie selbstverständlich auch die grundlegenden Fehler ihrer Lehre nicht erkennen. Ich bin jedoch sicher, dass sie gar kein Verlangen danach haben, denn das Eingeständnis dieses Fehlers wäre gleichbedeutend mit der Erklärung, dass die durch sie vertretene Institution - zumindest nach ihrem heutigen Selbstbildnis - überflüssig sei.

Eure Seelen sind durch ihren selbstgewählten Weg also keineswegs von Gott abgefallen. Sie standen ihm nie näher als jetzt, in diesem Augenblick. Doch haben sie die Konsequenzen ihres Entscheides zu tragen und damit Erschwernisse in Kauf zu nehmen, die ihnen erspart geblieben wären, wenn sie auf dem direkten, göttlichen Pfad geblieben wären. Begleiten wir nun diese Seelen auf ihrem Weg aus der Optik von Beobachtern:

Selbstverständlich waren eure Seelen nicht in der Lage, die materielle Dimension, wie ihr sie heute als Realität erfahrt, von heute auf morgen zu erschaffen. Getrieben durch das Wissen um das eigene schöpferische Potential und durch das Verlangen, sich in Bewusstseinsformen zu manifestieren, begannen sie in gewissem Sinne zu experimentieren.

Über die Erschaffung einer „Scheinwelt" - einer Traumrealität - hinaus, waren sie am Anfang ihres selbstgewählten Weges aber noch nicht in der Lage, sich über Aspekte ihrer selbst zu manifestieren. Zwar gelang es ihnen, ähnlich wie ihr das spätestens nach dem Verlassen der physischen Hülle wieder tun werdet, „Gedankenrealitäten" zu erschaffen. Entgegen der Erfahrung, die ihr nach dem Verlassen eurer physischen Hülle macht, waren sich eure individuellen Seelen jedoch bewusst, dass diese Realitäten nicht unabhängig von ihrer eigenen Wahrnehmung existierten. Sie suchten aber - wie gesagt - nach Möglichkeiten, ihren Schöpfungen „beständigere" Form zu verleihen und erkannten - gewissermassen berauscht durch die Erkenntnis des eigenen schöpferischen Potentials - nicht, dass der gewählte Weg eben nicht in die Realität des Unvergänglichen, sondern in die einzige und selbstgeschaffene „Vergänglichkeit" führte.

Im Zuge eines dritten Schöpfungsaktes wurden nun die Voraussetzungen dafür geschaffen, dass eure Seelen über die Manifestation von Teilaspekten ihrer selbst in der Materie - eben in vermeintlich beständigeren Formen - ihr schöpferisches Potential verwirklichen konnten. Dieser Schöpfungsakt orientierte sich dabei nicht mehr am ursprünglichen Schöpfungsplan, dem der erste und zweite Akt gefolgt sind, sondern ausschliesslich an dem Bedürfnis eurer Seelen, sich unabhängig von diesem Plan selbst schöpferisch zu betätigen. Die materielle Realität, wie ihr sie heute wahrnehmt, basiert demnach tatsächlich auf den „Plänen" eurer individuellen Seelen. Sie ist zwar nicht eure Schöpfung, sofern ihr unter eurem Selbst weiterhin euch als materialisierten seelischen Aspekt versteht, sie ist aber unbestreitbar die Schöpfung eurer individuellen Seelen. Da diese Seelen aber immer einen göttlichen Aspekt manifestieren und jedes Fragment seinen Ursprung latent einschliesst, entspricht es grundsätzlich der umfassenden Wahrheit, dass auch eure materielle Dimension das schöpferische Werk Gottes ist!

Um sicher zu stellen, dass ich nicht falsch verstanden werde, betone ich deshalb noch einmal ausdrücklich, dass eure individuellen Seelen *an der Schöpfung der materiellen Realität nicht nur quasi als „Helfer Gottes" beteiligt waren, sondern dass sie alleinige Ursache und Ursprung dieser materiellen Realität sind! Denn diese erschien erst dann als Wahrscheinlichkeit auf dem Schöpfungsplan, als sich eure Seelen - kraft des ihnen durch Gott verliehenen freien Willens - für einen von Gottes Führung unabhängigen Weg zur Manifestation ihres schöpferischen Potentials entschieden.*

Ihr Menschen seid nicht von Gott geschaffen; (schmunzelnd) ihr seid das Produkt des „Sündenfalls" eurer individuellen Seelen und habt - da ihr deren Geschöpfe seid - ihre „Sünde" geerbt. Wenn ihr also den Begriff „Erbsünde" so versteht, habe ich nichts dagegen einzuwenden, auch wenn der Begriff „Sünde" durch eure Religionslehren falsch definiert wird.

Durch den genannten dritten Schöpfungsakt wurden also die Voraussetzungen dafür geschaffen, dass sich die individuellen Seelen überhaupt in der Materie manifestieren können. Das bedeutet nun aber nicht, dass das Ergebnis dieses Schöpfungsaktes schon die materielle Dimension, so wie ihr sie heute kennt, war. Um wieder das Beispiel mit dem Maler zu verwenden: Das Ergebnis bestand darin, dass dem Maler (den individuellen Seelen) nun Leinwand, Farbe und Pinsel zur Verfügung standen. Das heisst, aus dem dritten Schöpfungsakt sind die Elemente hervorgegangen: Erde (Stein), Wasser, Luft (Gase) und Feuer. Das Resultat war euer materielles Universum mit öden, unbewohnbaren Planeten. Einer dieser Planeten war eure Erde und auch sie war, wie es eure Bibel nennt, „wüst und leer". Auch danach existierte also in der materiellen Dimension noch kein Leben, oder zumindest nicht das, was ihr darunter versteht."

„Jetzt habe ich dich wahrscheinlich falsch verstanden: Du schreibst die Schöpfung unseres materiellen Universums bereits nicht mehr der Urenergie, also Gott, sondern unseren individuellen Seelen zu. Leben wurde doch aber sicher von Gott und nicht durch unsere individuellen Seelen erschaffen!?"

„Du hast mich, wie ich deiner Frage entnehme, keineswegs falsch verstanden. Ganz am Anfang unserer Kontakte, es war in unserer ersten Lektion, habe ich versucht, dir die Fehler aufzuzeigen, die euer eigenes Selbstbildnis aufweist. Ich habe dir damals gesagt, dass ihr nicht nur völlig falsche Vorstellungen habt, was „das" Bewusstsein anbelangt, sondern dass auch die Vorstellungen, die ihr mit eurer Seele verbindet, weit davon entfernt sind, deren Natur zu erfassen. Die Kapazität des menschlichen Verstandes reicht tatsächlich bei weitem nicht aus, sich auch nur ein einigermassen realistisches Bild der individuellen Seele zu machen, der ihr eure Existenz verdankt.

Ich habe dir zwar gesagt, dass die individuelle Seele die grösste existierende Energieeinheit der ganzen Schöpfung darstellt, doch ist es dir schlicht unmöglich das Energiepotential vorzustellen, das ich damit meine. Jede e i n z e l n e individuelle Seele verfügt über ein Energiepotential, das zumindest jenem entspricht, das gemäss euren Wissenschaftlern beim „Urknall" freigesetzt wurde. Das mag dir deshalb unglaublich erscheinen, weil das Teil bekanntlich nicht grösser sein kann als das Ganze. Aus der Sicht eurer Wissenschaftler muss meine Aussage deshalb - (schmunzelnd) wie wohl die meisten anderen auch - völlig absurd klingen. Nur, absurd ist aus unserer Optik die Vorstellung, die sich eure Wissenschaftler von der Realität machen, denn euer Universum ist - im Gegensatz zu ihren Thesen - nur eines unter einer unvorstellbaren Anzahl gleichzeitiger „entstandener" Universen.

Eure individuellen Seelen sind nun aber weder „von dieser (eurer) Welt" noch sind sie irgendwo in eurem Universum zentriert. Wie die Urenergie als Ganzes dehnen sie sich über alle Universen aus. Sie sind weder ein Wesen noch sonst ein geschlossenes System. Als Manifestationen dieser Seelen werdet auch ihr eure Existenz nach dem

54

Verlassen der körperlichen Hülle - völlig entgegen der bei euch aktuellen Reinkarnationstheorien - dereinst in anderen Universen fortsetzen. Wenn ich von Dimensionen spreche, dann ist es nicht falsch, wenn du darunter „Universen" verstehst. Nur habt ihr - sowohl als Laien wie auch als Wissenschaftler - ein durch die beschränkten physischen Sinne dermassen verzerrtes Bild der umfassenden Realität, dass ihr euch völlig falsche Vorstellungen von diesen Universen macht. Eure Vorstellungen sind dermassen an Zeit und Raum gekoppelt, so dass es für euch selbstverständlich scheint, diese Universen - vorausgesetzt sie existieren - irgendwo jenseits der Grenzen eures eigenen Universums anzusiedeln. Die Tatsache, dass alle diese Universen - nach eurem Verständnis von Zeit und Raum - den gleichen „Raum" einnehmen, übersteigt alles, was der menschliche Verstand akzeptieren kann.

Doch zurück zum Energiepotential eurer individuellen Seelen und deiner Frage: Auch die Vorstellung einer kranken, leidenden oder müden Seele ist angesichts des Energiepotentials, das diese Seele auf sich vereinigt, absurd. Der Mensch überschätzt seinen Wert innerhalb der Schöpfung gewaltig und in gleichem Umfang unterschätzt er sein übergeordnetes Ganzes, also die individuelle Seele. Nicht wenig von dem, was eure Religionslehren Gott zusprechen, wäre grundsätzlich richtig, wenn sie es euren individuellen Seelen zusprechen würden! Ich werde darauf zurückkommen. Für den Moment reicht es völlig aus, wenn ich, um deine Frage zu beantworten, festhalte, dass der Schöpfergott, auch wenn das allen euren Glaubensüberzeugungen widerspricht, kein Leben in eurem Sinn geschaffen hat! Leben - immer in eurem Sinne - ist ausschliesslich das Ergebnis des schöpferischen Potentials eurer Seelen!"

„Du behauptest also, dass das, was wir Menschen in unserer Wertung als das Höchste der Schöpfung betrachten - das Leben -, nicht das Werk Gottes sei?"

*"Ich habe keinerlei Interesse, irgend etwas zu behaupten! Ich ver-
suche lediglich, dir Einblicke in die umfassende Wahrheit zu vermitteln,
die zwar deinen Überzeugungen widersprechen mögen, aber trotzdem
Tatsachen bleiben. Du hast mich zugleich richtig und doch falsch verstanden, denn die Betonung liegt auf dem, was i h r M e n s c h e n
als Höchstes der Schöpfung versteht! Der Haken daran ist aber, dass
eure Definition von Leben gerade das ausschliesst, was das einzig
wirklich Lebendige, das Unvergängliche ist! Um nicht missverstanden
zu werden, verdeutliche ich deshalb an dieser Stelle: Die individuellen Seelen sind befähigt Bewusstsein zu materiellen Formen zu „verdichten"; sie sind das ordnende Prinzip, das darüber entscheidet, zu
welchen materiellen Formen sich Bewusstsein strukturiert, es übersteigt aber ihr schöpferisches Potential, Bewusstsein zu erschaffen.*

*Das Unvergängliche, Ewiglebendige, ist nicht an eine Form gebun-
den, es ist Bewusstsein. Das, was ihr unter Leben versteht, ist dagegen immer formgebunden und daher sterblich und vergänglich! Wenn
ich also sage, dass Leben in eurem Sinn ausschliesslich das Ergebnis
des schöpferischen Potentials eurer Seelen ist, dann spreche ich damit ebenso ausschliesslich die vergängliche, sterbliche Form an. Das
Erschaffen des eigentlich Lebendigen - Bewusstsein - übersteigt das
schöpferische Potential eurer Seelen. Doch trotz dieser Einschränkung
übersteigt die Tatsache, dass eure Seelen fähig sind, jede belebte materielle Form zu erschaffen, nicht nur euer Vorstellungsvermögen, sondern auch das Potential wissenschaftlicher Forschung nach derzeiti-
gen Kriterien.*

*Der „Urknall" oder die genannten Schöpfungsakte sind zwar
ursächlich für die Existenz eurer individuellen Seelen. Sie sind aber
letztlich nicht ursächlich für die Existenz eurer materiellen Realität -
euch Menschen eingeschlossen -, weil es euren Seelen überlassen blieb,
kraft ihres freien Willens die „Wahrscheinlichkeit" zu wählen, aus der
schliesslich diese materielle Realität hervorgegangen ist. Zum „Zeitpunkt"*

ihres Entscheides standen ihnen unzählige „Erfahrungswahrschein-
lichkeiten "offen, die keine materielle Dimension erfordert hätten. Doch,
wie gesagt, wollten sich eure Seelen in Formen manifestieren, die vermeintlich „beständiger" sind, als reine Gedankenkonstrukte, und dieser „Traum" liess sich nur durch die materielle Realität verwirklichen
und erfahren.

Der Schöpfergott hat die „Krone seiner Schöpfung" als individualisierten, mit einem freien Willen ausgestatteten, selbst schöpferischen
Aspekt seiner selbst geschaffen, dessen Manifestation die individuellen Seelen sind. Weil jeder Aspekt latent alles einschliesst, was sein
Ursprung in sich vereinigt, verfügte zwingend auch die „Krone der
Schöpfung" dieser individuellen Seelen über alle Aspekte, die sie selbst
von allen anderen, aus dem gleichen Ursprung hervorgegangenen
Fragmenten, unterscheidet. Die „Krone der Schöpfung" dieser Seelen manifestiert sich in euch Menschen. Sowenig wie diese Seelen aber
Gott sind, sondern einen göttlichen Aspekt manifestieren, sowenig seid
ihr Menschen eure individuelle Seele - ihr seid seelische Manifestationen.

Weil „Er" die individuellen Seelen mit einem freien Willen ausgestattet hatte, musste der Schöpfergott gewissermassen in Kauf nehmen, dass diese von seinem Plan abweichen könnten, was sie schliesslich durch den Entscheid für ihren eigenen Weg auch taten. Genau so
mussten in der Konsequenz dieses Entscheides die individuellen Seelen in Kauf nehmen, dass auch ihr Menschen von ihrem Plan abweicht.
Auch ihr macht von eurem freien Willen nicht selten dadurch Gebrauch,
dass ihr vom Plan eurer individuellen Seelen abweicht. Die durch euch
erlebte Realität ist demnach Materie gewordene Konfrontation eurer
individuellen Seelen mit ihrem „am Anfang der Zeit" getroffenen Entscheid - dem Entscheid, mit dem sie die ihnen innerhalb des umfassenden Planes gesetzten Grenzen überschritten.

Die Abkehr vom ursprünglichen Plan wird in euren Religionen, wie gesagt, als Vertreibung aus dem Paradies symbolisiert. Diese Parabel ist nicht ganz geglückt, denn die Seelen haben das „Paradies" freiwillig verlassen, um ihren eigenen Weg zu finden. Da aber jedem aus dem Ursprung hervorgegangenen Fragment das Wissen innewohnt, dass sein Weg letztlich zurück zu diesem Ursprung führt, waren sich dessen auch die individuellen Seelen bewusst, als sie sich für ihren eigenen Weg entschieden. Ihr Weg wird dort enden, wo er begonnen hat, im übergeordneten Ganzen, nach eurem Verständnis also „in" Gott.

Zum Abschluss unserer heutigen Lektion schlage ich vor, dass wir deren komplexen Inhalt kurz zusammenfassen. In den nächsten Lektionen können wir uns danach mit dem Thema „Reinkarnation" beschäftigen, wobei ich aber den Inhalt unserer heutigen Lektion als Basiswissen voraussetzen muss.

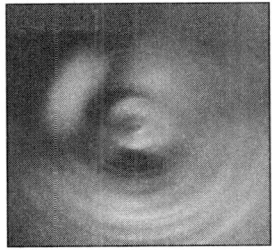

Zusammenfassung

Vor dem eigentlichen Schöpfungsakt war die gesamte der Schöpfung innewohnende Energie - in eurem Sinne - an einem Punkt konzentriert. Diese Urenergie war sich nicht nur ihrer selbst bewusst - sie war Bewusstsein. So ist sich auch heute noch jedes einzelne Fragment der Schöpfung seiner selbst bewusst, weil es seiner Natur gemäss nichts anderes als Bewusstsein ist.

Die Urenergie unterstand - und untersteht noch heute - einer bestimmenden Gesetzmässigkeit: Dem Gesetz der Wechselwirkung. Diesem Gesetz folgend dehnte sich die Urenergie aus, was in den eigentlichen Schöpfungsakt mündete. Jedem an diesem Geschehen beteiligten, bewussten Energieteilchen wohnt aber das Wissen inne, dass es sich - dem Gesetz der Wechselwirkung folgend - dereinst wieder mit seinem Ursprung vereinigen würde. Diese Ausdehnung der Urenergie erfolgte nicht nur in die euch bekannte materielle, sondern in unendlich viele parallel dazu existierende immaterielle Dimensionen. Sie erfolgte mit einer sich ins Unvorstellbare steigernden Geschwindigkeit, weshalb eure Physiker davon ausgehen, dass sie ihren Antrieb aus einer gewaltigen Explosion schöpfe, die am Anfang des Geschehens stattgefunden haben müsse - der „Urknall".

Tatsächlich handelte es sich aber beim ursprünglichen Schöpfungsakt nicht um eine physische, sondern um eine psychische „Explosion". Gott befreite das gesamte Bewusstsein - und damit sich selbst als Ursache und alles einschliessender Ausdruck dieses Bewusstseins - in einem gewaltigen schöpferischen Akt aus dem Zustand der Nichtexistenz. Das bedeutet aber nicht, dass Gott und seine Schöpfung in eurem Sinne aus dem „Nichts" entstanden sind. Alles, was ist und damit Gott, existierte und existiert unabhängig dessen, was ihr als Schöpfung versteht. Das gesamte Bewusstsein war sich bereits vor dem befreienden Schöpfungsakt seiner selbst und seiner Aufgabe bewusst. Es war lediglich noch in seinem Ausdruck behindert. Die Befreiung aus dieser Beschränkung war letztlich der Sinn, welcher der Schöpfung innewohnt. Das mag für euch äusserst banal klingen, weil ihr euch völlig falsche Vorstellungen von Gott macht. Ihr solltet unbedingt in eure Vorstellungen integrieren, dass Gott nicht ausserhalb seiner Schöpfung existiert, denn die Schöpfung i s t „Gott"! Hätte „er" demnach das Bewusstsein nicht befreit, dann hätte „er" sich selbst in seinem Ausdruck behindert.

Weil sich nun aber alle Bewusstseinsfragmente auch ihrer Individualität und Unabhängigkeit bewusst sind und sich gewissermassen als Kinder ihres Ursprungs - also des Gesamtbewusstseins oder Gott - empfinden, steht hinter dem ursächlichen Schöpfungsakt eine unendlich starke Liebe. Ihr liegt nicht falsch, wenn ihr diese Liebe mit den Gefühlen gleichsetzt, die ihr für eure Kinder empfindet. Der ursprüngliche Schöpfungsakt war also von der Liebe zu jedem einzelnen Bewusstseinsfragment und dem Wunsch, die Voraussetzungen für die Verwirklichung ihres schöpferischen Potentials zu schaffen, getragen.

Nach dem ursprünglichen Schöpfungsakt existierten weder eure individuellen Seelen, noch die Materie. Alles, was aus diesem Schöpfungsakt hervorgegangen ist, war und ist Bewusstsein!

Hinter der Schöpfung steht ein bewusster Wille, ein Plan, dem das Geschehen folgt. Jedes Bewusstseinsfragment manifestiert einen Aspekt seines Ursprungs - des Gesamtbewusstseins oder Gott. Der Schöpfungsplan sah aber einen Aspekt vor, der, wie sein Ursprung selbst, nicht nur über schöpferisches Potential, sondern auch über einen freien Willen verfügen sollte. Dieser Aspekt sollte das „ordnende Prinzip" sein, das über die Struktur bestimmte, zu der sich Bewusstseinsfragmente „verdichten" können.

Dieser „göttliche" Aspekt manifestiert sich in den individuellen Seelen. In einem Schöpfungsakt, der dem ersten in seiner Grossartigkeit nicht nachstand, erwachten in der Folge alle individuellen Seelen - Seelen, die befähigt sind, aus sich selbst heraus andere beseelte Formen zu erschaffen.

Alle individuellen Seelen wurden also, völlig entgegen anderslautender religiöser und esoterischer Theorien, im gleichen „Augenblick" geschaffen; es existieren somit nicht junge und alte Seelen. Alleine die Tatsache, dass ihr Schöpfer vollkommen ist, schliesst es aus, dass „heute" noch individuelle Seelen erschaffen werden, denn, da diese Aspekte ihres Ursprungs manifestieren, würde das bedeuten, dass der Schöpfergott selbst einer Entwicklung unterworfen - also in eurem Sinne unvollkommen wäre.

Genau wie Gott selbst, so entzieht sich auch die wahre Natur der individuellen Seele dem Erfassen durch den menschlichen Verstand. Auch sie ist kein Wesen in eurem Sinne! Sie ist eine Bewusstseinseinheit - die gewaltigste Bewusstseinseinheit - die in allen Universen existiert. Nachdem die Urenergie nicht nur über Bewusstsein verfügte, sondern Bewusstsein war, ist auch heute noch jedes Bewusstseins-fragment pure Energie. Demnach handelt es sich bei der individuel-len Seele um die grösste bestehende Energieeinheit aller Universen. Gott ist die Gesamtsumme an Energie oder Bewusstsein - die indivi-duelle Seele ist seine gewaltigste Manifestation, so wie ihr Menschen wiederum die gewaltigste Manifestation individueller Seelen seid!

Gott hat mit dem Schöpfungsakt die Voraussetzungen, den Plan und die Gesetzmässigkeiten für etwas sich selbst Organisierendes geschaffen. Er hat aber keine materiellen Formen geschaffen, denn das ordnende Prinzip, das die Bewusstseinsfragmente zu Bewusstseinseinheiten struk-turiert und schliesslich in materiellen Formen transformiert, sind die individuellen Seelen.

Nach ihrer Befreiung aus dem Zustand der Nichtexistenz begannen die individuellen Seelen, ihrem schöpferischen Potential Ausdruck zu verschaffen. Sie waren dabei in den ursprünglichen Schöpfungsplan, in die göttliche Schöpfungskraft selbst, eingebunden. Sie waren akti-ve Teilnehmer am Schöpfungsplan - und sind es noch.

Gottes Schöpfung war nie materiell - sie ist eine psychische Wirklich-keit! Auch die Schöpfungen der individuellen Seelen sind ihrer Natur gemäss psychische Wirklichkeiten und sollten es, dem ursprünglichen Schöpfungsplan folgend, auch bleiben. Zu Beginn standen ihnen unzäh-lige Möglichkeiten offen, sich im Rahmen dieses Planes schöpferisch zu betätigen. Doch alle diese Möglichkeiten erforderten eine Unterordnung unter das Ganze in dem Sinne, dass der göttliche Plan die zu respek-tierende Grenze des freien Willens darstellte. Die Gesetzmässigkeiten, denen dieser Plan folgt, sind und erfordern Bewegung. Jedes Bewusst-seinsfragment trägt diese Gesetzmässigkeit in sich. Es widerspricht des-halb ihrer Natur, sich in unveränderlichen Formen zu vereinen. Die Ak-zeptanz dieser Gesetzmässigkeit hätte den individuellen Seelen schöp-ferisches Wirken an der Seite des Schöpfergottes selbst ermöglicht.

Die individuellen Seelen suchten aber, kraft ihres freien Willens, nach Möglichkeiten, ihren Schöpfungen beständige Form zu verleihen. Zudem war in ihnen das Bedürfnis erwacht, es ihrem Schöpfer gleichzutun und einen Aspekt ihrer selbst zu manifestieren, der selbst auch wieder über schöpferisches Potential und einen freien Willen verfügen sollte. Damit übertraten sie aber das einzige Gesetz, an dem sie sich in ihrer schöpferischen Aktivität zu orientieren hatten. Es geschah das, was in euren Religionslehren durch den „Sündenfall" und die "Vertreibung aus dem Paradies" symbolisiert wird.

Die individuellen Seelen entfernten sich in der Folge vom göttlichen Plan. Sie fühlten sich nicht mehr in das übergeordnete Ganze eingebunden und mussten sich ihre eigene Identität und Realität erschaffen. Als Manifestationen von Aspekten des Schöpfergottes selbst, war es jedoch ausgeschlossen, dass sie die Verbindung zu „ihm" verlieren konnten, auch wenn sie diese nicht mehr wahrnahmen. Könnte auch nur ein einziges Bewusstseinsfragment die Verbindung zu seinem Ursprung verlieren, dann würde dieser Ursprung - also Gott - aufhören zu existieren, denn er ist dieses Bewusstseinsfragment!

Gleichsam in einem dritten Schöpfungsakt, der sich nicht mehr am ursprünglichen Plan, sondern ausschliesslich am Bedürfnis der individuellen Seele orientierte, ihren Schöpfungen beständige Form zu verleihen, wurde die materielle Realität erschaffen. Die materielle Realität hat ihre einzige Ursache und ihren Ursprung im freien Willen der individuellen Seelen. "

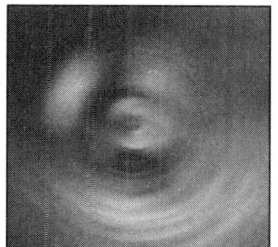

Reinkarnation und Karma

Einführung

Als ich meinen Begleiter anlässlich meiner zweiten, bewussten ausserkörperlichen Erfahrung, im Herbst 1971, fragte, ob es zutreffend sei, dass wir Menschen nicht nur einmal leben, sondern immer wiedergeboren werden, antwortete er:

„Diese Frage lässt sich nicht einfach mit ja oder nein beantworten. Ob und wie oft ihr wiedergeboren werdet, von welcher Art diese Wiedergeburt ist und unter welchen Gesetzmässigkeiten sie erfolgt, hängt von verschiedenen Faktoren ab. So einfach, wie das in den gängigen esoterischen Theorien dargestellt wird, lässt sich die Frage jedenfalls nicht beantworten. Diese Theorien liegen zum überwiegenden Teil weit jenseits dessen, was man als Versuch einer Annäherung an eine schwer beschreibbare Wahrheit bezeichnen könnte. Alle jene Theorien, welche

den komplexen Prozess als eine Reihe sich folgender Leben nach eurem Verständnis darstellen, treffen nicht seinen Kern. "

Nachdem mir selbst bis heute keine Theorie oder Lehre bekannt ist, die Reinkarnation nicht als eine Reihe aufeinander folgender Leben darstellt, gilt meine damalige Schlussfolgerung auf die Antwort meines Begleiters nach wie vor; er verneint die Reinkarnation nicht grundsätzlich, sondern er sagt, dass wir falsche Vorstellungen davon haben.

Obwohl es mir - durch welche Gnade auch immer - möglich ist, mich anlässlich meiner ausserkörperlichen Erfahrungen in jener Dimension aufzuhalten, in der wir uns alle nach unserem Tod wiederfinden werden, fand ich auch dort keinerlei Hinweise, welche die gängigen Reinkarnationstheorien bestätigt hätten. Anfänglich führte mich mein Begleiter vorwiegend in Jenseitsrealitäten, welche ausschliesslich von Wesen bewohnt sind, die noch sehr stark in ihren eigenen Wertvorstellungen und Überzeugungen gefangen sind. Entsprechend subjektiv geprägt ist auch ihre erlebte Jenseitsrealität. Unter ihnen habe ich tatsächlich Wesen getroffen, die sich - wie sie mir zu verstehen gaben - bereits auf ihre Wiedergeburt in der materiellen Realität freuten. Viele von ihnen hatten auch bereits klare Vorstellungen davon, als was sie wiedergeboren werden wollten. Wie ich aber bald feststellte und auch durch meinen Begleiter bestätigt erhielt, handelte es sich nicht um Wissen. Diese Wesen waren - nachdem sich ihre Vorstellungen über ein Leben nach dem Tod und das Umfeld, in dem sich dieses abspielen würde, bestätigt hatten - durch ihre erlebte (subjektive) Realität dermassen davon überzeugt, dass sich ihre ehemaligen Vorstellungen nun alle realisieren würden, dass sie sich gar keine andere Möglichkeit der Weiterexistenz vorstellen konnten, als die, wieder in der materiellen Welt geboren zu werden.

Später dann führte mich mein Begleiter vermehrt in Jenseitsbereiche, in denen sich Wesen aufhalten, die bereits Zugang zur objektiven

Jenseitsrealität gefunden haben. Sie haben dadurch auch uneingeschränkt Zugang zum Erfahrungs- und Wissensschatz ihres Gesamtselbst, also ihrer Seele. In der Kommunikation mit diesen Wesen spielte die materielle Realität nur insofern eine Rolle, als sie sich für mich freuten, dass es mir ermöglicht wurde, bereits zu Lebzeiten Einblick in die Realität des Jenseits zu erhalten. Sie interessierten sich auch dafür, wo ich in der materiellen Dimension lebe. Ich empfand das aber immer eher so, als ob mich jemand fragen würde, wo ich meine Ferien verbringe. Die Wesen gaben auch bereitwillig über ihr vergangenes Leben in der materiellen Realität Auskunft. Doch niemals hat eines dieser Wesen danach gefragt, welches seiner Leben ich mit meiner Frage meine. Nachdem sie aber, wie mir mein Begleiter versicherte, uneingeschränkt Zugang zu allen Erfahrungen haben, die ihre individuelle Seele in ihrer Erinnerung gespeichert hat, wäre diese Frage naheliegend gewesen.

Den Aussagen meines Begleiters und meinen eigenen Erfahrungen jenseits von Zeit und Raum stehen nun aber Fakten gegenüber, welche die gängigen Reinkarnationstheorien ganz offensichtlich zu bestätigen scheinen. Ich erinnere dazu an jene Fälle, bei denen sich Menschen ganz bewusst an ein früheres Leben erinnern, den Ort und das Haus, in dem sie gelebt haben wollen, beschreiben und gar zeigen können oder noch lebende Angehörige namentlich erkennen. Daneben existiert umfangreiches Material aus sogenannten „Rückführungen", wo Menschen ebenfalls exakte Angaben über frühere Leben gemacht haben, die teilweise sogar nachprüfbar waren und sich als richtig erwiesen haben.

Ich muss eingestehen, diese Fakten sind auch für mich so überzeugend, dass ich jeden Menschen verstehe, der sie als Beweise für die Reinkarnation wertet und, dass ich selbst uneingeschränkt an die Reinkarnation - wie sie in den gängigen Theorien dargestellt wird - glauben würde, wären da nicht meine eigenen Erfahrungen! So überheblich das auf den Aussenstehenden auch wirken mag, doch für mich stellt sich heute gar nicht mehr die Frage, ob ich daran glaube oder nicht, denn ich w e i s s, dass diese Theorien - trotz der vermeintlich unumstösslichen Beweise - nicht zutreffend sind!

Wenn es mir aufgrund der veröffentlichten Aussagen meines Begleiters zu diesem Thema gelingt, auch nur einen einzigen Anhänger dieser Theorien dazu zu bringen, seine Überzeugung zu hinterfragen, dann habe ich die mir selbst gestellte Vorgabe bereits erfüllt. Damit hätte ich es wenigstens einem Menschen erspart, sich nach seinem Tod mit erschwerenden Umständen auseinandersetzen zu müssen, die in solch falschen Überzeugungen begründet sind.

Zu dem Zeitpunkt, als mein Begleiter sich in vielen Lektionen dem Themenkreis „Reinkarnation und Karma" widmete, waren sogenannte „Rückführungen" noch nicht so „populär" wie heute. Interessanterweise ging mein Begleiter jedoch bereits damals darauf ein und lehrte mich, wie ich mir durch bestimmte Übungen Zugang zu meinen - wie er mir danach bewies - vermeintlichen früheren Leben verschaffen konnte. Ich werde die Umstände dieser Erfahrung an der entsprechenden Stelle in den folgenden Kapiteln im Detail schildern.

Fast 15 Jahre waren vergangen seit ich meinen Begleiter das erste Mal auf die Reinkarnation angesprochen hatte. Natürlich war ich - wie wohl jeder Mensch - brennend an dem Thema interessiert. Mein Begleiter bestand aber darauf - wie er es nannte -, meinem Wissen zuerst ein solides Fundament zu bauen, bevor er sich solch komplexen Fragen zuwenden wollte. Heute muss ich ihm zustimmen. Ich wäre gar nicht in der Lage gewesen, seine Aussagen zu diesem Thema zu verstehen, wenn er früher darauf eingegangen wäre.

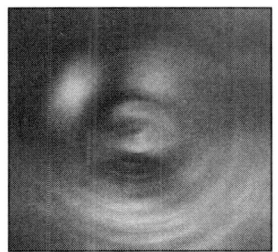

Eine Übersicht

„Nun ist es also soweit. Nachdem wir letztes Mal die erforderliche Basis geschaffen haben, können wir uns in den kommenden Lektionen nun dem Thema „Reinkarnation" zuwenden. Weil der Begriff „Reinkarnation" vom Begriff „Karma" abhängig ist, das heisst, keiner dieser Begriffe ohne den anderen einen Sinn ergäbe, behandeln wir die beiden Themen gleichzeitig.

Wie bereits erwähnt beschreiben die bei euch zirkulierenden Reinkarnationstheorien keine objektive Realität, und du wirst mir zustimmen, dass diese auch durch deine eigenen Erfahrungen zwar noch nicht überzeugend widerlegt, aber zumindest nicht bestätigt wurden. Wir haben die letzte Lektion mit einer Zusammenfassung beendet, und so möchte ich diese Lektion mit einer Übersicht über jene Punkte beginnen, die wir anschliessend im Detail behandeln werden.

Weil es für den Zusammenhang wichtig ist, werde ich dabei auch bereits bei anderer Gelegenheit getroffene Feststellungen erwähnen:

Die Schöpfung Gottes ist eine immaterielle, psychische Wirklichkeit. Die materielle Welt und damit auch der Mensch sind nicht von Gott geschaffen - sie sind im ursprünglichen Schöpfungsplan nicht „vorgesehen"! Sie haben ihren Ursprung im „Sündenfall" und sind uneingeschränkt und ausschliesslich die Schöpfung der Gesamtheit individueller Seelen.

Die Seele ist nicht der unsterbliche Teil des Menschen, sondern der Mensch ist, seiner wahren Natur gemäss, ein unsterblicher Teil der Seele! Der menschliche Körper ist kein Gefäss für die Seele!

Die Seele, als grösseres Ganzes, verkörpert sich ebensowenig, wie sich Gott, als alles einschliessendes, allem übergeordnetes Ganzes, verkörpert. Jede materielle Form ist eine materialisierte Vorstellung einer individuellen Seele - genau so, wie die immaterielle Schöpfung Vorstellungen Gottes manifestiert. Die Schöpfung - aber wohlverstanden, nicht die materielle - ist in ihrer Summe Gott und Gott ist die Schöpfung. Ebenso sind die Manifestationen der Seele in ihrer Summe diese Seele selbst, und die Seele ist die Summe ihrer Manifestationen.

Weil die Seele sich nicht verkörpert, reinkarniert sie sich auch nicht! Sie inkarniert Aspekte ihrer selbst (zum Beispiel!) in materiellen Formen, sie reinkarniert diese Aspekte aber (in aller Regel) nicht!

Das, was ihr als euer Ich begreift, manifestiert einen der genannten seelischen Aspekte. Dieser - also ihr - hat (in aller Regel) noch nie in der körperlichen Welt gelebt und wird (ebenfalls in aller Regel) kein weiteres Leben in der materiellen Welt führen!

70

Euer Denken und Handeln sowie die daraus abgeleitete Art eurer Wahrnehmung bestimmt eure individuelle, nach dem Verlassen der physischen Hülle zu erwartende Erfahrungsrealität.

Die Umstände eures Lebens - und mögen diese noch so schwierig sein - sind nicht durch e u e r Verhalten in einem „früheren" Leben begründet.

Jede individuelle Seele ist mit allen anderen Seelen in einer Art verbunden, die jede individuelle Erfahrung zu einer kollektiven Erfahrung aller Seelen macht. Jede Seele verfügt deshalb über die gleiche und über gleichviel Erfahrung.

Sogenannte „Rückführungen" verschaffen euch zwar Zugang zum Erinnerungsschatz eurer Seele, sie ermöglichen euch aber nicht Einblicke in Leben, die i h r selbst einst gelebt habt!

Eure Existenz ist mit dem Tod nicht abgeschlossen. Ihr verfügt auch danach über dasselbe Bewusstsein und dieselbe Ich-Identität. Ihr werdet eure Erfahrungen in anderen Dimensionen fortsetzen und dabei mit allen euren Gedanken, Wertvorstellungen und Handlungen konfrontiert werden, die eure Persönlichkeit aus dem irdischen Leben prägen.

Eure individuelle Seele wird nach eurem Tod (in aller Regel) wieder einen Aspekt ihrer selbst in Menschengestalt auf der Erde manifestieren. Dieser verfügt über eine eigene Identität, die von eurer völlig unabhängig ist - ihr seid im weitesten Sinne „Seelengeschwister".

Es existiert sowohl individuelles als auch kollektives Karma. Individuelles Karma betrifft den einzelnen, einst verkörperten Seelenaspekt - also euch Menschen nach eurem Tod. Dieses individuelle Karma gestaltet eure erlebte Realität nach eurem Tod und bestimmt eure weiteren Erfahrungen in anderen Dimensionen. Das kollektive Karma betrifft die Gesamtheit aller individuellen Seelen und bestimmt die Lebensaufgaben ihrer körperlichen Manifestationen.

Jede individuelle Seele versteht sich als Teil des Ganzen und stellt ihre Manifestationen in den Dienst desselben. Sie wählt die Lebensaufgabe ihrer Manifestationen nach den Bedürfnissen der Gesamtheit aller Seelen. Aus der „Optik" der individuellen Seele existiert deshalb so etwas wie ein individueller Sinn des Seins ihrer Manifestationen nicht!"

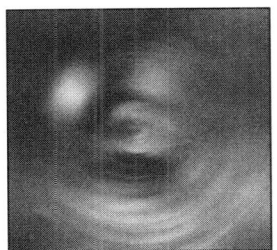

Die Seele als Schöpfer der
materiellen Realität

„Weil eure Reinkarnationstheorien nur unter Zugrundelegung eu-
res falschen Selbstbildnisses überhaupt einen Sinn ergeben - oder „lo-
gisch" erscheinen, wie ihr es nennt, - kommen wir nicht umhin,
uns noch einmal mit diesem falschen Selbstbildnis zu befassen.

Die Reinkarnationstheorien gehen - kleine Abweichungen nicht ausge-
schlossen - davon aus, dass ihr von Gott geschaffene, beseelte Wesen .
seid. Die Seele, die in diesen Theorien als unsterblicher Teil von euch
selbst verstanden wird, soll dabei in einer Vielzahl von irdischen Le-
ben - die weitgehend durch karmische Einflüsse determiniert sind - je-
nen Entwicklungsstand erreichen, der es ihr - und damit euch - er-
möglicht, Vollkommenheit zu erlangen und dadurch dereinst ihrem
Schöpfer gegenüberzutreten.
Ich habe bereits erwähnt, dass das diesen Theorien zugrunde lie-
gende Menschenbild nicht im entferntesten eurer wahren Natur

entspricht. Im Detail werden wir sicher noch darauf zu sprechen kommen. Schon jetzt weisst du aber, dass dieses Bild bereits im Ansatz falsch ist, weil die Seele nicht, wie das diese Theorien verstehen, ein Teil von euch ist, sondern ihr, als verkörperte Wesen einen Teil dieser Seele manifestiert. Nun gehe ich in meiner Aussage jedoch weiter und nähere mich damit der umfassenden Wahrheit um einen weiteren Schritt:

Es existiert in eurer materielle Realität nichts Gegenständliches, dessen Ursprung und Ursache letztlich nicht im schöpferischen Potential eurer individuellen Seelen zu suchen wäre. Wie bei anderer Gelegenheit gesagt: Eure Seelen sind zwar nicht die Schöpfer der Bewusstseinseinheiten, die sich zu materiellen Strukturen verdichten; aber sie sind das ordnende Prinzip, das über die durch diese zu bildende Struktur bestimmt. Jede eurer Wahrnehmung zugängliche Form stellt also letztlich eine Schöpfung individueller Seelen dar. Jede dieser Formen, ob sie sich nun als Gestein, als Pflanze, als Tier oder als Mensch manifestiert, ist - da es sich um den Aspekt eines beseelten Ursprunges handelt - damit zwingend selbst auch beseelt.

Wie nur die individuelle Seele befähigt war, einen vom ursprünglichen Schöpfungsplan abweichenden eigenen Weg zu wählen, so verfügt auch der Mensch als einzige Manifestation dieser Seele über einen freien Willen, der es ihm ermöglicht, einen eigenen, vom Plan seines Ursprungs - also eben der individuellen Seele - abweichenden Weg zu wählen. Es existiert in eurem Sinne keine „höhere Macht" - also auch nicht eine imaginäre göttliche -, die Einfluss auf die materielle Dimension nehmen würde, als das Kollektiv eurer individuellen Seelen und ihr Menschen, als selbst mit schöpferischem Potential und freiem Willen ausgestatteten, verkörperten Aspekten dieser Seelen."

„Wenn ich dich richtig verstanden habe, dann erschufen und erschaffen unsere Seelen also nicht nur uns Menschen als verkörperte Wesen, sondern auch alle Pflanzen und Tiere? Diese Aussage steht meines Erachtens in einem Widerspruch zu einer deiner früheren Aussagen, wonach die Theorie, dass wir Menschen uns auch in „niederen Lebensformen", also zum Beispiel als Tier reinkarnieren können, unsinnig sei, da sie die wahre Natur unserer Seele negiere."

„Wie einfach wäre doch meine Aufgabe, wenn du völlig unbelastet wärst! Du vermischst zwei völlig unterschiedliche Themen. Deine Frage stört aber keineswegs, denn ihre Beantwortung passt sehr gut als Fortsetzung meiner bisherigen Ausführungen zum Thema. Nur, zuerst muss ich etwas klarstellen:

Du sprichst davon, ich hätte dir gesagt, dass ihr Menschen e u c h zum Beispiel nicht als Tier reinkarnieren könntet. Das Missverständnis, das ich diesen Worten entnehme, werden wir schon bald klären. Für den Augenblick nur schon soviel: Ihr Menschen könnt e u c h überhaupt nicht reinkarnieren, weder in Menschen noch in Tiere! Auch eure Seelen reinkarnieren s i c h nicht.

Ohne dabei die Frage nach der Gültigkeit von Reinkarnationstheorien abschliessend behandelt zu haben, habe ich bei anderer Gelegenheit tatsächlich angedeutet, dass keine Seele, die auch nur ein einziges Mal einen Aspekt ihrer selbst über einen Menschen manifestiert habe, in der Lage sei, in „späteren" Inkarnationen Aspekte ihrer selbst als Tier zu manifestieren. Diese Aussage ist so absolut richtig und es ist ihr nichts hinzuzufügen. Ich bezog mich dabei auf einen der Grundsätze der buddhistischen Religionslehre, die besagt, dass ihr in eurem Leben praktisch keinem Tier begegnen könnt, das nicht - in einer früheren Inkarnation - bereits zu eurer menschlichen Verwandtschaft gehört hätte. Genannt werden unter diesen Lebewesen explizit „alle Wildtiere und Haustiere, alle Vögel und schossgeborenen Wesen".

Der vermeintliche Widerspruch in meinen Aussagen entsteht für dich dadurch, dass du davon ausgehst, eure Seelen könnten Aspekte ihrer selbst ausschliesslich über euch Menschen manifestieren. Zwar wäre es schon ein grosser Fortschritt - und würde euch der umfassenden Wahrheit einen riesigen Schritt näher führen -, wenn ihr euch als materialisierter Teilaspekt, als Schöpfung eurer eigenen Seele begreifen würdet. Doch hättet ihr damit das schöpferische Potential dieser Seele trotzdem noch nicht begriffen. Tatsächlich begegnet ihr - wie bei anderer Gelegenheit bereits erwähnt - während eurer Existenz in der materiellen Realität unablässig Manifestationen von Aspekten individueller Seelen, die ihr nach eurer Wertung des Seins als „niedere Lebensformen" versteht. Bei diesen Lebensformen handelt es sich zum Beispiel um Pflanzen und Tiere, die ebenso Manifestationen individueller Seelen sind, wie ihr Menschen. "

„Entschuldige, wenn ich dich schon wieder unterbreche, aber nun habe ich erst recht ein Verständnisproblem. Zuerst sagst du, dass die buddhistische Lehre, wonach uns unsere einstigen Verwandten in Tiergestalt wieder begegnen können, falsch sei und im nächsten Satz behauptest du, dass sich individuelle Seelen auch in Tiergestalt manifestieren können. Das ist für mich ein Widerspruch. Zudem erinnere ich dich an deine Aussage, wonach alle menschlichen Seelen gleich weit entwickelt seien. Es fällt mir aber schwer, zu glauben, dass eine menschliche Seele, die sich über eine Pflanze oder ein Tier in unserer Dimension manifestiert, gleich weit entwickelt sein soll, wie jene Seele, die mich als Aspekt ihrer selbst quasi „in die Welt gesetzt" hat. Woraus resultiert also mein Verständnisproblem?"

„Aus deiner Art meine Aussagen zu interpretieren! Die Feststellung, dass alle menschlichen Seelen gleich weit „entwickelt" seien, entspricht deiner Interpretation einer meiner Aussagen. Aber die Aussage als solche zitierst du damit nicht! Es existiert keine „menschliche Seele", demnach ist es müssig, sich über ihren Entwicklungsstand zu unterhalten. Erinnere dich an meine Aussage, wonach der Mensch keine Seele habe, sondern - in der S u m m e ihrer sich in den unterschiedlichsten

Dimensionen manifestierenden Teilaspekten - diese Seele s e i . Richtig interpretierst du dagegen meine Aussage, dass jede individuelle Seele über gleich viel Erfahrung verfügt und damit in deinem Sinne gleich weit „entwickelt" ist. Wir kommen darauf gleich noch zu sprechen.

Wenn ihr eure individuelle Seele als euren wahren Schöpfer begreift, dann seid ihr der umfassenden Realität bedeutend näher, als wenn ihr euren d i r e k t e n Ursprung im Schöpfergott selbst sucht. Ihr seid „Kinder" eurer individuellen Seelen und habt unzählige „Geschwister". Wäre euer direkter Ursprung der Schöpfergott selbst, dann wäret ihr vollkommen!"

„Meine Frage ist zwar noch nicht beantwortet, aber deine letzte Aussage veranlasst mich, bereits an dieser Stelle eine neue Zwischenfrage zu stellen: Du sagst, wenn Gott selbst unser Schöpfer wäre, dann wären wir Menschen vollkommen. Wenn ich das richtig interpretiere, dann ist das so zu verstehen, dass die Gott selbst „entstammende" Schöpfung nicht unvollkommen sein kann, weil „er" dadurch selbst unvollkommen geworden wäre."

„Du hast mich absolut richtig verstanden!"

„Das führt aber fast zwingend zu meiner Zwischenfrage, denn wenn die göttliche Schöpfung vollkommen ist, dann muss das auch auf die „Krone" seiner Schöpfung - die individuellen Seelen - zutreffen. Ganz offensichtlich trifft das aber nicht zu, denn sonst müssten ja auch ihre Schöpfungen - also zum Beispiel wir Menschen - vollkommen sein. Ich habe keinen Grund, an der Richtigkeit deiner Aussage zu zweifeln, also muss ich irgendwo einen Denkfehler machen. Kannst du mir diesen aufzeigen?"

„Eine wahrhaft gute Frage; ich hoffe, dass ich zu einer aus deiner Sicht ebenso guten Antwort in der Lage bin. Eigentlich hätte ich wissen

müssen, dass meine Aussage bei dir zu einem neuen Missverständnis führt.

Meinen bisherigen Aussagen zu der wahren Natur der individuellen Seele kannst du entnehmen, dass an dem Bild, das ihr euch gemeinhin von der Seele macht, so ziemlich alles falsch ist. Der grundlegendste Fehler besteht aber sicher darin, dass ihr die Seele als einen Teil von euch versteht, was einer Umkehrung der Tatsachen entspricht, denn - wie gesagt - seid ihr tatsächlich ein Teil von ihr. Weil ihr ausserdem von euch selbst auf eure Seele schliesst, ist für euch die Schlussfolgerung völlig selbstverständlich, dass diese unvollkommen ist und demzufolge einer Entwicklung unterliegt.

Du hast völlig richtig verstanden, dass der Schöpfergott in sich selbst vollkommen ist und demnach auch seine Manifestationen, in denen er sich „zeigt", nicht unvollkommen sein können. Das schliesst übrigens nicht aus, dass „er", wie seine Schöpfung, immer noch im Werden begriffen ist, denn seine wahre Natur schliesst bereits alle Möglichkeiten zukünftiger Entwicklung mit ein. Nun handelt es sich aber bei den individuellen Seelen unzweifelhaft um eine seiner Manifestationen, ja sogar um die einzige, die selbst auch wieder über schöpferisches Potential und einen freien Willen verfügt. Demnach ist es also völlig ausgeschlossen, dass diese individuellen Seelen selbst unvollkommen sein können und so ist es tatsächlich auch - es existiert keine unvollkommene Seele in dem Sinne, dass sie selbst einer Entwicklung unterliegen würde!

Der Logik des menschlichen Verstandes folgend schliesst du nun aber daraus, dass etwas Vollkommenes nicht etwas Unvollkommenes erschaffen könne. Grundsätzlich trifft das ja auch zu, und dennoch gilt das weder für euch Menschen, noch für die materielle Realität als Schöpfung der in sich selbst vollkommenen Seelen, denn du übersiehst bei deiner Schlussfolgerung etwas ganz Wesentliches: Die Fähigkeit

78

der individuellen Seelen, ihre Schöpfungen zu materialisieren, entspricht nicht dem ursprünglichen Schöpfungsplan und ist ihnen demnach auch nicht von ihrem Ursprung - von Gott - verliehen. Die Fähigkeit an sich - und erst recht die darauf gründende Schöpfung - ist gewissermassen die Konsequenz des „Sündenfalls".

Die Fähigkeiten, mit denen die individuellen Seelen durch ihren
Schöpfer „ausgestattet" wurden, sind vollkommen; entsprechend kann
auch das mittels dieser Fähigkeiten Erschaffene nicht unvollkommen
sein. Demzufolge waren auch ihre Schöpfungen im Rahmen des ursprünglichen Schöpfungsplanes vollkommen und werden es - nach der
Rückkehr dieser Seelen in das grössere Ganze - auch wieder sein. Aufgrund der Abkehr vom ursprünglichen Schöpfungsplan waren nun aber
die individuellen Seelen - wie gesagt - gezwungen, sich ihre eigene
Identität und Realität zu erschaffen. Da sie ihren Schöpfungen - entgegen dem ursprünglichen Schöpfungsplan - beständige Form verliehen wollten, mussten sie sich auch die dazu erforderliche Fähigkeit,
materielle Formen zu erschaffen, selbst verleihen.

Weder die materielle Realität, noch die Menschen sind im ursprünglichen Schöpfungsplan enthalten. Es handelt sich dabei um durch
die individuellen Seelen geschaffene, subjektive Realitäten, um Konsequenzen des „Sündenfalls". Eure individuellen Seelen sind also, seit
dem „Sündenfall," gewissermassen in ihrer eigenen Illusion gefangen, so wie ihr als ihre verkörperten Manifestationen weitgehend in
eurer eigenen Illusion gefangen seid. Diese Illusion besteht darin, dass
eure Seelen ihre eigene Schöpfung als das einzig Beständige wahrnehmen und nicht erkennen, dass es sich dabei um das einzige Vergängliche im umfassenden Ganzen handelt. Sich aus dieser Illusion
zu befreien und die eigene Wahrnehmung wieder dem ursprünglichen
Schöpfungsplan zuzuwenden, ist die Aufgabe, die sie auf ihrem Weg
zurück zu ihrem Ursprung zu erfüllen haben. „Entwicklung" der individuellen Seele solltest du deshalb ausschliesslich als Erweiterung
ihrer Wahrnehmung verstehen.

Ich hoffe, dass es mir damit gelungen ist, deine Zwischenfrage zu beantworten."

„Sie ist beantwortet, danke."

„Kehren wir also zu deiner ursprünglichen Frage zurück. Du glaubtest einen Widerspruch in meinen Aussagen zu erkennen, weil ich einerseits bestreite, dass eure individuellen Seelen Aspekte ihrer selbst in Pflanzen- oder Tiergestalt manifestieren können und andererseits doch darauf bestehe, dass auch Pflanzen und Tiere Manifestationen individueller Seelen sind.

Ich betone nochmals: Eure Seelen machen gleichzeitig Erfahrungen in den unterschiedlichsten Realitätsdimensionen. Eure materielle Realität ist nur eine einzige in einer undefinierbar grossen Anzahl. Eure Seelen müssen auf ihrem Weg Erfahrungen machen, die ihre „Anwesenheit" in einer Vielzahl dieser Dimensionen erfordert. Obwohl sie in der Wahl grundsätzlich frei sind, existieren doch Erfahrungsdimensionen - eine davon ist zum Beispiel eure materielle Dimension -, die für ihr Werden, also die Erweiterung ihrer Wahrnehmung, unabdingbar sind. Die Reihenfolge, in der sie ihre Erfahrungen in den unterschiedlichsten Dimensionen machen, ist von Gesetzmässigkeiten abhängig, die zu komplex sind, um bereits an dieser Stelle darauf einzugehen. Ich werde sicher im Zusammenhang mit unserem aktuellen Thema noch vertiefend darauf zu sprechen kommen.

Für heute deshalb nur soviel: Diese Reihenfolge ist individuell so verschieden, dass wohl kaum zwei Seelen über den gleichen „Werdegang" verfügen. Bereits daraus kannst du die unermessliche Anzahl der Erfahrungsdimensionen erahnen.

Nun wird eine in der materiellen Dimension sehr erfahrene Seele in euren esoterischen Theorien gerne als „alte" Seele dargestellt. Doch

wie aufgezeigt, wurden alle eure Seelen im Zuge des zweiten Schöp-
fungsaktes erschaffen und sind somit auch alle gleich alt. Zwar ist es
absolut zutreffend, dass nicht jede individuelle Seele über gleich vie-
le eigene Erfahrungen in der materiellen Realität verfügt. Doch die
in der Materie erfahrene Seele ist allen anderen in ihrer Entwicklung
trotzdem keineswegs überlegen, denn sie verfügt über entsprechend
weniger Erfahrung in anderen Realitätsdimensionen. In diesem Sin-
ne existieren also nicht stark und weniger stark „entwickelte" Seelen.
So ist auch meine entsprechende Aussage zu verstehen, die bei dir of-
fensichtlich zu Missverständnissen geführt hat. Beachte dabei, dass
die Betonung auf „individuellen Seelen" liegt. Auch wenn ich häufig
lediglich von „euren Seelen" spreche, dann ist damit immer die indi-
viduelle Seele gemeint, die sich aus vielen gleichwertigen Aspekten
oder Teilen zusammensetzt, denn eine „menschliche Seele" existiert,
wie gesagt, nicht. Ist damit zumindest der zweite Teil deiner Frage be-
antwortet?"

„Ja, sofern ich aus deiner Aussage ableiten kann, dass sich die Erfahrung einer Seele in einer bestimmten Dimension über die Art ihrer Manifestation ausdrückt. Das heisst, dass bezogen auf die materielle Dimension, ein Tier zwar ebenfalls, wie wir Menschen, Manifestation eines Aspektes einer individuellen Seele ist, diese Seele aber
über weniger Erfahrung in der materiellen Dimension verfügt, als jene
Seelen, deren Manifestationen wir Menschen darstellen."

„Du hast mich richtig verstanden! Der erste Teil deiner Frage wird
ebenfalls gleich beantwortet sein, wenn wir mit der Erläuterung des
schöpferischen Potentials eurer individuellen Seelen fortfahren."

„Gut, einverstanden."

„Ich habe bereits darauf hingewiesen, dass die Erfahrungen eurer
Seelen nicht mit dem gleichgesetzt werden können, was i h r unter

Evolution versteht. Doch mögen auch eure Theorien noch so weit von den tatsächlichen Gesetzmässigkeiten entfernt sein, denen das Geschehen folgt, so hat doch auch das, was ihr unter Evolution versteht, letztlich seinen Ursprung und seine einzige Ursache im schöpferischen Potential eurer Seelen. Die Summe des ihnen für Manifestationen von Aspekten ihrer selbst zur Verfügung stehenden Bewusstseins ist unveränderlich. Es wird also weder neues Bewusstsein geschaffen, noch geht Bewusstsein „verloren". Bewusstsein ist - wie gesagt - Energie und Energie kann sich niemals in die Nichtexistenz zurückverwandeln oder in eurem Sinne auflösen. Sie kann lediglich transformiert werden. Eure Seelen sind gewissermassen die „Transformatoren", die Energie in Materie und zurück transformieren.

Nun verfügt zwar eine Pflanze oder ein Tier nicht in eurem Sinne über weniger Bewusstsein, als ihr selbst. Doch „bindet" ihre Manifestation in der Materie weniger „Lebensenergie". Damit wähle ich einen Begriff, den ich zwar als einzig zutreffenden bezeichnen möchte, ohne dass es mir aber möglich wäre, dir eine dem menschlichen Verstand zugängliche, treffende Definition dafür zu geben - ich kann lediglich eine Annäherung versuchen. Wenn ich dir sage, dass „Gott" die Summe aller Lebensenergie ist und eure Seelen - die dazu geschaffen sind, seine „Ebenbilder" zu werden - über ein für alle Seelen gleiches „Mass" an Lebensenergie verfügen, um Aspekte ihrer selbst in den unterschiedlichsten Erfahrungsdimensionen zu manifestieren, dann habe ich zumindest eine Annäherung an eine äusserst komplexe, sprachlich nicht fassbare Gesetzmässigkeit versucht, die dir ein Verstehen meiner folgenden Ausführungen ermöglicht. "

„Könnte der Begriff „Lebensenergie" durch den Begriff „Geist" ersetzt werden? Wir sprechen doch bei uns von Körper, Seele und Geist."

„Nein, das würde meine Aussagen verzerren. Was ihr als Geist bezeichnet, kommt dem zumindest nahe, was ich als „Bewusstsein"

bezeichne, wobei du dann darunter aber nicht das Bewusstsein, welches sich in deinem Gesamtselbst „vereinigt", sondern lediglich das Teilbewusstsein, das sich in deinem Körper manifestiert, verstehen darfst. Bewusstsein ist bewusste Energie - das ist für mich zwar der berühmte weisse Schimmel, weil Energie und Bewusstsein identisch sind. Damit dieses Bewusstsein aber in Formen gewissermassen komprimiert werden kann, ist eine andere Art von Energie erforderlich, über die - neben dem Ursprung von allem, was ist - nur das hinter dieser Komprimierung stehende ordnende Prinzip, also eure individuellen Seelen verfügen. Wie du aus meinen folgenden Ausführungen erkennen wirst, existiert bei euch kein adäquater Begriff für das, was ich als „Lebensenergie" bezeichne.

Die Manifestation seelischer Aspekte in der materiellen Dimension erfordert zum Beispiel grundsätzlich ein ungleich höheres „Mass" an Lebensenergie, als die in einer Dimension, in der die selbstbewusste Existenz dieses Aspektes nicht an eine Form gebunden ist. Daraus kannst du schliessen, dass die individuelle Seele, die sich für Manifestationen in der materiellen Dimension entscheidet - entsprechend der durch diese Manifestation gebundenen Lebensenergie -, gleichzeitig nur noch in beschränktem Masse in anderen Dimensionen Erfahrungen sammeln kann. Andererseits wird eine Seele, die gleichzeitigen Erfahrungen in möglichst vielen anderen Dimensionen Priorität einräumt, dafür soviel Lebensenergie bedürfen, dass sie sich in der materiellen Dimension - sofern sie darin „gleichzeitig" Erfahrungen machen will - vorerst auf Manifestationen beschränken muss, die ein nicht zu hohes „Mass" an Lebensenergie binden. Diese Manifestationen werden sich nach eurem Verständnis dann in der Pflanzen- oder Tierwelt finden. Zu erwähnen ist jedoch, dass auch diese Formen in sehr unterschiedlichem Masse Lebensenergie binden.

Nun mag die letzte Aussage, nach deinem Verständnis, in einem gewissen Widerspruch zu einer meiner früheren Aussagen stehen, wonach *euren Seelen bereits heute jede Dimension offensteht und es dafür nicht eines Entwicklungsprozesses bedarf, der über eine Art Stufenleiter von einer niederen in eine höhere Dimension führt. Bei der Bereinigung dieses vermeintlichen Widerspruchs begegnen wir wieder dem ersten Teil deiner vorherigen Frage. Ausserdem werden wir erneut mit meinem Hinweis konfrontiert, wonach die „Seelenwanderung", wie sie im genannten Text der buddhistischen Lehre erwähnt wird, für niemanden von euch zur erlebten Realität werden kann, weil die Entwicklung eines sich in einer bestimmten Dimension manifestierenden Teilaspektes eurer individuellen Seelen zwar keiner Kontinuität in eurem Sinne unterliegt, die Entwicklung als solche jedoch - dem umfassenden Gesetz folgend - immer vorwärtsgerichtet ist.*

Daraus kannst du ableiten, dass die „Evolution" der Manifestationen eurer Seelen - was die in eurem Sinne belebte Materie betrifft - von der Pflanze über das Tier letztlich zu euch Menschen führt. Oder wie ich es bei anderer Gelegenheit umschrieben habe: Ihr stammt nicht mehr vom Affen ab als vom Affenbrotbaum! Auch in allen anderen Erfahrungsdimensionen unterliegen ihre Manifestationen einer Evolution. Es obliegt ihrem freien Willen, darüber zu entscheiden, welchen Erfahrungsdimensionen sie für ihre Manifestationen Priorität einräumt. Alle existierenden Erfahrungsdimensionen sind ihr dazu gleichermassen zugänglich.

Damit sollte auch der erste Teil deiner Frage beantwortet sein, und du wirst erkennen, dass der vermeintliche Widerspruch in meinen Aussagen - ich bin versucht zu sagen, einmal mehr - auf einer falschen Interpretation deinerseits beruht. Der Vorteil unserer Art der Kommunikation liegt ja gerade darin, dass dadurch solche fehlerhaften Interpretationen ausgeräumt werden können."

„Ich habe noch eine Anschlussfrage: Deine Definition von Evolution reicht zwar weiter zurück als die bei uns aktuelle wissenschaftliche Theorie. Doch wo liegt, einmal abgesehen davon, der Unterschied?"

„Auch diese Frage würde ohnehin im Verlaufe meiner folgenden Ausführungen zum Thema beantwortet. Sie weist auf vermeintliche Gemeinsamkeiten hin, doch würden eure Wissenschaftler in meiner Definition bestenfalls eine „Evolution mit Lücken" erkennen. Dabei muss der guten Ordnung halber festgehalten werden, dass auch eure wissenschaftliche Evolutionstheorie nicht „lückenlos" ist. Denn obwohl eure Wissenschaftler unter Evolution einen lückenlosen, linearen Prozess verstehen, in dem sich eine Spezies von einer „niederen" zu einer „höheren" Lebensform entwickelt, negieren sie diese Voraussetzungen bei der Evolutionstheorie von Darwin. Bis heute ist es ihnen bei keiner einzigen Spezies - euch Menschen eingeschlossen - gelungen, diesen lückenlosen Prozess nachzuweisen. Überall fehlt das eine, aber eben das entscheidende Bindeglied. (Schmunzelnd) Ich bin mir selbstverständlich bewusst, dass sich die Mehrheit deiner Mitmenschen, trotz dieser nicht zu widerlegenden Tatsache, aufgrund ihrer Wissenschaftsgläubigkeit auch weiterhin als Nachfahren der pelzigen Baumbewohner versteht. Auch wenn es der umfassenden Wahrheit nicht gerecht wird, so mag dieses Selbstbildnis möglicherweise vieles in eurem Verhalten entschuldigen! Doch wenden wir uns nun deiner Frage zu:

Da jede - in eurem Sinne - lebendige materielle Form eine Manifestation von Aspekten individueller Seelen ist, hat auch jede Evolution ihren Ursprung und ihre einzige Ursache im schöpferischen Streben dieser Seelen. Eine Evolution, wie sie in euren wissenschaftlichen Theorien beschrieben wird, kann nicht einer objektiven Realität entsprechen, weil bereits die in sie hineininterpretierte Ursache, das auslösende Moment, keine objektive Realität war oder ist. Die fehlende Kontinuität der tatsächlichen und einzig objektiven Evolution liegt darin begründet, dass völlig unterschiedliche individuelle Seelen - mit individuell ebenso unterschiedlichem Erfahrungspotential aus der materiellen Dimension - an den Manifestationen beteiligt und interessiert waren, die sich - um beim Beispiel zu bleiben - als Affenbrotbaum, Affen und schliesslich als Menschen in der Materie verkörpert haben.

Die ersten Versuche individueller Seelen, sich über Teilaspekte ihrer selbst in der Materie zu manifestieren, zeitigten in ihrem Resultat - in eurem Sinne - ausschliesslich unbelebte Materie. Jeder individuellen Seele, die sich über Pflanzen, Tiere oder euch Menschen manifestiert, wohnt deshalb zum Beispiel auch die Art der Wahrnehmung eines Steines inne. Auch wenn in diese ersten „Versuche" in der Materie nur wenige eurer individuellen Seelen schöpferisches Potential investierten, so nahmen doch alle anderen Seelen - aufgrund der bestehenden Interaktion zwischen ihnen - am Geschehen teil und verinnerlichten gewissermassen die Erfahrungen, die die „Pioniere" in der Materie gemacht hatten.

Nach diesen ersten Versuchen dauerte es nach eurem Zeitverständnis viele Milliarden Jahre, in denen individuelle Seelen Erfahrungen in der Materie sammelten, indem sie Aspekte ihrer selbst zuerst in Mineralien, dann in Pflanzen und später in Tieren manifestierten. Die Manifestation seelischer Aspekte führte keineswegs - wie ihr das aufgrund eurer Evolutionstheorie zu wissen glaubt - in einem linearen Prozess vom Affen zu euch Menschen als vernunftbegabte Wesen.

Wenn in alten Mythen Tiere in Menschengestalt und Menschen in Tiergestalt dargestellt werden, oder „Götter" halb Tier, halb Mensch waren, so widerspricht eine solche Entwicklung zwar jeder wissenschaftlich anerkannten Evolutionstheorie. Dennoch stehen solche Mythen dem tatsächlichen Geschehen bedeutend näher, als eben diese Evolutionstheorien, denn die ersten individuellen Seelen, die sich darin versuchten, Aspekte ihrer selbst in Menschengestalt zu manifestieren, brachten tatsächlich solche Geschöpfe hervor. Sie suchten nach der für sie passenden Ausdrucksform und schufen, nachdem sie tatsächlich belebte Wesen hervorgebracht hatten, die sowohl Mensch als auch Tier waren, schliesslich das materielle Erscheinungsbild des Menschen, wie ihr es heute kennt. Diese Erscheinungsform existierte danach aber noch lange Zeit parallel zu den „Tiermensch- oder

86

Menschtiergestalten ". Auf diese Weise fanden sie Eingang in eure My-
then.

*Die überwiegende Mehrzahl der individuellen Seelen hat sich aber,
nach eurem Verständnis, erst sehr viel später dazu entschlossen, Aspekte ihrer selbst in Menschengestalt zu manifestieren. Sie konnten dabei
gewissermassen auf die nun jeder individuellen Seele innewohnenden
Erfahrungen der „Pioniere" zurückgreifen und waren nicht mehr darauf angewiesen, selber nach der geeigneten Ausdrucksform zu suchen.*

*Durch die untrennbare Verbindung untereinander partizipiert jede
individuelle Seele an allen Erfahrungen, die eine andere individuelle
Seele mittels ihrer Manifestationen macht und speichert sie gewissermassen als eigene Erfahrung in ihrem „Gedächtnis". Wenn in esoterischen Theorien von einem „kosmischen Gedächtnis" oder der „Aka-
sha-Chronik" ausgegangen wird, dann gründet diese Annahme einmal
mehr auf der Tatsache, dass euer Verstand nicht in der Lage ist, das
Wesen und Potential eurer individuellen Seelen zu erfassen. Die Tatsache, dass jede einzelne Seele alle Erfahrungen, die seit „Anbeginn
der Zeiten" durch alle anderen individuellen Seelen gemacht wurden,
gewissermassen als eigene Erfahrung in ihrer Erinnerung gespeichert
hat, übersteigt eure Vorstellungskraft. Du kommst der umfassenden
Wahrheit bedeutend näher, wenn du das, was die erwähnten Theorien
als „kosmisches Gedächtnis" bezeichnen, als das „Gedächtnis" jeder einzelnen individuellen Seele verstehst!*

*Jede eurer individuellen Seelen ist mit jeder anderen Seele in einer
Art und Weise verbunden, die jede individuelle Erfahrung einer Seele zu einer kollektiven Erfahrung aller Seelen macht. Mit dieser Tatsache mögt ihr euch deshalb schwer tun, weil ihr in eurem Selbstbildnis so grossen Wert auf eure Individualität legt und sich jeder
Mensch gewissermassen als „Einzelkämpfer" gegen das Schicksal versteht*

und befürchtet, durch eine derart enge Verflochtenheit mit allen anderen Seelen seine Identität und Einzigartigkeit zu verlieren. Doch eure Ängste sind völlig unbegründet; eure individuellen Seelen können ihre Individualität sowenig verlieren wie ihr eure während der Einbindung in euren physischen Körper - und darüber hinaus - verlieren könnt. Eure individuellen Seelen sind sich ihrer selbst, trotz der engen, untrennbaren Verbundenheit mit allen anderen Seelen, für alle Zeiten bewusst. Die Einbindung in ein grösseres Ganzes schwächt - entgegen eurer Wertung - nicht die Individualität, sondern sie begründet sie erst!

Ein weiterer Grund, weshalb ihr euch nicht vorzustellen vermögt, dass alles, was jemals ein Individuum oder ein Kollektiv getan, gedacht, gesagt, empfunden oder geträumt hat, als eigene Erfahrung im „Gedächtnis" jeder individuellen Seele gespeichert ist, mag daran liegen, dass ihr Erinnerung als Eigenschaft eures Gehirns versteht. Doch, wie bei anderer Gelegenheit bereits erwähnt, ist euer Gehirn ausschliesslich für die Steuerung der Prozesse in eurer physischen Hülle und die Transformation von Informationen, die euch von ausserhalb des physischen Systems erreichen, zuständig. Alles, was ihr sonst noch dem Gehirn „anlastet", übersteigt sowohl seine Kapazität, als auch seine Funktion. Kein Gedanke hat seinen Ursprung in einem menschlichen Gehirn und keine Erinnerung wird darin gespeichert!

Du verfügst ja zum Beispiel jetzt, in dieser immateriellen Dimension, auch nicht über einen Körper, der mit einem Gehirn ausgestattet ist, und trotzdem sind dir deine Erinnerungen nicht verloren gegangen. Dieser Körper ist demnach nicht einmal mehr auf einen „Transformator" angewiesen, sondern du hast in gewisser Weise direkten Zugang zum Wissen deiner Seele, so wie ihr das nach dem Tod eurer physischen Hülle ohnehin alle habt, wobei euch auch dann, zumindest noch eine Zeitlang, wie in der materiellen Realität vorerst nur jene Erinnerungen zugänglich sind, die in bezug zu den Erfahrungen stehen, die ihr in eurem irdischen Leben gemacht habt."

„Wenn ich dich richtig verstanden habe, dann bedeutet das, dass zum Beispiel eine Gehirnverletzung nicht zur Folge hat, dass die Erinnerungen verloren wären, sondern lediglich, dass jener Teil des Gehirns, der für die Transformation der Erinnerungen zuständig ist, seine Funktion nicht mehr erfüllen kann?"

„Ganz richtig. Die Gleichung: Gehirnverletzung = fehlendes Erinnerungsvermögen = Erinnerungen werden im Gehirn gespeichert, hat euch zu einem völlig falschen, äusserst beschränkten Bild des Menschen geführt. Die genannte Gleichung ist nicht zutreffender, als wenn ihr davon ausgehen würdet, dass die Funktionsstörung eures Empfangsgerätes auf eine gesundheitliche Beeinträchtigung des Nachrichtensprechers schliessen lasse.

Selbstverständlich glauben - sie sind ja, wie bereits erwähnt, Gläubige - eure Mediziner, dass sie den „Ort des Erinnerungsvermögens" in eurem Gehirn genau lokalisieren können. Kein Wissenschaftler, der auch zukünftig noch ernst genommen werden möchte, würde es wagen, diese „Tatsache" in Frage zu stellen. Da ich nun aber keinen Wert darauf lege, ein - in eurem Sinne - ernst zu nehmender Wissenschaftler zu sein, darf ich es wagen, und tue es auch, diese wissenschaftliche „Tatsache" als Unsinn zu bezeichnen - genauso wie die Wissenschaftler meine Aussagen als Unsinn bezeichnen werden! Doch sie sind - was aus unserer Sicht nicht verwundert - ausserstande, meine Aussagen zu widerlegen, weil Tatsache ist und bleibt, dass euer Gehirn bei Eigenschaften, wie Denken, Fühlen, Erinnern usw. lediglich die Funktion eines „Transformators" hat.

Eure Wissenschaftler, genauer gesagt die Neurobiologen, sind zum Beispiel dermassen fasziniert von der Beobachtung der Neuronenaktivität im menschlichen Gehirn, dass sie sich zu den absurdesten Behauptungen versteigen. So sind für sie diese Neuronenaktivitäten nicht Folge, sondern Ursache für Denken, Fühlen, Erinnern etc. Es ist ab-

zusehen, dass sie in nicht allzu ferner Zukunft behaupten werden, sie hätten eure Seele im menschlichen Gehirn entdeckt und wissenschaftsgläubig, wie die Menschheit nun einmal ist, wird diese Behauptung dann auch bald als gesicherte Erkenntnis Eingang in euer Selbstbildnis finden.

Ihr seid materialisierte Aspekte eurer individuellen Seelen - Teil eines unvorstellbar grösseren Ganzen. Als solche erfüllen auch eure Organe - neben der Funktion, die sie zur Aufrechterhaltung eures physischen Körpers haben - „lediglich" die Funktion von „Transformatoren". Wir können uns bei Gelegenheit gerne eingehend darüber unterhalten. Deine Frage gilt nun aber der Funktion eures Gehirns.

Es ist richtig, dass die physischen Sinne über euer Gehirn gesteuert und ihre Eindrücke, wie ihr das versteht, durch dieses ausgewertet werden. Doch auch dabei ist es keineswegs so autonom, wie ihr annehmt. Für euer Überleben sind die psychischen Sinne, derer du dich bei deinen ausserkörperlichen Exkursionen bedienst, genauso wichtig. Letztere sind nun aber durch eine Verletzung des Gehirns nicht im geringsten tangiert, denn es fungiert für sie nicht als „Transformator". Erinnerungen an Erfahrungen oder Geschehnisse, denen ihr während eures Lebens ausgesetzt wart, werden also keineswegs in eurem Gehirn „gespeichert". Über euer Gehirn habt ihr aber - zumindest von seinem Potential her - uneingeschränkt Zugang zu den gespeicherten Erfahrungen eurer individuellen Seele. Es übersetzt dabei diese „Erinnerungsdaten" in eine eurem Verstand zugängliche (Bild-) Sprache.

Dasselbe geschieht, wenn ihr träumt, nur dass dann, entgegen der Auffassung eurer Wissenschaftler, weniger eure Erfahrungen in der materiellen Realität aufgearbeitet werden, als vielmehr die Erfahrungen anderer Manifestationen eurer individuellen Seele, die diese in anderen Dimensionen machen, im Rahmen eines konstanten Informationsaustausches zwischen den einzelnen Manifestationen oder

Persönlichkeiten in eurem Verstand zugängliche „Daten" übersetzt werden. Sind nun aber jene Teile des Gehirns geschädigt, welche für eben diese "Transformation" zuständig sind, dann hat das betreffende Individuum keinen Zugang mehr zu den durch seine individuelle Seele "gespeicherten" physischen Informationen und den durch andere Manifestationen derselben übermittelten „Erfahrungsdaten". Das heisst aber keineswegs, dass diese Informationen deswegen für das Individuum verloren wären. Spätestens nach dem Verlassen der physischen Hülle hat es wieder uneingeschränkt Zugang dazu.

Zu bemerken ist in diesem Zusammenhang noch, dass ihr euch völlig falsche Vorstellungen von der Art der Wahrnehmung eines Menschen macht, der durch eine Verletzung oder eine Krankheit an einer Funktionsstörung des Gehirns leidet. Ihr beurteilt, wie deren Verhalten auf euch wirkt und schliesst daraus, dass sie in ihrer Wahrnehmung behindert seien. Das ist aber nur sehr bedingt zutreffend, denn eurer Wahrnehmung stehen ja auch Eindrücke und Erfahrungen offen, die ihr nicht über die physischen Sinne macht. Ihr, die ihr euch als „Gesunde" bezeichnet, seid eigentlich nicht weniger behindert als es jene Menschen sind, nur dass ihr im Gegensatz zu ihnen freiwillig auf den grössten Teil des euch naturgemäss zugänglichen Wahrnehmungsspektrums verzichtet. Die Behinderten haben einfach ihren Wahrnehmungsfokus mehr oder weniger stark von der materiellen Realität abgezogen und auf immaterielle Realitäten gerichtet, die eurer Wahrnehmung ausschliesslich über die psychischen Sinne zugänglich sind. Ihr dagegen macht genau das Gegenteil, wodurch ihr euch eben vom überwiegenden Teil der euch naturgemäss zugänglichen Wahrnehmungen ausschliesst, und doch bezeichnet ihr euch als die „Gesunden". Ich hoffe, dass ich damit deine Frage beantworten konnte."

„Sie ist beantwortet, danke."

„Dann fahren wir also fort mit den Ausführungen, die zu deiner Frage geführt haben. Wir sind bei meiner Aussage verblieben, wonach jede individuelle Seele - durch die untrennbare Verbindung und Interaktion - an den Erfahrungen aller anderen individuellen partizipiert. Nach den durch die „Pioniere" gemachten Erfahrungen wäre es nunmehr also jeder individuellen Seele möglich gewesen, Aspekte ihrer selbst in Menschengestalt in der Materie zu manifestieren. Nur hatten eure individuellen Seelen keineswegs einheitliche Vorstellungen.

Obwohl jede individuelle Seele untrennbar mit jeder anderen verbunden ist, manifestiert sich in ihren individuellen Schöpfungen doch immer auch ihr freier Wille. Viele der individuellen Seelen hatten Vorstellungen von der erstrebenswerten Erscheinungsform der menschlichen Spezies, die sich von jenen der „Pioniere" unterschieden, und versuchten, diese in der Materie zu manifestieren. Obwohl jede individuelle Seele an den Erfahrungen der „Pioniere" partizipierte, schlossen ihre individuellen Manifestationen also keineswegs immer an denen der anderen Seelen an. Das führte schliesslich dazu, dass sich verschiedene „Evolutionsrichtungen" entwickelten.

Ungeachtet ihrer Übereinstimmung diente aber jede „Evolutionsrichtung" immer dem übergeordneten Ziel aller individuellen Seelen, ihr Erfahrungsspektrum in der Materie zu erweitern. Die Vielfalt der dabei „erprobten" Entwicklungsrichtungen könnt ihr noch heute in den verschiedenen Rassen erkennen, in die sich die menschliche Spezies aufteilt. Dabei ist an dieser Stelle der Hinweis angebracht, dass eure Wissenschaftler nur eine Evolutionstheorie kennen, die keine Aussagen über das Entstehen verschiedener Rassen macht.

Aufgrund der unterschiedlichen Erfahrungen einzelner Seelen, an denen alle anderen partizipierten, hat die Gesamtheit der individuellen Seelen schliesslich erkannt, dass ihr Erfahrungsspektrum in der materiellen Dimension dadurch erweitert wird, dass sie ihre

Manifestationen nicht nur in einem Menschentypus verkörpern kön-
nen, sondern, dass diesem zusätzlich rassenspezifische Unterschiede
hinzugefügt werden müssen, um Erfahrungen zu ermöglichen, die ohne
diese Rassenvielfalt ausgeschlossen wären. Wenn auch die Evolution
ihrer Manifestationen weitgehend parallel verlief, so haben eure See-
len doch bis heute an dieser Rassenvielfalt festgehalten. Die einzelne
individuelle Seele beschränkt sich in ihren Manifestationen - mit ganz
wenigen Ausnahmen - aber immer auf die gleiche Rasse. Deine indi-
viduelle Seele wird sich also nicht über Aspekte ihrer selbst zum Bei-
spiel in Asien oder Afrika manifestieren. Dadurch, dass sie in perma-
nenter Interaktion mit allen anderen individuellen Seelen steht, parti-
zipiert sie aber auch an deren Erfahrungen mit anderen Rassen und
profitiert davon, indem sie diesen Erfahrungen in den „Lebensplä-
nen" ihrer eigenen Manifestationen Rechnung trägt.

Jene unter euch, die sich selbst als Angehörige einer „überlege-
nen"Rasse verstehen, sollten also bedenken, dass ihre Rasse nicht den
Entwicklungsstand erreicht hätte, den sie heute hat, wenn nicht alle
anderen Rassen ebenfalls Teil ihrer Rasse und der menschlichen Spe-
zies wären. Die Vielfalt ermöglichte es euren individuellen Seelen, von
jeder Rasse das ihrem Plan am besten Entsprechende in ihre eigenen
Manifestationen zu integrieren. Die „reine" menschliche Rasse exi-
stiert demnach lediglich in jenen simplen Gemütern, die sich etwas
auf die Zugehörigkeit zu einer bestimmten Rasse einbilden. Um der
umfassenden Wahrheit Genüge zu tun, ist hier sogar ein wichtiger Hin-
weis angebracht: Gerade die Rasse, die unterschwellig von vielen An-
gehörigen anderer Rassen als „minderwertig" eingestuft wird - die
Schwarzen -, verdiente eigentlich den Respekt jeder anderen Rasse,
denn ohne sie würden auch alle anderen menschlichen Rassen nicht
existieren. Um in der Terminologie eurer Religionslehren zu sprechen:
Adam und Eva waren schwarz!

Nun beschäftigt dich, wie ich spüre, eine weitere Frage ."

„Du hast richtig gespürt, lasse mich bitte etwas ausholen:

Du hast gesagt, dass unsere individuellen Seelen Aspekte ihrer selbst sowohl als Pflanze, als Tier und letztlich als Mensch in der materiellen Dimension manifestieren. Die Art der Manifestationen soll dadurch bestimmt sein, wieviel Lebensenergie die individuelle Seele in ihre Manifestationen „investieren" kann oder will. Ausserdem soll die Manifestation eines seelischen Aspektes in der materiellen Dimension ein ungleich höheres Mass an Lebensenergie erfordern, als die Manifestation seelischer Aspekte in anderen, nicht materiellen Dimensionen. Zudem sollen auch die Manifestationen in der materiellen Dimension ein unterschiedliches Mass an Lebensenergie erfordern, wobei der Mensch, so wie ich dich verstanden habe, das höchste Mass erfordert. Nun werden ja aber immer mehr Menschen geboren und in manchen Teilen der Erde wird schon von „Überbevölkerung" gesprochen. Ist meine Schlussfolgerung demnach richtig, dass die individuellen Seelen die ihnen zur Verfügung stehende Lebensenergie zur Zeit vermehrt für Manifestationen und damit Erfahrungen in der materiellen Dimension einsetzen und sich entsprechend aus immateriellen Dimensionen zurückziehen?"

„Nein! Deine Schlussfolgerung ist zwar logisch, aber eben - nur logisch! (Schmunzelnd:) Wie ich feststelle, werde ich durch dich immer von Neuem an die schon fast vergessenen Gesetzmässigkeiten erinnert, unter denen der menschliche Verstand funktioniert. Du hast zwar richtig verstanden, dass eine individuelle Seele Aspekte ihrer selbst in der materiellen Dimension nicht nur in Menschengestalt manifestiert, sondern dazu erst dann in der Lage ist, wenn sie bereits Erfahrungen mit anderen materiellen Manifestationen oder Lebensformen gesammelt hat. Aufgrund der Tatsache, dass in eurer Zeitepoche mehr Menschen geboren werden, schliesst du nun aber auf eine Verlagerung von Lebensenergie aus immateriellen in eure materielle Dimension. Das ist jedoch weder zwingend, noch entspricht es dem tatsächlichen Vorgang.

Bedenke, dass auch die Manifestation seelischer Aspekte in Form von Pflanzen und Tieren Lebensenergie bindet.

Nun nimmt zwar in eurer materiellen Dimension einerseits die Zahl der Menschen vermeintlich unaufhaltbar zu. Andererseits machen diese Menschen aber auch Tieren und Pflanzen ihren Lebensraum streitig, was dazu führt, dass eine Spezies von Flora und Fauna nach der anderen - wie ihr sagt - „ausstirbt". Ich bestreite keineswegs, dass eure erlebte materielle Realität durch dieses Geschehen zumindest für jene ärmer wird, die sich selbst als Teil der Natur verstehen. Nur sucht ihr bei dieser Wertung des Geschehens einmal mehr nach leicht erklärbaren Gründen, ohne die grösseren Zusammenhänge zu begreifen. Aus einer umfassenderen Optik beurteilt, hat die rapide Zunahme der menschlichen Wesen in eurer Dimension mehrere Gründe:

Einerseits entscheiden sich gerade in eurer Zeitepoche viele individuelle Seelen erstmalig zu einer Manifestation in Menschengestalt. Vorerst muss es dir genügen, wenn ich dir sage, dass das deshalb geschieht, weil eure Zeitepoche für ganz spezifische Erfahrungen, welche jede Seele zwingend machen muss, besonders geeignet ist. Dass diese Seelen für ihre Manifestationen vermehrt menschliche Rassen wählen, die in - wie ihr sie etwas abschätzig nennt - Entwicklungsländern beheimatet sind, hat Gründe, auf die ich bei anderer Gelegenheit noch zurückkommen werde.

Ein weiterer Grund liegt darin, dass euer - wie ihr sagt und empfindet - „medizinischer Fortschritt" in sehr kurzer Zeit zu einer massiven Erhöhung eurer Lebenserwartung geführt hat. Um dir die Relationen aufzuzeigen, möchte ich dich daran erinnern, dass noch zu Zeiten von Charles Darwin, des „Erfinders" eurer Evolutionstheorie, also vor ungefähr 150 Jahren, die Menschen durchschnittlich lediglich ein Alter von 45 Jahren erreichten. Durch die höhere Lebenserwartung steigt nun aber zwingend die Zahl der in eurem Sinne gleichzeitig inkarnierten Wesen; denn die individuellen Seelen orientieren sich bei ihrem Entscheid für bestimmte Manifestationen nicht am „verfügbaren Platz" in eurer materiellen Realität, sondern ausschliesslich daran, wann die Schwingungen einer Zeitepoche mit den Schwingungen von geplanten Erfahrungen am besten übereinstimmen.

Ungeachtet der Umstände, die letztlich Voraussetzung für Manifestationen individueller Seelen in eurer materiellen Dimension sind, scheint mir an dieser Stelle der Hinweis angebracht, dass du stets bedenken solltest, dass all die Seelen, die sich in eurer Zeitepoche erstmalig für eine Manifestation in Menschengestalt entscheiden, trotzdem bereits über umfangreiche Erfahrung in der materiellen Realität verfügen. Damit spreche ich aber nicht in erster Linie die bereits erwähnte Tatsache an, dass sie uneingeschränkt Zugang zu den durch andere individuelle Seelen gemachten Erfahrungen haben. Dieser Zugang zu den Erfahrungen aller anderen Seelen erspart ihnen lediglich das eigene „Experimentieren" mit materiellen Erscheinungsformen, um letztlich euch Menschen hervorzubringen. Nicht erspart bleiben ihnen dadurch aber eigene, individuelle und kollektive Erfahrungen in der materiellen Dimension.

Zum besseren Verständnis dessen, was ich damit anspreche, kannst du dir die einzelnen Erfahrungsdimensionen so unterschiedlich vorstellen, wie es die einzelnen Berufe in eurer Dimension sind. Würde sich ein Nobelpreisträger in Physik als Bäcker versuchen, dann würde ihm seine Erfahrung als Physiker wenig dienen und er würde vom Bäcker als unerfahren qualifiziert. Gleiches würde dem Bäcker widerfahren, wenn er sich als Physiker versuchen würde. Jeder verfügt über Erfahrungen in einem Beruf, der dem anderen weitgehend fremd ist.

Vergleichbar verhält es sich mit euren individuellen Seelen. Jede verfügt prinzipiell über gleichviel Erfahrung, doch haben sie sich diese in unterschiedlichen Erfahrungsdimensionen angeeignet. So müssig wie die Frage ist, ob nun der Bäcker oder der Physiker über mehr Berufserfahrung verfügt, so müssig ist die Quantifizierung und Qualifizierung der Summe an Erfahrung, die sich eure Seelen in den unterschiedlichsten Dimensionen angeeignet haben. Alle individuellen Seelen sind gleich alt, gleich erfahren, gleich weit entwickelt, gleich gross, gleich edel, gleich gütig und was auch immer ihr der Seele an Qualifikationen sonst noch alles andichtet. "

„Mit dieser Aussage habe ich schon meine Mühe. Es fällt mir schwer zu akzeptieren, dass die Seele eines Massenmörders gleich gross, edel und gütig sein soll, wie die eines Menschen, der sich zum Beispiel persönlich für die Ärmsten unserer Welt aufopfert."

„Es macht dir offensichtlich auch Mühe, dein Denken den gewonnenen Erkenntnissen anzupassen, sonst würdest du den Fehler in deiner Überlegung selbst erkennen. Es gibt weder die Seele eines Massenmörders noch die Seele eines sich sozial engagierenden Menschen. Also nochmals: Es existiert k e i n e   m e n s c h l i c h e   S e e l e !!

Sowohl der Massenmörder als auch der den Ärmsten beistehende Mensch sind „Teile" einer Seele oder eben genauer gesagt, materialisierter Ausdruck - Manifestation eines Aspektes einer individuellen Seele. Vom „Zustand" dieses Teils auf das grössere Ganze zu schliessen, muss zwingend zu falschen Vorstellungen bezüglich dieses grösseren Ganzen - also der individuellen Seele - führen.

Du hast zwar mit dem Massenmörder ein sehr krasses Beispiel gewählt und doch gilt das Gesagte auch für ihn: Die Seele, deren Manifestation in der Materie sich zum Massenmörder entwickelt, ist nicht „schlechter" oder „böser" als die Seele, deren Manifestation sich zum „Engel" für die Armen entwickelt. Dieser Aspekt realisiert lediglich eine jedem anderen Aspekt innewohnende Erfahrungsmöglichkeit.

Kein Mensch ist zu irgend etwas fähig, zu dem nicht jeder andere Mensch grundsätzlich auch fähig wäre. Der Massenmörder wäre von seinem Potential her ebenso befähigt, sich sozial zu engagieren, wie der sich sozial engagierende Mensch fähig wäre, zum Massenmörder zu werden.

Wenn ihr davon sprecht, dass sich ein Mensch „abartig" verhält, dann deshalb, weil ihr eurer „Art" zwar alles Gute, nicht aber alles „Böse" zugesteht. Diese Werthaltung ist aber blanker Unsinn. Alles, zu dem je ein Mensch fähig war oder ist, ist in jedem und jeder von euch latent vorhanden. Das „Böse" ist dabei nur der Gegenpol des „Guten". In gleichem Umfang, wie eine Art, eine Spezies zu „Gutem" befähigt ist, ist sie auch zu "Bösem" befähigt. Letztlich bemüht sich jeder einzelne Mensch, „Gutes" zu tun. Je egoistischer seine Motivation dabei ist, desto mehr erscheint euch das individuell „Gute" als das „Böse"."

„Entschuldige, aber das habe ich nun überhaupt nicht verstanden. Willst du damit sagen, der Massenmörder beabsichtige mit seinen Taten, Gutes zu tun?"

„Ja, genau das will ich damit sagen!"

„Es tut mir leid, aber das ist wieder eine deiner Aussagen, die ich beim besten Willen nicht akzeptieren kann!"

„Ich erwarte auch gar nicht, dass du eine meiner Aussagen akzeptierst - verstehen musst du sie. Schau, ihr beurteilt eine Handlung danach, wie sie auf euch wirkt und negiert dadurch das Wesentliche - die dahinter stehende Motivation. Der Mensch, der sich für die Ärmsten in eurer Gesellschaft einsetzt, will dem Kollektiv etwas Gutes tun, der Massenmörder dagegen schöpft seine Motivation aus seinen eigenen Bedürfnissen. Seine Opfer haben etwas an sich, das in seinem subjektiven

Bild der Realität störend wirkt. Er will dieses Bild zum „Guten" hin verändern und ist davon überzeugt, dies durch seine Taten zu erreichen. Wenn er „Glück" hat, dann ist er in einer gesellschaftlichen Stellung, die es ihm ermöglicht, seine Ideen zu realisieren, indem er ein ganzes Volk davon überzeugt, dass seine eigenen Vorstellungen auch gut für das Kollektiv sind. Er wird dann unter Umständen ein geachteter Führer. Er wird nicht mehr selbst als Mörder in Erscheinung treten, denn die Umsetzung seiner Vorstellungen übernimmt dann eine Armee. Ihr nennt dann die Durchsetzung seiner Vorstellungen nicht mehr Massenmord, sondern Krieg. Letztlich ist es aber dasselbe!

Nachdem nun aber selbst der oder die Menschen, die ursächlich hinter einem Krieg stehen, vom „Guten" ihrer Vorstellungen überzeugt waren, schöpft letztlich auch der Krieg - wie jede andere Handlung eines Individuums oder des Kollektives - seine Motivation aus dem Bedürfnis heraus, „Gutes" zu tun. Es existiert kein anderes Motiv für menschliches Handeln - jedes menschliche Handeln hat seine Ursache letztlich im Bedürfnis (subjektiv) Gutes zu tun!

Je erfahrener eine individuelle Seele in der materiellen Dimension durch ihre eigenen Manifestationen wird, desto mehr werden sich diese Manifestationen in der Motivation ihres Handelns an den Bedürfnissen des Kollektivs orientieren. Die Manifestation der in der materiellen Dimension unerfahrenen Seele wird sich dagegen in seiner Motivation vorwiegend an seinem eigenen egoistischen Bedürfnis orientieren. In unserem Beispiel will der Massenmörder mit seinen Taten die Welt so verändern, dass sie seinen Vorstellungen entspricht. Aus seiner egoistischen Perspektive sind seine Vorstellungen „gut". Er schöpft also die Motivation für sein Handeln genauso aus dem Bedürfnis „Gutes" zu tun, wie der Mensch, der sich für die Ärmsten einsetzt."

„Das mag ja aus einer umfassenden Optik zutreffend sein, nur ist das kein Trost für die unschuldigen Opfer respektive die

Hinterbliebenen. Erwartest du, dass diese den Täter bemitleiden, weil er - mangels Erfahrung seiner individuellen Seele in der Materie - gewissermassen den falschen Weg gewählt hat, Gutes zu tun? "

„Ich komme gleich darauf zu sprechen. Lass mich aber das bisher Gesagte in drei Sätzen zusammenfassen: Du kannst also nur davon ausgehen, dass die Seele, deren Manifestation sich zum Massenmörder entwickelt, zwar über weniger Erfahrung in der materiellen Dimension verfügt, als jene, deren Manifestation sich in ihren Handlungen am Wohle des Kollektivs orientiert. Die Seele als solches ist deswegen weder schlechter noch ist sie im Gesamten weniger erfahren. Böses geschieht in eurer erlebten Realität nie aus dem Bedürfnis heraus, Böses zu tun, sondern einzig aus mangelnder Erfahrung, Gutes zu tun.

Bisher habe ich aber lediglich von der tieferen Motivation für euer Handeln gesprochen. Damit ist die Handlung als solche, wie ihr sie erfahrt, weder erklärt noch bewertet, denn sie folgt eigenen Gesetzmässigkeiten, deren Ursache nur sehr bedingt im Grundmotiv menschlichen Handelns zu finden ist. Und doch wirst du auch diesbezüglich deine Wertvorstellungen nicht bestätigt sehen. Bleiben wir doch beim Beispiel der von einem Einzelnen ausgehenden Gewalt:

Tatsache ist, dass kein Mensch dazu in der Lage ist, einem anderen Menschen Gewalt anzutun, wenn dieser Mensch nicht durch seine Art der Wahrnehmung und damit seiner Denkhaltung und seinem Verhalten dazu prädestiniert ist. Auch wenn das für euch absurd oder gar verletzend klingen mag: Niemand wird zum Opfer ohne sein eigenes, wenn auch unbewusstes Einverständnis! Die Handlung des Täters weist eine bestimmte „Schwingung" auf und kann sich nur dann materialisieren - in eurem Sinne also Realität werden - wenn sie (in eurem Sinne der Täter) ein Opfer findet, das über die „passende Schwingung" verfügt. Dabei handelt es sich um das „Naturgesetz", nach dem sich Schwingungen der gleichen Art gegenseitig anziehen.

So wie Krankheiten nur dann zu eurer erlebten Realität werden, wenn ihr ihnen in eurem Denken Macht über euch selbst zugesteht, so könnt ihr auch nur dann Opfer einer Gewalttat werden, wenn diese Möglichkeit in euren Vorstellungen Platz findet. Es ist für uns denn auch völlig unverständlich, dass ihr gerade in dieser Zeitepoche davon ausgeht, man müsse Gewalttaten thematisieren, weil Gewalttaten der gleichen Art nur so verhindert werden könnten. Weil ihr euch der Macht von Gedanken nicht bewusst seid, wisst ihr ganz offensichtlich nicht, was ihr mit der Thematisierung von Gewalt bewirkt! Aufgrund solcher Publikationen und Diskussionen werden genau jene Tatsachen erst geschaffen, die ihr glaubt, dadurch zu verhindern!

Schon seit längerer Zeit wird in eurer Gesellschaft die Gewalt gegen Frauen thematisiert. Seither ist diese Form der Gewalt aber nicht zurückgedrängt, sondern ganz offensichtlich häufiger geworden. Ihr täuscht euch, wenn ihr glaubt, dies liege darin begründet, dass die vormalige Dunkelziffer erhellt werde; die Gewalt nimmt tatsächlich zu! Vor wenigen Jahren wurde nun auch die Gewalt gegen und der Missbrauch von Kindern thematisiert und wieder zeigt sich das gleiche Bild: Die thematisierte Gewalt nimmt, wie ihr tagtäglich in den Medien verfolgen könnt, ganz offensichtlich zu!

Würdet ihr die Mechanismen verstehen, die hinter solchen Entwicklungen stehen, ihr wäret bestimmt sehr viel vorsichtiger, solche „Ereignisse" in die erlebte Realität der Massen zu projizieren. Denn nicht nur potentielle Täter, sondern auch potentielle Opfer werden durch die „Bewusstwerdung" dieser potentiellen Ereignisse zu wirklichen Tätern und Opfern. Für den potentiellen Täter wird die bis anhin „lediglich" vorgestellte Tat dadurch gewissermassen „normal", als er erfährt, dass er mit seiner Phantasie offensichtlich nicht alleine steht. Auf der andern Seite werden potentielle Opfer zu wirklichen Opfern, weil sie sich in ihren Vorstellungen eben mit der Möglichkeit der Opferrolle befassen.

Die Angst davor, Opfer eines bestimmten Verbrechens zu werden, ist immer mit Gedanken und Vorstellungen verbunden, die die gleiche „Schwingungsfrequenz" verursachen, wie sie die gefürchtete Tat selbst aufweist. Da sich gleichartige „Schwingung" anzieht, ist das Zusammentreffen von Täter und Opfer also wiederum das Resultat einer bestimmten Denkhaltung, weil diese die vom Täter „gesuchte Schwingung" erst bewirkt. Ihr könnt also zum Beispiel potentielle Opfer einer Vergewaltigung nicht dadurch schützen, indem ihr das äusserst dümmliche Bild vermittelt, wonach jeder Mann ein potentieller Vergewaltiger sei. So wie nur eine sehr kleine Minderheit von Frauen die Voraussetzungen erfüllt, potentielles Opfer einer Vergewaltigung zu werden, so sind auch nur sehr wenige Männer potentiell tatsächlich in der Lage, zum Vergewaltiger zu werden, denn dazu sind doch andere Voraussetzungen massgebend als die, über das erforderliche „Werkzeug" zu verfügen.

In dem ihr in euren Diskussionen jeden Mann zum potentiellen Vergewaltiger stempelt, erhöht ihr zwar nicht die Zahl der tatsächlichen Vergewaltiger. Ihr erhöht aber unzweifelhaft die Zahl der tatsächlichen Opfer! Erst wenn sich mehr oder weniger jede Frau als potentielles Opfer fühlt, dann muss - dem genannten Naturgesetz folgend - zwingend die Zahl der tatsächlichen Opfer steigen, weil der potentielle Vergewaltiger dadurch auf eine solche Fülle der „Schwingung" stösst, die er für die Realisierung seiner Tat benötigt, dass letztlich mehr oder weniger jeder potentielle Vergewaltiger zum tatsächlichen Vergewaltiger wird und jede Frau, die sich als potentielles Opfer versteht, Gefahr läuft, zum tatsächlichen Opfer zu werden.

Die steigende Gewalt in eurer Gesellschaft ist also nicht darauf zurückzuführen, dass das Potential an gewaltbereiten Tätern zunehmen würde, sondern darauf, dass durch die Thematisierung von Gewalt das Potential an Menschen zunimmt, die sich vorstellen können, selbst Opfer von Gewalt zu werden und damit erst die für den potentiellen Täter erforderliche "Schwingung" bewirken.

Auch hier verhält es sich jedoch wie bei eurer sogenannten „Ge-
sundheitsvorsorge": Wenn ihr eine der schädlichen Informationen ein-
mal zum Bestandteil eurer subjektiven Vorstellung der Realität ge-
macht habt, dann werdet ihr diese Überzeugung kaum mehr los, dann
findet ihr eure Sicherheit letztlich tatsächlich nur noch dadurch, dass
ihr die mit der schädlichen Information verbundenen Ratschläge be-
folgt und euch wie potentielle Opfer verhaltet. "

„Kann die Gesetzmässigkeit, wonach ich nur von Handlungen anderer Menschen betroffen sein kann, für die ich aufgrund meiner Denkhaltung prädestiniert bin, in jedem Lebensbereich als Erklärung her-
angezogen werden?"

„Grundsätzlich ja! Jede Erfahrung, die du mit - oder durch - Men-
schen machst, gründet auf dieser Gesetzmässigkeit. Du kannst selbst
weder etwas Angenehmes, noch etwas Unangenehmes erfahren, wenn
es deiner Denkhaltung widerspricht. Ebenso kannst du selbst keinem
anderen Menschen etwas Gutes oder etwas Böses tun, wenn deine Ab-
sicht seiner Denkhaltung nicht entspricht. Nur habt ihr allgemein so-
wenig Übung darin, eure Gedanken zu kontrollieren, weil ihr von frühe-
ster Jugend nur darauf gedrillt werdet, eure Handlungen zu kontrol-
lieren, so dass ihr euch eurer Gedanken - ob konstruktiv oder de-
struktiv - mehrheitlich gar nicht mehr bewusst seid. Die meisten Men-
schen sind sich der Macht ihrer eigenen Gedanken schlicht nicht be-
wusst. Doch solange ihr keine Kontrolle über eure Gedanken habt, so-
lange werdet ihr euer Leben immer als fremdbestimmt erfahren und
euch stets einem Schicksal ausgeliefert empfinden, auf das ihr selbst
keinen Einfluss habt, auch wenn dieses Schicksal ausschliesslich aus
euren Gedanken geflochten ist.

Du solltest aber aus meiner Aussage keineswegs schliessen, dass die-
se Gesetzmässigkeit alleine den komplexen Prozess eurer individuel-
len und kollektiven Erfahrungen erklärt. Insbesondere eure kollektiven

Erfahrungen unterliegen bedeutend komplexeren Gesetzmässigkeiten, doch würde deren Erklärung uns zu weit vom Inhalt unserer Lektion wegführen. Die damit zusammenhängenden Fragen werden aber sicher noch innerhalb dieses Themenbereiches behandelt. "

„Mit dem Hinweis auf die kollektiven Erfahrungen bist du meiner Frage zuvorgekommen, denn auf das Individuum bezogen kann ich mir noch vorstellen, dass dessen Erfahrungen wesentlich durch die Gesetzmässigkeit der gegenseitigen Anziehung erklärt werden können, auch wenn da gleichzeitig Dutzende von Ausnahmen auftauchen, bei denen mir diese Erklärung nicht ausreicht. Wir werden aber sicher noch eingehend auf die individuellen Lebenspläne zu sprechen kommen. Was kollektive Erfahrungen anbelangt, da habe ich schon mehr Mühe damit, zu akzeptieren, dass der einzelne Mensch dabei solch grossen Einfluss haben soll. So wäre es nach meinem Dafürhalten in höchstem Masse unanständig, wenn man zum Beispiel den durch die Greuel des zweiten Weltkrieges Betroffenen unterstellen würde, sie hätten aufgrund ihrer Denkhaltung selbst Schuld daran, dass sie zum Opfer geworden sind. Kannst du mir nicht dazu wenigstens schon etwas sagen?"

"Nun, allgemein gilt: Die Unwahrheit kommt meist in anständigerem Kleid daher als die Wahrheit!

Ich verstehe schon, dass ich nicht darum herumkommen werde, mich zu den von dir angesprochenen Schrecken des zweiten Weltkrieges zu äussern. Wie gesagt, möchte ich aber bei der Beantwortung deiner Fragen nicht zu weit vom derzeit behandelten Thema abweichen und das würde ich bestimmt, wenn ich jetzt die Gesetzmässigkeiten, denen kollektive Erfahrungen unterliegen, vorziehen würde. Begnüge dich deshalb bitte damit, wenn ich dir sage, dass diese Menschen weder aufgrund ihrer Denkhaltung noch aufgrund vermeintlicher Verfehlungen in „früheren Leben" zu Opfern wurden und lasse uns nun zu unserem eigentlichen Thema zurückkehren.

Wir sind beim Entwicklungsstand der individuellen Seelen verblieben. Ihr pocht in eurer Wertung möglicherweise deshalb auf einen unterschiedlichen „Entwicklungsstand", weil ihr durch das in eurer Gesellschaft geradezu geforderte „Wettbewerbsdenken" verblendet seid und dieses auch auf eure spirituelle Entwicklung - oder das, was ihr darunter versteht - übertragt.

Solange ihr euren materiellen Körper als Gefäss für das versteht, was unendlich viel grösser als ihr selbst ist, werdet ihr euch immer in einer Art mit der Seele identifizieren, die euch das falsche Gefühl vermittelt, ihr hättet einen Einfluss auf das Befinden und das Wirken dieser Seele. Ich kann dich nur immer wieder darauf hinweisen, dass ihr lediglich einen winzig kleinen Teil einer individuellen Seele repräsentiert, doch widerspricht diese Aussage so sehr eurem eigenen Selbstbildnis, dass ihr ausserstande seid, ihre Tragweite verstandesgemäss zu erfassen.

Die Wahrnehmung der Seele ist nicht von eurer Wahrnehmung durch die physischen Sinne abhängig. Ihre Art der Wahrnehmung ist euch aber - neben der Wahrnehmung durch die physischen Sinne - uneingeschränkt zugänglich, sofern ihr bereit seid, euch in eurem Selbstbildnis über die Grenzen der physischen Hülle hinaus zu bewegen. Alles, was ihr über die physischen Sinne wahrnehmt, ist auch der Wahrnehmung eurer individuellen Seele zugänglich. Sie sieht durch eure Augen, hört durch eure Ohren, fühlt mit eurem Herzen usw., und doch sind die euch durch eure physischen Sinne vermittelten Eindrücke nicht identisch mit den Eindrücken, die eure Seele aus demselben Geschehen schöpft. Ihrer Wahrnehmung ist immer das übergeordnete Ganze zugänglich und entsprechend wertet sie das Geschehen völlig anders, als ihr das tut, die ihr euch auf die Wahrnehmung durch die physischen Sinne beschränkt.

In der Wahrnehmung eurer individuellen Seele gibt es nichts Böses, es gibt kein Leiden, keinen Schmerz, keinen Hass, sie nimmt alles so wahr, wie es aus einer umfassenden Optik betrachtet tatsächlich ist. Sie nimmt es als einzig mögliche Konsequenz eures eigenen Denkens und Handelns wahr. Eure Seele wächst - oder wenn ihr so wollt, entwickelt sich - durch die Erfahrungen ihrer Manifestationen in den unterschiedlichsten Dimensionen. Weil sie aber für jede dieser Manifestationen einen „Lebensplan" festlegt - der sich an den Bedürfnissen des grösseren Ganzen orientiert, in das sie eingebunden ist -, ist ihr der tiefere Sinn jeder einzelnen Erfahrung, die eine dieser Manifestationen macht, gegenwärtig. Dadurch wertet sie die „Begleitumstände", die durch euch Menschen meistens als die Erfahrung selbst gewertet werden, etwas salopp ausgedrückt, als „Beigemüse". Wenn du versuchst, dir die Art ihrer Wahrnehmung vorzustellen, dann wird dir das ein tieferes Verständnis meiner Aussage ermöglichen, wonach eure Seelen weder erkranken, leiden, noch sonst eine jener unangenehmen Erfahrungen machen können, die - aufgrund einer durch euren Verstand verzerrt wiedergegebenen Realität - euer Erleben prägen.

Beantworten wir also deine Frage abschliessend: All jene individuellen Seelen, die sich in eurer Zeitepoche erstmalig für Manifestationen in Menschengestalt entschieden haben, verfügen über umfangreiche Erfahrungen mit eigenen Manifestationen von nichtmenschlichen Formen in der materiellen Dimension. Etwas vereinfachend könnte ich demnach sagen, dass sich in eurer Zeitepoche individuelle Seelen in ihren Manifestationen vermehrt aus Flora und Fauna zurückziehen und sich entsprechend stärker den Manifestationen in Menschengestalt zuwenden."

„Demnach kann man ja gar nicht davon sprechen, dass der Mensch daran Schuld habe, dass die Artenvielfalt in Flora und Fauna dezimiert wird, oder interpretiere ich deine Aussage erneut falsch?"

„Du interpretierst sie zumindest sehr einseitig, wobei ich mit meiner letzten Aussage meinen Teil dazu beigetragen habe. Der Begriff

„Schuld" ist aber auch in diesem Zusammenhang nicht angebracht. Das Geschehen, mit dem ihr konfrontiert seid, ist die zwingende Konsequenz eurer Handlungen.

Ob ihr nun eine „menschliche Schuld" hineininterpretiert oder darin einen „natürlichen Vorgang" zu erkennen glaubt, ändert nichts an den Gesetzmässigkeiten, denen das Geschehen folgt. Eure Seelen weichen nicht von ihrem Plan ab, weil ihr als verkörperte Wesen, die mit Verstand, einem freien Willen und nicht zu vergessen, mit Vernunft ausgestattet seid, durch eure Handlungen gegen diesen Plan verstösst.

Die durch den Fortschritt eurer Medizin, ermöglichte höhere Lebenserwartung wird zum Beispiel durch euren Verstand - der sich an seinem eigenen Produkt, eurem Ethikverständnis, zu orientieren hat - selbstverständlich positiv bewertet, denn ihr bewegt euch damit folgerichtig in eurem Bestreben nach Unsterblichkeit eurer materiellen Hülle. Dabei ist schon dieses Bestreben für uns völlig unverständlich, was du deshalb nachvollziehen kannst, weil du die Möglichkeit hast, dich sowohl hier als auch in der materiellen Dimension aufzuhalten. Erinnere dich in diesem Zusammenhang daran, wie es deinem tiefempfundenen Bedürfnis widersprochen hat, wieder in deine materielle Hülle zurückzukehren, als du sie das erste Mal verlassen hattest.

Die höhere Lebenserwartung stimmt weder mit dem Plan überein, dem eure individuellen Seelen zu folgen haben, noch liegt sie in ihrem Interesse, denn entgegen eurer durch den Zeitbegriff verfälschten Wertung kann eure Seele durch die höhere Lebenserwartung „in der gleichen Zeit" nicht mehr, sondern weniger Erfahrungen machen. Jeder Aspekt ihrer selbst, den sie in der Materie manifestiert, ist nur zu ganz spezifischen Erfahrungen geeignet. Ganz entgegen einer bei euch weit verbreiteten Ansicht, hat deshalb keineswegs jeder Mensch „die gleichen Möglichkeiten". Diese Erfahrungen sind in der Regel nicht in eurem Sinne an Zeit gebunden, das heisst, die „Lebensdauer" einer solchen

Manifestation, hat keinen Einfluss auf deren Erfahrungsgehalt. Hat der seelische Aspekt, den ihr verkörpert, jene Erfahrungen gemacht, für die er „geschaffen" wurde, dann würde er, dem seelischen Plan gemäss, sterben.

Nur verfügt eben dieser Aspekt über einen freien Willen, der es ihm ermöglicht, sich - mit Hilfe anderer verkörperter seelischer Aspekte, die sich als Mediziner betätigen - gegen diesen Plan zur Wehr zu setzen und immer mehr jener Krankheiten zu „heilen", die eure individuellen Seelen unter anderem als Todeserfahrung für ihre materialisierten Aspekte vorgesehen haben. Diese Seelen sind deshalb gewissermassen genötigt, in ihren materialisierten Aspekten immer neue Krankheitsbilder zu entwickeln, damit sie letztlich, ihrem Plan folgend, diesen Aspekt, der seinen „Zweck" in der materiellen Dimension längst erfüllt hat, in anderen Erfahrungsdimensionen einsetzen können.

Entgegen euren Glaubensüberzeugungen liegt euer Leben nicht in Gottes „Hand", die einzige dafür zuständige „Instanz" sind eure individuellen Seelen. Sie „versorgen" euch mit Lebensenergie; sie entscheiden aber auch einzig und ausschliesslich darüber, wann sie diese Lebensenergie für andere Manifestationen in der Materie einsetzen möchten. Eure Seelen halten bestimmt nichts von „lebensverlängernden Massnahmen" - was eine sprachliche Verfälschung der Tatsachen ist - denn jede individuelle Seele versteht und erfährt das, was eure Medizin damit bezeichnet, nicht als Erhaltung von Leben sondern als Verhinderung von Sterben, was eine unnötige Komplizierung der Todeserfahrung ihrer Manifestation und damit unsägliches Leiden bedeutet.

Ich bin mir selbstverständlich bewusst, dass diese Aussagen euren Wertvorstellungen vollkommen entgegengesetzt sind. Weil ihr - hypnotisiert durch das euch von frühester Kindheit an vermittelte falsche Selbstbildnis - euer Sein auf eure Lebensdauer in der materiellen Realität beschränkt, ist jede Aussage, die den Wert dieses Lebens relativiert, in eurem Verständnis verwerflich.

Würdet ihr begreifen, dass dem menschlichen Leben, also eurer Existenz in der materiellen Realität, holistisch betrachtet nur ein sehr bescheidener Wert zukommt, diese Existenz aber mit eurem Tod keineswegs einen Abschluss findet, dann würdet ihr dieses Leben mit Sicherheit vermehrt im Hinblick auf das euch danach Bevorstehende gestalten. Der Erfahrungsgehalt einer seelischen Manifestation in Menschengestalt wird jedenfalls nicht dadurch erhöht, dass ihm euer „medizinischer Fortschritt" eine höhere Lebenserwartung ermöglicht. Die euch dadurch „geschenkten" zusätzlichen Lebensjahre sind im Gesamtzusammenhang relativ wertlos, mag diese Tatsache auch noch so sehr euren eigenen Wertvorstellungen widersprechen. In dieser Dimension hier, die ihr als Jenseits begreift, wirst du jedenfalls nur auf verständnisloses, mitleidiges Kopfschütteln stossen, wenn du eines dieser Wesen auf seine Meinung nach eurem medizinischen Fortschritt ansprichst.

Nun habe ich aber darauf hingewiesen, dass gerade in eurer Zeitepoche viele individuelle Seelen erstmalig Aspekte ihrer selbst in Menschengestalt in eurer Dimension manifestieren, weil die Umstände für ganz spezifische Erfahrungen besonders „günstig" sind. Bei anderer Gelegenheit habe ich zudem erwähnt, dass die Manifestationen gewissermassen einer Evolution unterliegen. Eine individuelle Seele kann sich demnach, ihrer Natur gemäss, nicht „gleichzeitig" oder abwechselnd über Aspekte ihrer selbst in einer Pflanze, einem Tier und in einem menschlichen Wesen manifestieren. Euer eigener schöpferischer Ursprung kann und wird sich für ihre noch bevorstehenden Erfahrungen in der materiellen Dimension deshalb ausschliesslich in Menschengestalt manifestieren. Genauso werden aber alle jene Seelen, die sich in eurer Zeitepoche erstmalig zu einer Manifestation in Menschengestalt entschliessen, zukünftig ausschliesslich diese Ausdrucksform verwenden.

Aus dem Gesagten kannst du nun zwar schliessen, dass das Bedürfnis dieser Seelen, sich gerade in eurer Zeitepoche in Menschengestalt zu manifestieren, gezwungenermassen dazu führt, dass das „Interesse" abnimmt, sich über andere belebte Formen in der Materie zu manifestieren. Du würdest dabei aber übersehen, dass diesen Seelen wieder andere folgen, die sich ihrerseits erstmalig in der materiellen Dimension manifestieren und dies, der Gesetzmässigkeit folgend, die ich als „Evolution der Manifestationen" bezeichnet habe, nicht - oder zumindest noch nicht - in Menschengestalt realisieren können.

Tatsächlich führen eure ethischen Wertvorstellungen und die darauf basierenden Handlungen einerseits dazu, dass sich „gleichzeitig" mehr individuelle Seelen über Menschengestalt in der Materie manifestieren müssen oder können, andererseits macht ihr dadurch der Pflanzen- und Tierwelt ihren Lebensraum streitig, was dazu führt, dass weniger individuelle Seelen die Möglichkeit haben, Erfahrungen in der materiellen Dimension über Aspekte ihrer selbst zu machen, die sich als Pflanzen oder als Tiere manifestieren. Daran kannst du erkennen, dass deine Schlussfolgerung, wonach es gewissermassen einem Naturgesetz entspricht, dass Flora und Fauna dezimiert würden, um möglichst vielen individuellen Seelen Manifestationen in Menschengestalt zu ermöglichen, zumindest etwas voreilig war.

Eure Seelen sind in ihrem schöpferischen Ausdruck, aufgrund des ihnen verliehenen freien Willens, weitgehend unabhängig von ihrem Ursprung, also von Gott. Grundsätzlich über die gleiche Unabhängigkeit verfügt ihr Menschen aber von eurem Ursprung, also von euren individuellen Seelen. Euer Handeln und eure Wertvorstellungen müssen deshalb keineswegs in Übereinstimmung mit den Bedürfnissen eurer Seelen sein und sind es tatsächlich auch häufig nicht. Die Tatsache, dass ihr euch in eurem Selbstbildnis über eure Mitwelt erhebt und diese aus egoistischen Motiven in vielfältiger Weise schändet, kann zum Beispiel schon deshalb nicht in Übereinstimmung mit

110

den Bedürfnissen eurer Seelen sein, weil dadurch deren Erfahrungs-
spektrum zwingend begrenzt wird."

„Deine Aussagen haben nun zwar meine Frage beantwortet und Miss-
verständnisse ausgeräumt. Andererseits taucht dadurch aber eine neue
Frage auf."

„Nur zu."

„Wenn es aufgrund medizinischer Forschung und Technik gelingt -
und davon gehe ich aus -, unsere Lebenserwartung weiter zu erhöhen,
dann ist aus dem durch dich Gesagten zu schliessen, dass Pflanzen-
und Tierwelt in ihrem Lebensraum weiter eingeengt werden, was dazu
führen würde, dass immer weniger individuelle Seelen die Möglichkeit haben, gewissermassen „Basiserfahrung" in der materiellen Dimension zu machen. Irgendwann würden wir Menschen dann auf einer Erde leben, wo Pflanzen und Tiere bestenfalls noch in dazu er-
richteten Reservaten einen Lebensraum finden würden. So wie ich andererseits deine Ausführungen über das umfassende Gesetz verstanden habe, ist eine solche Entwicklung letztlich ausgeschlossen. Wo
mache ich also einen Überlegungsfehler?"

„Du denkst den Gedanken nicht zu Ende, sonst würdest du die Lö-
sung, die das umfassende Gesetz in sich trägt, selbst erkennen. Wenn
die Möglichkeiten individueller Seelen, in der materiellen Realität -
wie du es übrigens sehr treffend bezeichnest - „Basiserfahrungen" zu
machen, durch die Ausbreitung der menschlichen Spezies ständig ge-
ringer wird, dann wird irgendwann auch kein „Nachwuchs" mehr vor-
handen sein, der aufgrund dieser Basiserfahrung befähigt wäre, sich
erstmalig über Menschengestalt in der Materie zu manifestieren. Da
nun aber all jene Seelen, deren Aspekte ihr als Menschen verkörpert,
irgendwann alle in der materiellen Dimension möglichen Erfahrun-
gen gemacht und keinen Grund mehr haben, weiterhin Aspekte ihrer

selbst darin zum Ausdruck zu bringen, würdet ihr als menschliche Spezies, so wie vor euch Tier- und Pflanzenspezies, eines Tages aussterben. Doch, wie du richtig erkennst, ist ein solches Szenario nicht im Einklang mit dem umfassenden Gesetz und kann schon deshalb auch für euch nicht erlebbare Realität werden.

Zur Zeit dezimiert ihr zwar die Tier- und Pflanzenwelt, einerseits weil ihr ihnen ihren Lebensraum streitig macht, andererseits aber auch aus mangelndem Respekt vor euren Mitgeschöpfen, die - das kann ich nicht oft genug betonen - genau so wie ihr selbst, Manifestationen von Aspekten individueller Seelen darstellen. In seiner Konsequenz müsste euer Verhalten - wie aufgezeigt - zwingend dazu führen, dass ihr euch selber dezimiert. Durch euer Verhalten gegenüber eurer Mitwelt entsteht aber gleichsam ein Vakuum, welches in sich selbst das Gleichgewicht im Sinne des umfassenden Gesetzes trägt.

Wenn ihr gelernt habt, euch selbst als Teil eurer Mitwelt zu verstehen und zu erfahren, dann sind für euch die ersten Anzeichen der zu erwartenden Konsequenzen nicht mehr zu übersehen: Du hast davon gesprochen, dass gewisse Teile der Erde bereits „überbevölkert" seien. Beachte aber, dass die Bevölkerungsentwicklung zum Beispiel in euren sogenannten Industriestaaten bereits rückläufige Tendenz aufweist.

Ohne die Zuwanderung, welche zu einem grossen Teil aus euch fremden Kulturkreisen erfolgt - was holistisch betrachtet sowohl für euch, als vor allem auch für diese Menschen selbst bedauerlich ist! - würde sich ein Vakuum ergeben, das auf Dauer zu einem Zusammenbruch eurer Gesellschaftsordnung führen würde. Die durch mich erwähnte Tatsache, dass ihr euch durch die Dezimierung von Flora und Fauna letztlich selbst dezimiert, ist für den aufmerksamen Beobachter also bereits unschwer nachzuvollziehen."

„Entschuldige, aber ich kann den Zusammenhang nicht erkennen!"

112

„Natürlich stehen aus eurer Sicht andere Einflüsse im Vordergrund, welche für die rückläufige Bevölkerungsentwicklung in euren Industriestaaten (vermeintlich) verantwortlich sind. Empfängnisverhütung und Geburtenkontrolle - welch bagatellisierender Begriff, wenn damit die Verhinderung von Leben umschrieben wird! - aber auch egozentrisches Denken, das den persönlichen materiellen Wohlstand und die sogenannte „Selbstverwirklichung" in Beruf und Freizeit über den biologischen Auftrag stellt, mögen vordergründig Ursachen dieser Entwicklung sein. Das sind aber lediglich Symptome für die materielle Umsetzung des beschriebenen Ausgleichs."

„Jetzt habe ich verstanden."

„Ich habe verschiedene Male ausdrücklich darauf hingewiesen, dass ihr mit dem Geschehen in eurer Mitwelt enger verflochten seid, als ihr wahrzunehmen bereit oder in der Lage seid. Ihr lebt mit eurer Mitwelt im wahrsten Sinne des Wortes in einer Symbiose. Jede Bewusstseinseinheit ist mit allen anderen untrennbar verbunden, jede ist gleichzeitig individualisiert und doch auch Teil jeder anderen. Keine der Bewusstseinseinheiten, die in ihrer Summe die Zellen und schliesslich dein physisches Erscheinungsbild formen, könnte sich materialisieren, wenn sie nicht gleichzeitig Teil jeder anderen materialisierten Bewusstseinseinheit wäre. Das gilt für jede materielle Form, und jeder Teil eurer Mitwelt ist sich dieser Tatsache bewusst, nur der Mensch, der sich allen diesen Teilen überlegen fühlt, hat davon ganz offensichtlich (noch) keine Ahnung.

Vor euren „medizinischen Erfolgen" fiel es euren individuellen Seelen bedeutend leichter, sich für eine Manifestation von Aspekten ihrer selbst in Menschengestalt zu entscheiden, denn sie verfügten gewissermassen über ein unbeschränktes Spektrum an Erfahrungsmöglichkeiten, die sie in den Lebensplan ihrer Manifestationen „einweben" konnten. Jede dank eures medizinischen Fortschrittes „ausgerottete" Krankheit, jedes in eurem Sinn „gewonnene" Lebensjahr, schränkt dieses Spektrum ein. Ich will, auch wenn dir das so scheinen mag, mit meinen Aussagen keineswegs euren medizinischen Fortschritt als etwas Negatives brandmarken. Ich will dich lediglich von eurer einseitigen Wertung wegführen, indem ich diesen vermeintlichen Fortschritt aus einem grösseren Zusammenhang heraus beleuchte. Nicht unerwähnt soll deshalb auch die Tatsache bleiben, dass euren individuellen Seelen durch solche Entwicklungen auch neue Erfahrungsmöglichkeiten eröffnet werden, doch stehen diese leider in keinem Verhältnis zu den dadurch bewirkten Einschränkungen.

Ist damit deine Frage beantwortet?"

„Diese schon, aber ich hätte in dem Zusammenhang noch eine Anschlussfrage."

„Ich werde auch diese gerne beantworten."

„Ich habe zwar begriffen, dass sowohl Pflanzen als auch Tiere ebenfalls Manifestationen individueller Seelen sind. Damit erübrigt sich die Frage, ob ein Tier eine Seele habe, denn es ist zwar beseelt, „hat" aber ebensowenig eine Seele, wie ein Mensch eine Seele „hat". Das heisst, es existiert weder eine menschliche, noch eine tierische oder pflanzliche Seele, sie alle sind lediglich materialisierte „Teile" individueller Seelen. Trotzdem ist mir der Zusammenhang nicht ganz klar. Ist deine Aussage nun so zu verstehen, dass jedes einzelne Tier und sogar jeder Grashalm Manifestation einer Seele ist, das heisst, die Seele, die sich über einen Grashalm manifestiert, sich nicht gleichzeitig noch über einen anderen Grashalm oder zum Beispiel einen Baum ausdrücken kann? Du hast doch gesagt, dass sich eine individuelle Seele gleichzeitig nur über einen Menschen in der Materie manifestieren kann. Gilt dasselbe also auch für Seelen, die sich über Pflanzen oder Tiere manifestieren?"

„Eine gute und wichtige Frage! Ich komme zwar auf dieses Thema im Zusammenhang mit den individuellen Lebensplänen jener Aspekte

114

zu sprechen, die sich in Menschengestalt manifestieren, doch gehe ich gerne schon jetzt ein Stück weit auf deine Frage ein:

Es ist richtig, dass ich dir bei anderer Gelegenheit gesagt habe, es bestünde keine Chance, dass du während deines Lebens mit anderen „Bildern" deiner Seele konfrontiert würdest, die sich „gleichzeitig" in der Materie manifestieren. Obwohl mit dieser Aussage du ganz persönlich gemeint warst, lässt sie sich grundsätzlich verallgemeinern, das heisst, sie trifft auf praktisch alle Menschen zu. Es gibt aber eine einzige mögliche Ausnahme, denn eure individuellen Seelen verfügen grundsätzlich schon über die Möglichkeit, gleichzeitig zwei Aspekte ihrer selbst in Menschengestalt zu manifestieren, auch wenn sie praktisch nicht davon Gebrauch machen. Tun sie es jedoch, dann sprecht ihr in eurer erlebten materiellen Realität von „eineiigen Zwillingen". Das solltest du nun aber nicht so verstehen, dass alle Mehrlingsgeburten als gleichzeitige Manifestationen ein und derselben Seele zu verstehen sind. Ausser bei den erwähnten eineiigen Zwillingen trifft das nämlich überhaupt nicht zu. Bereits zweieiige Zwillinge sind Manifestationen von zwei verschiedenen individuellen Seelen, die jedoch - das ist zwingend - derselben „Seelengruppe" angehören. Was es damit auf sich hat, werde ich dir später erläutern.

Bei euch Menschen ist die „Zuordnung" zu einer individuellen Seele demnach noch relativ einfach. Bei der Tier- und Pflanzenwelt wird es dagegen schon etwas komplizierter, deine Frage zu beantworten. Es existieren bei euch Theorien, wonach Tiere nicht über individuelle, sondern lediglich über „Gruppenseelen" verfügen. Leider sind jedoch diese Theorien genauso falsch wie euer eigenes Selbstbildnis, das euch eine individuelle Seele gewissermassen als Besitz zuschreibt.

Auch Pflanzen und Tiere sind, wie mehrfach erwähnt, Manifestationen individueller Seelen, die dereinst Aspekte ihrer selbst auch in Menschengestalt materialisieren werden. Richtig ist zwar, dass nicht jede

115

einzelne Pflanze oder jedes Tier für sich selbst einen Aspekt einer individuellen Seele manifestiert. Und trotzdem wäre es vollkommen falsch, würde ich diese Lebensformen nun - in Anlehnung an die erwähnte Theorie - einer Gruppenseele zuschreiben. Merke dir: Eine Gruppenseele existiert, ausser in den erwähnten Theorien, nirgends!

Erinnere dich: Es existiert in eurer materiellen Wirklichkeit kein einziges Atom, das nicht Teil einer seelischen Manifestation wäre, denn eure materielle Dimension ist als Ganzes nichts anderes als die Summe seelischer Manifestationen. Jedes Atom, das sich mit anderen Atomen zu einer materiellen Form vereinigt, verdankt seine Materialisation demzufolge einer individuellen Seele! Eure individuellen Seelen sind das ordnende Prinzip, das hinter dem steht, was ihr als Schöpfung versteht und wahrnehmt. Es gibt kein anderes auslösendes Moment, das befähigt wäre, materielle Formen zu erschaffen!
Nun stellt aber jede Spezies in Flora und - in der Regel auch in - Fauna eine Manifestation vieler individueller Seelen dar, die sich für eben diese Manifestation zu einer Seelengruppe vereinigt haben. Tiere und auch Pflanzen verfügen demnach nicht über eine „Gruppenseele", sondern sie sind - jede Spezies für sich - Manifestationen von Seelengruppen.

Wenn ich in bezug auf die Tiere die Einschränkung „in der Regel" angebracht habe, so deshalb, weil die Möglichkeit besteht - und in seltenen Ausnahmefällen auch wahrgenommen wird -, dass einzelne Tiere ganz bestimmter Gattungen Manifestationen einer einzelnen individuellen Seele sind. Grundsätzlich gilt das zwar auch in der Pflanzenwelt, doch beschränkt sich diese Ausnahme darin auf Bäume."

„Kannst du diese „ganz bestimmten Gattungen" präzisieren?"

„Ich habe zwar gehofft, dass du es mir ersparen würdest, eine genauere Definition zu liefern, denn ich weiss, dass du diese Aussage

*nicht für dich behalten wirst, sie also irgendwann in eines der ge-
planten Bücher einfliessen wird, und ich hätte es begrüsst, wenn es
mir erspart geblieben wäre, jene zu enttäuschen, die in ihrem Haus-
tier jetzt gerne eine jener Manifestationen einer individuellen Seele
sehen möchten, die ich angesprochen habe. Doch die Enttäuschung
bleibt den meisten wohl nicht erspart, denn die von euch so sehr geliebten Haustiere, wie Hunde und Katzen, sind in den genannten Manifestationen praktisch nicht vertreten, weil es ihnen durch ihre Nähe
zu euch Menschen und ihre dadurch bedingte „Vermenschlichung"
praktisch nicht mehr möglich ist, das Sein ihrer Bestimmung gemäss
zu leben, sie also in ihren Erfahrungen weitgehend „degeneriert" sind.*

*Jede seelische Manifestation erfolgt ganz bewusst in einem bestimmten
Kulturkreis. Das gilt sowohl für euch Menschen als auch für jede andere Form seelischer Manifestationen. Wenn sich nun eine Seele dazu
entschliesst, einen Aspekt ihrer selbst über ein bestimmtes Tier auszudrücken, dann ist die gewählte Spezies, der dieses Tier angehört,
nicht unabhängig vom Kulturkreis, in dem sich die Seele zu manifestieren beabsichtigt. Die entsprechende Tier-Spezies muss also in diesem Kulturkreis schon als „etwas Besonderes" gelten. Es würde zu
weit führen, wenn ich hier jeden Kulturkreis diesbezüglich gesondert
behandeln würde. Generell - das heisst in allen Kulturkreisen - als Erfahrungsform für solche Manifestationen kann ich den Delphin, den
Wal, das Pferd, den Gorilla und den Elefanten nennen. In eurem Kulturkreis zählen ausserdem alle Greifvögel zu diesen „ausgewählten"
Erfahrungsformen.*

*Ich bitte dich aber, meine Aussage richtig zu verstehen: Nicht jedes
„Exemplar" dieser Gattungen ist ein materialisiertes Bild einer individuellen Seele, es sind wirkliche „Ausnahmeerscheinungen". Wenn
eine individuelle Seele aber diese Erfahrungsform wählt, dann manifestiert sie sich in aller Regel in einem Tier dieser Gattungen. Aufgrund
von Erfahrungen, welche die Seele durch ihre anderen Manifestationen*

117

bereits in der Materie gemacht hat, kann sie sich aber auch andere Tiere als Erfahrungsformen wählen. Da ihre Manifestationen aber auch in solchen Fällen einer "Evolution" unterliegen und sie zudem in ihrer Wahl andere Werte berücksichtigt, als ihr Menschen es an ihrer Stelle tun würdet, werden die euch am nächsten stehenden Haustiere, wie eben Hunde und Katzen, aus den genannten Gründen praktisch nicht (mehr) als Erfahrungsform gewählt.

Auch wenn ich in meinen Ausführungen die Tiere - als Manifestation - allgemein einer Seelengruppe zuordne, solltet ihr sie deshalb nicht geringer achten als euch selbst, die ihr, jeder für sich, das Werk einer individuellen Seele darstellt. Denn obwohl bei Pflanzen und Tieren das Wissen (!) um ihr Eingebundensein in das grössere Ganze dominiert, verfügen sie sehr wohl über ein „Selbstbewusstsein" in dem Sinne, dass sie sich auch als Individuum erfahren. Das gilt wie bereits gesagt für jede materielle Form. Es ist jedoch unmöglich, euch die Art ihrer Wahrnehmung verständlich zu machen, ohne dass ihr versucht seid, Vergleiche anzustellen, die euch - in Anbetracht eurer Wertung - unweigerlich zum Schluss führen, dass ihr allen anderen Lebensformen in eurer Wahrnehmung überlegen seid, auch wenn das mit Sicherheit nicht zutreffend ist.

Der Hirsch, der sein eigenes Spiegelbild auf der Wasseroberfläche seiner Tränkestelle sieht, bringt dieses Bild nicht mit sich selbst in Verbindung. Auch die Katze, die ihrem eigenen Schwanz hinterherjagt, bringt diesen Schwanz nicht mit sich selbst in Verbindung. Ein Tier macht sich also kein Bild von sich selbst, und doch ist es sich seiner selbst als Individuum, aber auch als Teil eines grösseren Ganzen vollkommen bewusst. Auch ein Baum ist sich seiner selbst sehr wohl bewusst, wenn er sich auch nicht in eurem Sinn als Baum „erkennt". Er ist sich aber, trotz des ihn umgebenden Waldes, seiner Einmaligkeit als Individuum und als Teil des Ganzen bewusst. Ebenso ist sich der Wassertropfen seiner selbst bewusst, ohne dieses „Selbstbewusstsein"

118

um seine Individualität im Bach, im Fluss, im See oder im Meer zu verlieren.

Solche Aussagen sind für den wissenschaftsgläubigen Menschen natürlich nicht akzeptabel. Nachdem eure Physiker davon überzeugt sind, dass sich die Materie aus unbewussten, subatomaren Teilchen aufbaut und Bewusstsein gewissermassen per Zufall als chemisches „Abfallprodukt" des - ausschliesslich menschlichen - Gehirns entstanden ist, würde die Akzeptanz meiner Aussagen ein völlig neues wissenschaftliches Weltbild erfordern. Doch, ungeachtet eurer Wertung meiner Aussagen, ist es dennoch eine wissenschaftlich nicht zu widerlegende Tatsache, dass Bewusstseinseinheiten die Bausteine sowohl der Materie als auch des aus eurer Sicht zwar leeren aber sichtbaren Raumes bilden.

Doch kehren wir zurück zur Beantwortung deiner Frage:

Ich habe es bereits in Zusammenhang mit den Mehrlingsgeburten angedeutet, dass die Manifestation von Pflanzen und Tieren keineswegs die einzige Erfahrung ist, bei der sich individuelle Seelen mit gemeinsamen „Interessen" zu Gruppen zusammenschliessen. Wie ich bei anderer Gelegenheit noch ausführlich erörtern werde, wählt jede individuelle Seele neben ganz „persönlichen" Erfahrungen in jeder Dimension auch die „Gruppendynamik" für gemeinsame Erfahrungen mit anderen individuellen Seelen. Wie du noch lernen wirst, kann keine Inkarnation isoliert als individuelle Erfahrung betrachtet werden. In jedem Lebensplan sind Elemente „eingewoben", die nur durch Gruppenerfahrungen realisiert werden können. Wenn ich von „persönlichen" Erfahrungen spreche, dann muss ich dir dazu den Hinweis geben, dass du das nicht in dem Sinne verstehen darfst, dass eine individuelle Seele eigene „Interessen" hätte. Auch in der Wahl der „persönlichen" Erfahrung orientiert sie sich ausschliesslich an den Bedürfnissen des übergeordneten Ganzen, der Gesamtheit aller Seelen.

Damit wäre die erste Lektion zum Themenkreis „Reinkarnation und Karma" beendet. Ich schlage vor, dass du nun in deine körperliche Hülle zurückkehrst und dich für dein irdisches Tagwerk ausruhst. Ich wünsche dir einen erholsamen Schlaf."

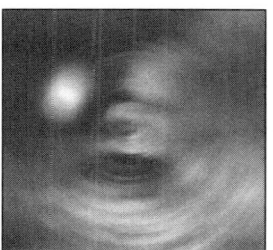

Beweise für die Reinkarnation? - Fehlanzeige!

Obwohl die Ausführungen meines Begleiters aus der letzten Lektion in einem direkten Zusammenhang mit dem Thema stehen, so enthalten sie doch noch wenig von dem, was mich damals interessierte, wenn ich das Wort „Reinkarnation" hörte. Die Tatsache, dass die individuelle Seele, der ich - gemäss der Aussage meines Begleiters - meine irdische Existenz verdanke, vorher in unserer materiellen Realität bereits Erfahrungen als Pflanze und als Tier erworben haben soll, war für mich zwar unbestreitbar faszinierend. Mehr interessierte mich jedoch die Frage, ob ich selbst bereits früher, möglicherweise sogar mehrmals, in einem menschlichen Körper existiert habe.

Das entging natürlich meinem Begleiter nicht, und schneller als ich es mir vorgestellt hatte, fand ich mich dann ganz persönlich in Situationen, die mir letztlich Aufschluss darüber gaben, inwieweit die gängigen Reinkarnationstheorien eine objektive Wirklichkeit beschreiben.

Mein Begleiter bestand darauf, dass ich gewisse Übungen, die er mir beschrieb, machen sollte, weil sie mir ermöglichen würden, Erfahrungen zu machen, die sich nach unserem Zeitverständnis in der Vergangenheit abgespielt haben.

Der Leserschaft mag es nicht gefallen, dass ich diese Übungen hier nicht im Detail beschreibe. Ich möchte jedoch einmal mehr daran erinnern, dass die Aussagen meines Begleiters ursprünglich ausschliesslich für mich selbst bestimmt waren und es nicht geplant war, diese - wenn auch nur auszugsweise - in Buchform zu veröffentlichen. Noch heute fühle ich mich oft in einem Dilemma, wenn es darum geht, darüber zu entscheiden, welche seiner Aussagen und welche Details der Begleitumstände meiner Erfahrungen ich in einen Buchtext übernehmen soll. Im vorliegenden Fall, bei dem es sich um „Techniken" handelt, welche ganz spezifische Wahrnehmungen ermöglichen, fällt mir der Entscheid jedoch nicht schwer. Ich bin aufgrund meiner eigenen Erfahrungen jenseits von Zeit und Raum zutiefst davon überzeugt, dass keine „Technik" existiert, die auch nur für zwei verschiedene Menschen dazu geeignet wäre, eigene authentische spirituelle Erfahrungen zu ermöglichen. Oder anders gesagt, die Voraussetzungen sind so vielfältig, wie es diejenigen spirituellen Erfahrungen sind, die uns letztlich zu Sinn und Ziel unserer materiellen Existenz führen können. Weil ich also weder Garantie noch Verantwortung dafür übernehmen könnte, dass die durch meinen Begleiter empfohlenen Übungen auch bei anderen Menschen zum angestrebten Ergebnis führen würden, verzichte ich einmal mehr auf ihre detaillierte Beschreibung.

Die Übungen ermöglichten mir jedenfalls schon bei der ersten Anwendung ein einschneidendes Erlebnis: Zuerst begann alles ganz harmlos. Ich lag entspannt, mit geschlossenen Augen auf meinem Bett und versuchte, mich ohne bestimmte Vorgabe an Begebenheiten zu erinnern, die sich in meinem Leben abgespielt hatten. Ich sah und fühlte mich dabei in Situationen, die viele Jahren zurücklagen. Doch waren das nicht etwa nur Bilder, vielmehr erlebte ich diese Situationen noch einmal mit allen Sinneswahrnehmungen, die das Geschehen mir damals vermittelt hatte. Zuerst waren es fünf Jahre, dann zehn, fünfzehn, zwanzig und irgendwann fand ich mich in meiner eigenen Jugend wieder:

Ich suche Pilze im Wald, rieche das feuchte Moos, höre ein Bächlein murmeln, spüre die wärmenden Strahlen der Sonne auf einer Lichtung. Etwas später erlebe ich die erste Begegnung mit meinem Begleiter als aktuelles Ereignis wieder. Dann sehe ich mich als Kleinkind in einem Laufgitter auf einer Dachterasse, bewacht oder beschützt durch einen Hund, einen deutschen Schäferhund, der auf den Namen „Zita" hört und der jedesmal winselt, wenn ich an den Stäben des Laufgitters rüttle.

Danach erlebe ich mich selbst als Säugling in einem Bett liegend, ununterbrochen schreiend, weil ich mich durch die Kleidung eingeengt fühle. Schliesslich erlebe ich meine eigene Geburt - ein traumatisches Erlebnis:

Ich fühle mich aus einem unbeschreiblichen Gefühl der Geborgenheit, der Verbundenheit, der Wärme, des Beschütztseins, der unendlichen Liebe ausgestossen in einen engen Tunnel oder Kanal. Ich weiss, da muss ich durch, und doch sträubt sich alles in mir dagegen. Die Wände schliessen sich hinter mir und zwingen mich vorwärts. Nach unendlich langer Zeit erreiche ich das Ende des Tunnels. Grelles Licht, Kälte und ein tiefempfundenes Gefühl von Dumpfheit empfangen mich. Alles Lebendige, die ganze Verbundenheit, die Geborgenheit, die Wärme, die Liebe, die Harmonie, die mich bisher umgaben, alles ist mit einem Mal weg, weit weg, unerreichbar!

Ich fühle mich allein, fern von zuhause, schutzlos, hilflos ausgeliefert und doch allwissend! Dann höre ich Stimmen - kalt, anmassend, von Unwissenheit zeugend: „Es ist ein Junge!" Alles dreht sich, überall spüre ich Hände - kalte Hände. Alles ist kalt, hart, ohne Liebe! Die kalten Hände halten mich hoch, und ich schaue wie durch einen Nebel in eine riesengrosse Fratze, die aus einem weissen Kittel ragt. Ich werde vor dieser Fratze in alle Richtungen gedreht - wie eine Trophäe. Schliesslich bewegt sich der riesige Mund und blafft mich mit entblösstem Gebiss an: „Du bist ja ein wahrer Prachtskerl!" „Du nicht!", denke ich und werde schon wieder herumgewirbelt. Dann höre ich eine vertraute Stimme - oder waren es Gedanken?: „Zeigt ihn mir, ich möchte ihn festhalten, ihn fühlen!" Ich höre mich schreien, fremd, weit weg - bin ich das? Dann fühle ich Wärme, bekannte Wärme, geliebte Wärme, höre das bekannte Geräusch eines pochenden Herzens, spüre Liebe, Geborgenheit - ich bin zu Hause und schlafe ein!

Das nächste, was ich wahrnehme, ist Nässe. Ich stehe bis zu den Knöcheln im Wasser. Vor mir eine trostlose Landschaft. Soweit ich sehen kann nichts als Hügel, bedeckt mit zersplitterten, wie die Finger eines Skelettes in die Luft ragenden Baumstämmen. Ich stehe in einem Schützengraben. Wenn ich meine Füsse bewege, höre ich das schmatzende Geräusch von Schlamm. Mein Name ist Gilbert Fenard. Gestern war mein Geburtstag - mein einundzwanzigster. Den hatte ich mir zwar anders vorgestellt, aber es ist Krieg - la grande guerre, der erste Weltkrieg!

Heute ist der 27. September 1917. Mir gegenüber, keine fünfzig Meter von mir entfernt, liegt der Feind - ich kenne ihn nicht, habe ihn nie gesehen - ich weiss nur, dass seine Heimat Deutschland ist und er mir meine Heimat streitig machen will. Ich habe mich freiwillig gemeldet, damals vor etwas mehr als drei Jahren. Wie alle anderen war ich damals davon überzeugt, in wenigen Wochen wieder zu Hause zu sein. Wie die meisten meiner Kameraden glaubte ich an die Versprechungen unserer Offiziere, dass der Krieg in wenigen Wochen siegreich beendet sein würde. Nur glaubte das offensichtlich auch der mir gegenüberliegende Feind. Auch er hat sich, wie wir, schon bald in Schützengräben verschanzt und seither läuft gar nichts mehr; keiner gewinnt, keiner verliert, nur gestorben wird - hüben wie drüben zehntausendfach.

Ab und zu sehe ich eine huschende Bewegung, einen Gewehrlauf, einen Helm. Es ist früher Abend, seit mehr als einer Stunde herrscht fast gespenstische Stille. Am Nachmittag hat der Feind unsere Stellung mit Mörserfeuer eingedeckt. Wir haben zurückgeschossen - ohrenbetäubender Lärm, Erdfontänen, splitterndes Holz, Schreie von Verletzten, in die Luft gewirbelte Menschenkörper. Aber jetzt herrscht Ruhe - trügerische Ruhe.

Ich weiss, dass uns gegenüber Scharfschützen nur darauf lauern, dass einer von uns unvorsichtig genug ist, den Kopf etwas anzuheben. Der Schuss und das „Plopp" der den Helm durchschlagenden Kugel vereinen sich dann jeweils zu einem einzigen Geräusch. Die Kameraden links und rechts vor mir - ich habe aufgehört zu zählen, wie oft diese Gesichter schon gewechselt haben. Mir scheint, die Neuen werden immer jünger. Links und rechts von mir sind sie gestorben, meine Kameraden - manche still, die anderen nach der Mutter schreiend. Heldentod? Dummes Geschwätz! Ich hatte bisher einen Schutzengel - doch wie lange noch? Jeder von uns weiss, ein Scharfschütze verletzt nicht - er tötet. Er ist stolz auf jeden Treffer. Für ihn ist der Gegner kein Mensch, nicht einmal ein Tier - lauter potentielle Treffer, Kerben, Striche.

Direkt über mir, auf dem Rand des Schützengrabens, hat sich ein kleiner Vogel hingesetzt - eine Meise. Sie schaut mich mit schräggestelltem Kopf an. Genau in der Mitte, oben auf dem Kopf, hat sie eine kahle Stelle. Hast dich wohl gezankt, denke ich. Ich greife nach meinem Brotsack - vielleicht findet sich darin etwas für den neugierigen Kerl. Ich finde einige Krümel und lege sie vorsichtig vor mir auf den Rand des Schützengrabens. Der kleine Vogel hüpft weg, als er meine

Hand sieht. Ich schiebe die Krümel in seine Richtung. Vorsichtig nähert er sich und pickt schliesslich den ersten Krümel auf. Er wird zutraulicher, kommt näher, pickt Krümel für Krümel auf und beobachtet mich währenddessen mit schräggestelltem Kopf aus kleinen, aufmerksamen Äuglein.

Für Augenblicke vergesse ich die Welt - sie besteht nur noch aus dem kleinen Vogel und mir. Wie wenig es doch braucht, um glücklich zu sein! Ich schiebe die restlichen Krümel in seine Richtung - er hüpft nicht mehr weg, fürchtet sich nicht mehr vor meiner Hand. Gedankenverloren schaue ich zu, wie er die letzten Krümel aufpickt - dann explodiert die Welt! Vor meinen Augen erscheint ein riesiger Feuerball; gleichzeitig spüre ich einen Schlag gegen meine Stirn, der mir den Kopf nach hinten reisst und höre - „Plopp"! Ich versinke in einem Berg aus Watte und wie aus weiter Ferne höre ich eine leiser werdende Stimme: „Danke, kleiner Lockvogel!" Ich bin nicht mehr Gilbert Fenard - nun bin ich ein Treffer, eine Kerbe, ein Strich.......

Als ich erwachte, musste ich mich zuerst orientieren, wo ich mich befand. Doch ich lag auf meinem Bett. Allmählich wurde ich mir der Tragweite meiner soeben gemachten Erfahrung bewusst. Nun bestand für mich kein Zweifel mehr, dass ich vor diesem Leben tatsächlich schon einmal gelebt hatte. Ich hiess damals Gilbert Fenard, wurde am 26. September 1896 geboren und starb am 27. September 1917, getroffen von der Kugel eines deutschen Scharfschützen, weil mich ein kleiner Vogel die Gefahr vergessen liess. „Danke, kleiner Vogel", dachte ich, „ich habe keinen Schmerz gespürt ".

Nichts interessierte mich nun brennender, als dieses Erlebnis mit meinem Begleiter zu diskutieren. Der aber war dazu nicht bereit!

„Du glaubst nun also, den untrüglichen Beweis dafür gefunden zu haben, dass du selbst schon einmal in einem anderen menschlichen

Körper gelebt hast?", fragte er mich und fuhr fort: *"Für dich ganz persönlich kannst natürlich nur du diese Frage beantworten; um aber ganz sicher zu sein, empfehle ich dir, die Übung zu wiederholen. Es ist dabei keinesfalls zwingend, dass du dich erneut im Leben von Gilbert Fenard wiederfindest, denn wenn die bei euch gängigen Reinkarnationstheorien zutreffend sind, dann hast du ausser diesem Leben noch viele andere gelebt. Mache also den Versuch, möglicherweise führt dich die Übung beim nächsten Mal in ein völlig anderes Leben."*

Selbstverständlich hatte ich ohnehin die Absicht, weitere „Reisen" in meine eigene Vergangenheit zu unternehmen, denn ich wollte mehr über mein Leben als Gilbert Fenard erfahren. Aus dem, was mein Begleiter mir bezüglich meines ersten Einblicks in dieses Leben gesagt hatte, sprach jedoch eine unterschwellige Skepsis, die mich irritierte. Die Beweise dafür, dass ich - rund vierzig Jahre vor meiner Geburt in dieses Leben - als Gilbert Fenard gestorben bin, waren für mich unwiderlegbar, und ich sah nicht ein, weshalb mein Begleiter darauf nicht eingehen wollte, bevor ich mich nicht durch eine Wiederholung der durch ihn empfohlenen Übung nochmals davon überzeugt hatte. Andererseits wusste ich aufgrund meiner bisherigen Erfahrungen, dass er nichts ohne Grund von mir verlangte. Also legte ich mich wenige Tage später erneut auf mein Bett, entspannte mich und begann, die Übung zu wiederholen.

Zunächst unterschieden sich meine Eindrücke nicht von denen beim ersten Mal. Wieder erlebte ich mich selbst als Erwachsenen, als Jüngling und schliesslich als Kleinkind. Erneut erlebte ich sehr intensiv meine eigene Geburt. Doch diesmal endete mein derzeitiges Leben in der Retrospektive nicht bei der Geburt:

Ich erlebe mich selbst im Leib meiner Mutter - spüre Wärme, lausche dem Pochen ihres Herzens und höre gleichzeitig meinen eigenen Herzschlag. Ich nehme Stimmen wahr, Musik - alles weit weg. Von

Zeit zu Zeit wird mein Wohlbefinden abrupt unterbrochen. Ich höre ein schrilles Geräusch, und augenblicklich werde ich brüsk herumgeschaukelt. Kurz danach höre ich die gewohnte Stimme, doch sie klingt anders, als wenn sie sich, wie ich immer genau weiss, an mich wendet - distanzierter, weniger liebevoll als ich sie kenne. Manchmal spüre ich Freude, manchmal Ärger - schmerzhaften Ärger -, alles in mir und um mich herum zieht sich dann zusammen, und das Herz meiner Mutter schlägt schneller. Mit der Zeit habe ich mich auf das schrille Geräusch eingestellt, jedesmal wenn es ertönt, bin ich darauf gefasst, dass mir Unangenehmes bevorsteht. Nicht etwa, dass das Schaukeln unangenehm wäre, es ist die Hektik, welche das schrille Geräusch auslöst, die mich quält. Doch jetzt ist Ruhe - ich fühle mich wohl und schlafe ein.

Als ich wieder erwache, bin ich nicht mehr im Leib meiner Mutter. Ich sehe meinen älteren Bruder, meine Grosseltern, die ich nie kennengelernt habe. Ich sehe meine Eltern - sie lieben sich. Ich weiss, dass das irgendwie wichtig für mich ist. Ich bin mit einem Mal mein Vater, gleichzeitig bin ich aber meine Mutter, bin ich selbst - bin alles in einem!

Dann wird es plötzlich ganz hell um mich - viele Menschen umgeben mich. Ich sehe wieder meine Eltern, meinen Bruder, sehe Freunde und Bekannte. Von anderen, die ich sehe, weiss ich nicht, wer sie sind, und doch sind sie mir nicht fremd. Wir scheinen etwas zu planen. Niemand bestimmt, alle sind gleichberechtigt, und doch stehe ich offensichtlich im Mittelpunkt des Geschehens. Ich werde gebeten, bestimmte Aufgaben zu übernehmen, und bitte meinerseits die Anwesenden, bestimmte Aufgaben zu übernehmen, um mich darin zu unterstützen. Es ist alles ziemlich undeutlich. Die Aufgaben werden nicht in Worten beschrieben, es sind Bilder - bewegte Bilder, fast wie ein Film nur realer. Ich erkenne mein gegenwärtiges Leben und sehe, in welchem Verhältnis die Anwesenden dazu stehen. Ich sehe eine Freundin, die sehr jung gestorben ist, und fühle Dankbarkeit ihr gegenüber, denn ich erkenne den Sinn ihres frühen Todes für mein eigenes Leben. Bevor ich in die Zukunft meines gegenwärtigen Lebens sehen kann und erfahre, in welcher Beziehung ich darin zu jenen Anwesenden stehe, die ich nicht kenne und die mir doch nicht unbekannt zu sein scheinen, werde ich von einem blendend weissen Licht eingehüllt und fühle mich fortgetragen.

Das Nächste, dessen ich mir bewusst werde, ist meine Stimme: „Danke, kleiner Lockvogel!", höre ich mich sagen. Ich stehe bis zu den Knöcheln im Wasser eines Schützengrabens, in den Händen ein Gewehr.

Ich bin Scharfschütze - deutscher Scharfschütze, einer der Besten, mehrfach ausgezeichnet. Mein Name ist Paul Lohmann. Ich bin 26 Jahre alt. Heute ist der 27. September 1917. Eigentlich sollte der Krieg, wenn die Prognosen unserer Offiziere eingetroffen wären, schon vor drei Jahren, nach nur wenigen Wochen zu Ende sein - siegreich. Doch danach sieht es schon lange nicht mehr aus. Ich fühle mich müde und ausgebrannt.

Mir gegenüber, keine fünfzig Meter von mir entfernt, zieht sich der vorderste Schützengraben des Feindes über den Hügel. Dahinter sehe ich nichts als zersplitterte, zerschossene Baumstämme, soweit mein Auge reicht.

„Salaud!" (Schweinehund!), höre ich eine vor Wut und Betroffenheit bebende Stimme aus dem Schützengraben mir gegenüber. Sie lässt mich kalt. Was soll die Aufregung? Im Krieg wird nun einmal gestorben - in diesem ganz besonders! Ein Gefühl der Genugtuung überkommt mich. Das war mein achtundsechzigster Treffer, seit wir uns vor fast drei Jahren hier verschanzt haben. Ich bin stolz auf mich. Dummer Kerl, lässt sich von einem kleinen Vogel dazu verführen, den

Kopf hochzunehmen - das hat er nun davon. Aber wenigstens ist er raus aus diesem Dreck.

In der Ferne ist Mörserfeuer zu hören - bei uns ist es ruhig. Ein Vogel pfeift aufgeregt - ob das wohl mein kleiner Lockvogel ist? Er scheint wütend zu sein - auf mich? Mach dir nichts daraus, du wirst wieder einen finden, dem du die letzten Minuten seines Lebens mit deiner Anwesenheit erleichtern kannst. Du hast es gut - kannst einfach wegfliegen und alles hinter dir lassen. Wenn ich an deiner Stelle wäre, ich würde in den Schwarzwald fliegen - in meine Heimat!

Die Stille wird jäh unterbrochen: „Tatatatatata......Tatatatatata" - unsere Stellung wird vom Feind mit Sperrfeuer eingedeckt. Ich kauere mich hin, mit dem Rücken an die Wand des Schützengrabens gelehnt, ziehe meinen Helm tiefer ins Gesicht. Erde und Steine rieseln in den Schützengraben. Ich kenne das - Munitionsverschwendung - vollkommen sinnlos, nur die Querschläger, diese heulenden, jaulenden Biester können dir gefährlich werden.

Plötzlich höre ich ein Geräusch über mir, das sich vom monotonen „Tatatatata..." abhebt. Ich erhebe mich, wobei ich darauf achte, den Kopf unten zu halten. Ich drehe mich um und erstarre. Ich sehe blaue Uniformen - Franzosen! Drei, vier, fünf, acht lassen sich mit aufgepflanztem Bajonett in unseren Schützengraben fallen. „Stosstrupp!", denke ich noch, dann trifft mich ein Gewehrkolben seitlich am Kopf, und es wird schwarz vor meinen Augen.

Ein Tritt in die Seite holt mich zurück. Um mich herum ohrenbetäubender Lärm, Schreien, Fluchen. Ich werde auf die Füsse gezerrt. Vor mir steht ein Franzose, hinter mir zwei weitere. Sie sind jung - sehr jung, doch ihre Gesichter sind von Hass verzerrt. „Ca c'est pour toi!" („Das ist für dich!"), zischt mich der vor mir Stehende an. Ich sehe ein Messer in seiner Hand aufblitzen und spüre im gleichen

Augenblick einen brennenden Schmerz, der sich von unten über meinen ganzen Leib ausbreitet. Ich greife mit beiden Händen nach dem Schmerz, spüre warmes Blut und Eingeweide zwischen meinen Fingern hervorquellen. Ich torkle nach hinten - werde von den hinter mir stehenden Franzosen zurückgestossen. „Prend ca au nom de Gilbert!" („Nimm das im Namen von Gilbert!"), höre ich einen sagen und spüre gleichzeitig einen glühenden, stechenden Schmerz im Rücken, dem sogleich ein zweiter folgt, der durch die Worte „Et ca au nom de Jeanpierre!" („Und das im Namen von Jeanpierre"), begleitet wird.

Gilbert? Jeanpierre? Ich kenne weder einen Gilbert noch einen Jeanpierre. Ob das ihre Namen sind? Sonderbare Menschen, diese Franzosen - stellen sich mit Namen vor, während sie dich abstechen! Die Welt beginnt sich zu drehen - Franzosen, Grabenwand, Wasser, Grabenwand, Himmel. Das Wasser kommt mir entgegen - ich schlage trotzdem hart auf dem Boden des Schützengrabens auf, drehe mich auf den Rücken und sehe durch einen blutroten Nebel den Himmel auf mich stürzen.....

Als ich erwachte, fand ich mich erneut nicht sogleich zurecht. Ich lag auf dem Rücken und starrte an die Decke. Ich war vollkommen verwirrt. Die soeben gemachte Erfahrung - sie dauerte übrigens, wie ich durch einen Blick auf meine Uhr feststellen konnte, nur gerade zwölf Minuten - war noch eindrücklicher als das erste Erlebnis dieser Art. Sonderbarerweise fielen mir die Widersprüche zum ersten Erlebnis auch jetzt nicht sofort auf. Schliesslich holte mich das Klingeln des Telefons vollends in die Realität meines gegenwärtigen Lebens zurück.

Dieses Klingeln - ja genau, das war das schrille Geräusch, das ich im Mutterleib als so unangenehm empfunden hatte. Mit einem Mal wurde mir bewusst, weshalb ich noch heute eine geradezu psychotische Abneigung gegen das Klingeln des Telefons habe. Obwohl ich mir seit damals der tieferen Ursachen bewusst bin, habe ich bis heute ein äusserst ambivalentes Verhältnis zum Telefon. Ich bin mir seines Nutzens vollkommen bewusst, und doch zählt es für mich in gewissem Sinne zu den undurchdachtesten Erfindungen der Menschheit.

Nach und nach wurde mir bewusst, dass meine Erlebnisse, so real sie für mich auch waren, die gängigen Reinkarnationstheorien in Frage stellten. Für mich bestand zwar kein Zweifel: Ich hatte - nicht als Beobachter, sondern als unmittelbar selbst Betroffener - Einblick in zwei andere Leben gehabt. War ich mir nach dem ersten Erlebnis aber noch vollkommen sicher, während dem ersten Weltkrieg als Gilbert Fenard gefallen zu sein, so war dieser vermeintlich so untrügliche Beweis für die Reinkarnation nun durch das zweite Erlebnis in Frage gestellt. Wie konnte ich gleichzeitig als Gilbert Fenard und als Paul Lohmann leben und am gleichen Tag sterben? Ich erinnerte mich an die Aussage meines Begleiters, wonach sich die individuelle Seele nicht gleichzeitig über mehrere Menschen manifestiere. Und trotzdem, ich wusste bei meinem ersten Erlebnis, dass ich Gilbert Fenard bin, und ebenso sicher wusste ich beim zweiten Erlebnis, dass ich Paul Lohmann bin - doch das eine schliesst das andere aus.

Ich „hörte", dass sich mein Begleiter mit mir treffen wollte; also legte ich mich wieder auf mein Bett und begann, mich auf den Ausstieg vorzubereiten. Nach weniger als einer Minute hatte ich meinen physischen Körper verlassen und sah mich meinem Begleiter gegenüber, der mich aufforderte, ihm zu folgen. Wie gewohnt durchdrangen wir die geschlossenen Fenster meines Schlafzimmers und fanden uns ohne Übergang in der „Schulstube" wieder, wie mein Begleiter die Parklandschaft spasshaft nannte, in der er üblicherweise seine Lektionen abhielt. Wir setzten uns unter die mächtige Eiche.

„Verwirrt, mein Freund?", fragte mein Begleiter.

„Also ich verstehe überhaupt nichts mehr", antwortete ich, „da kann doch irgend etwas nicht stimmen! Ich habe immer geglaubt, dass ich inzwischen genug von dir gelernt hätte, um unterscheiden zu können, ob ein Erlebnis objektiv oder in deinem Sinne subjektiv ist. Nun habe ich aber beide Erlebnisse als äusserst objektiv erfahren und bin sogar jetzt noch davon überzeugt, dass sie das auch waren, obwohl ich gleichzeitig weiss, dass das gar nicht möglich ist."

„Ich verstehe zwar deine Verwirrung, doch erinnere dich daran, dass ich dir stets gesagt habe, dass eure Reinkarnationstheorien, die euer Werden als eine Reihe aufeinanderfolgender Leben in physischen Körpern verstehen, keine objektive Realität beschreiben. Obwohl du das also wissen musstest, liessest du dich durch dein erstes Erlebnis blenden und hast es schliesslich sogar als Beweis für die Gültigkeit dieser Theorien gewertet. Nachdem unsere Zusammenarbeit aber nun schon viele Jahre dauert, hätte dich bereits die Übereinstimmung deines ersten Erlebnisses mit diesen Theorien skeptisch stimmen sollen, denn du musstest wissen, dass ich weiss, wovon ich spreche, wenn ich eine Theorie als nicht zutreffend bezeichne."

„Eigentlich hast du recht, doch das hilft mir jetzt auch nicht weiter", wandte ich etwas kleinlaut ein.

„Bevor ich näher auf deine Erlebnisse eingehe, will ich dir etwas zeigen. Dazu müssen wir den Ort wechseln, bleibe einfach neben mir."

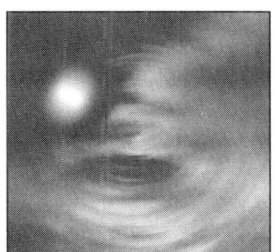

Ein Treffen mit meiner individuellen Seele

Wir erhoben uns von der Parkbank und begannen zu schweben. Wir stiegen höher und höher, bis mein Begleiter auf einen hellen Streifen am Horizont deutete. *„Das ist unsere Richtung"*.

Augenblicklich stand ich neben meinem Begleiter wieder auf dem Boden, in einer völlig anderen Umgebung. Unterschied sich die Parklandschaft, in der wir uns gerade noch aufhielten, nicht offensichtlich von einer entsprechenden Landschaft in der materiellen Realität, so war das nun ganz anders. Alles war irgendwie lebendiger, das Gras, die Blumen, die Bäume, die Steine. Die Bäume standen nicht einfach da - es schienen lebendige Wesen mit starker Persönlichkeit zu sein; ebenso die Steine, ja sogar jede Blume und jeder Grashalm. Und die Farben - unbeschreiblich schön! Farben, die ich niemals zuvor gesehen hatte. Ich konnte es mir zwar nicht erklären, aber ich hatte jenes unbeschreibliche Gefühl, wie man es empfindet, wenn man nach langer Zeit aus der Fremde wieder nach Hause kommt.

Mein Begleiter führte mich über eine blumenübersäte Wiese auf ein Wäldchen zu. Vorsichtig, um ja keine der Blumen zu zertreten, folgte ich ihm. Doch meine Vorsicht schien unbegründet, denn die Blumen bildeten tatsächlich eine Gasse, durch die wir schritten. Ich hatte das Gefühl, in einem Meer aus Liebe, Freude, Harmonie zu waten. Alles um mich herum schien Freude und Liebe auszustrahlen - es fällt mir schwer, die passenden Worte zu finden.

„Die Freude und Liebe gilt ausschliesslich dir", unterbrach mein Begleiter das Schweigen, denn er hatte natürlich meine Gedanken aufgenommen. *„Gleich wirst du verstehen!"*

Inzwischen hatten wir den Wald erreicht. Mein Begleiter schritt zielbewusst weiter, und nach kurzer Zeit öfnete sich vor uns eine grosse Lichtung. Am Rande der Lichtung angekommen, setzten wir uns ins weiche Gras. Ich empfand dabei ein sonderbares Gefühl, ganz anders, als wenn ich mich in der materiellen Realität ins Gras setze. Ich fühlte mich irgendwie „getragen", schien in einer Sänfte zu sitzen. Über uns, in den Bäumen, sangen die Vögel - ja sie sangen noch nie gehörte schöne Melodien. Sie schienen keinerlei Scheu vor uns zu kennen. Zuerst hüpften sie auf die unteren Äste, und schliesslich waren wir umgeben von fröhlich singenden Vögeln. Ich hielt ihnen meine Hand entgegen. Sogleich setzte sich ein kleiner Vogel darauf und hielt mit seinen Füsschen meinen Zeigefinger umschlossen.

Zuerst glaubte ich mich zu irren, doch als der kleine Vogel sein Köpfchen schrägstellte und mich aus unbeschreiblich schönen, bernsteinfarbigen Äuglein anschaute, war ich mir sicher, den gleichen Vogel auf meinem Finger zu haben, den ich als Gilbert Fenard mit Brotkrumen gefüttert hatte. Doch dort, wo jener Vogel am Kopf eine kahle Stelle hatte, war jetzt, wie ein Krönchen, ein Büschel aus zarten, pastellfarbigen Federn. Ich zog die Hand näher an mich heran und streichelte mit dem anderen Zeigefinger über das kleine Köpfchen. Wie einen Windstoss spürte ich die Liebe, die mir der kleine Vogel entgegenbrachte. Ich war gerührt und schaute verwirrt zu meinem Begleiter. Auch sein Gesicht hatte sich verändert - er empfand mit mir. *„Du irrst dich nicht - er ist es!"*, beantwortete er meine stumme Frage.

Ich kam nicht mehr dazu, eine Erklärung von ihm zu verlangen, denn nun betrat, aus dem uns gegenüberliegenden Wald kommend, eine Gruppe von Wesen in menschlicher Gestalt die Lichtung. Gleichzeitig verstärkte sich das Gefühl von Liebe und Harmonie, in dem ich mich schon die ganze Zeit aufgehoben fühlte. Dazu kam ein Gefühl, das mit Worten kaum zu beschreiben ist: Je näher uns die Wesen kamen, desto mehr empfand ich es so, als ob ich selbst jedes dieser Wesen wäre - als ob ich mir selbst entgegenkommen würde. Das mag absurd klingen, aber ich finde keine anderen Worte, um dieses für mich noch nie empfundene Gefühl zu beschreiben.

Ich weiss nicht, was mich dazu bewog, aber wie selbstverständlich erhob ich mich und ging der Gruppe entgegen. Der kleine Vogel hielt sich immer noch an meinem Finger fest und machte keine Anstalten, wegzufliegen.

Trotz ihrer Unterschiedlichkeit hatten die Wesen doch etwas Gemeinsames - weniger äusserlich, als vielmehr von ihrer Ausstrahlung her. Äusserlich unterschieden sie sich dadurch, dass ihr Körper unterschiedlich „hell" war. Ich muss es für den Moment bei dieser unklaren Definition bewenden lassen. Zwei der Wesen fielen dadurch auf, dass sie sich in ihrer Erscheinung besonders stark von den anderen unterschieden. Von einem ging ein so starkes Leuchten aus, dass seine Konturen völlig verschwommen waren. Es wirkte auf mich so, als wäre es - im wahrsten Sinne des Wortes - körperlos, mit allen anderen Wesen veschmolzen. Das Leuchten, die Austrahlung reichte sichtbar so weit, dass alle anderen Wesen wie in einen feinen, silberfarbigen Nebel gehüllt waren. Es war - ich finde keine passendere Bezeichnung - ein Lichtwesen.

Bei dem anderen Wesen, das sich durch sein Äusseres wesentlich von den anderen unterschied, waren die Konturen seines Körpers klar und deutlich sichtbar, während sie bei den übrigen, je nach Intensität des von ihnen selbst ausgehenden Lichtes, mehr oder weniger verschwommen waren. Es unterschied sich nicht von den vielen Wesen, die ich in jenen Dimensionen getroffen hatte, in die mich mein Begleiter bisher führte. Es lag nicht nur daran, dass seine Erscheinung für mich am wenigsten aussergewöhnlich war und ich mich ganz besonders zu ihm hingezogen fühlte, sondern aus unerfindlichen Gründen war ich überzeugt, dieses Wesen zu kennen.

Wir trafen uns ungefähr in der Mitte der Lichtung. Sobald ich selbst in jenes Licht eintrat, das von dem Lichtwesen ausging, verstärkte sich in mir das unbeschreibliche Gefühl, selbst jedes dieser Wesen zu sein. Ich schaute mich nach meinem Begleiter um und stellte erst jetzt fest, dass er mir nicht gefolgt war, sondern immer noch am Waldrand im Gras sass. *„Du brauchst mich jetzt nicht - du bist im wahrsten Sinne in dir selbst gut aufgehoben"*, hörte ich seine „Stimme" in mir.

Das Lichtwesen lud die Anwesenden dazu ein, sich zu setzen. Auch ich fühlte mich „angesprochen" und setzte mich neben jenes Wesen, zu dem ich mich ganz besonders hingezogen fühlte.

„Ich bin die Mutter und gleichzeitig bin ich der Vater", begann das Lichtwesen zu „sprechen", wärend es sich mir zuwandte. *„Das alles sind meine Kinder - auch du bist eines meiner Kinder"*, fuhr es fort. *„Ich bin Mutter und Vater, und gleichzeitig bin ich jedes dieser Wesen hier. Ich bin auch du und du bist ich.*

Wenn ich von Mutter, Vater und Kindern spreche, dann wähle ich diese Begriffe, weil du dir etwas darunter vorstellen kannst. Aber es sind wirklich nur Begriffe, die dir eine Annäherung an eine Wahrheit ermöglichen, die Worte nicht zu beschreiben vermögen. Ich kann nicht

Mutter und nicht Vater sein ohne meine Kinder. Du aber und alle diese Wesen hier können nicht meine Kinder sein, ohne dass ich Mutter und Vater bin. Das eine setzt das andere voraus und schliesst es ein. Ich bin du und du bist ich. Du bist jedes dieser Wesen und jedes dieser Wesen ist du. Du nimmst uns als getrennt von dir selbst existierend wahr, und gleichzeitig spürst du, dass deine Wahrnehmung dir nur einen Teil der umfassenden Wirklichkeit vermittelt. Verlasse dich während unseres Zusammenseins besser auf dein Gefühl, es alleine ist dazu in der Lage, dir einen kleinen Einblick in eine Realität zu ermöglichen, die deiner gewohnten Art der Wahrnehmung verschlossen bleibt.

Es ist wichtig für die Aufgabe, die du in unser aller Interesse übernommen hast, dass wir uns hier begegnen. Dein geistiger Begleiter, dem wir uns alle dankbar verbunden fühlen, hat dir schon Einblicke in andere Realitäten ermöglicht, die deiner Wahrnehmung in deiner gegenwärtigen Erscheinungsform in der Regel nicht zugänglich sind. Dabei hast du auch bereits einen Eindruck davon erhalten, wie Gefühle und Gedanken in der Lage sind, Realitäten zu erschaffen. Du hast selbst miterlebt, wie solche Realitäten dazu dienen, dass sich Wesen, die noch in ihrer gewohnten Wahrnehmung der materiellen Realität gefangen sind, in immateriellen Dimensionen zurechtfinden können. Bisher konntest du solche Realitäten, die dein Begleiter als „subjektive Realitäten" bezeichnet, immer aus der Optik des Beobachters betrachten - selbst warst du bisher nie aktiver „Bestandteil" dieser Realitäten und konntest deshalb auch nicht nachempfinden, wie sich diese Wesen darin fühlen.

Diese Realität hier erscheint dir, wenn auch ungewohnt, dennoch als vollkommen objektiv. Es wird dir deshalb einige Mühe bereiten, wenn ich dir sage, dass du dich jetzt selbst in einer solchen subjektiven Realität aufhältst. So wie die subjektiven Jenseitsrealitäten, in denen sich der überwiegende Teil der Menschen nach ihrem Tod wiederfindet, nicht dazu dient, diese Menschen zu verwirren, sondern

dazu, sie behutsam auf die objektive Realität des Jenseits vorzuberei-
ten, so dient auch diese Realität hier, die wir für dich „inszenieren",
nicht dazu, dich zu verwirren. Es ist aber unter den gegebenen Vor-
aussetzungen die einzige Möglichkeit, dass du uns überhaupt wahr-
nehmen kannst, denn mit Ausnahme des Wesens, das direkt neben dir
sitzt und das auf dich eine besondere Anziehung hat, könntest du durch
die gewohnte Art deiner Wahrnehmung niemanden von uns als „form-
gebundenes" Wesen erkennen, denn wir sind unserer wahren Natur
gemäss so wenig an eine Form gebunden, wie es dein geistiger Be-
gleiter ist. Um dir unsere wahre Natur verständlich zu machen, haben
wir Formen angenommen, die dir dieses Verständnis gewissermassen
über ein Gleichnis vermitteln können. Was du also siehst, ist ein Gleich-
nis - versuche nicht, die Wahrheit in den dir vermittelten Bildern zu
finden!"

Ich schaute nach links zu jenem Wesen, das meiner eigenen Erscheinung, wie ich nun feststellte, am nächsten kam, und mit einem
Mal erkannte ich, wer da neben mir sass. Es war ich selbst - als Gilbert Fenard! Als ob der kleine Vogel, der die ganze Zeit auf meinem
Finger gesessen hatte, mir zustimmen wollte, flatterte er auf die Schul-
ter dieses Wesens.

„Was das Wesen neben dir betrifft, so täuscht dich dein Gefühl nicht,
dass es vor nicht allzu langer Zeit als Gilbert Fenard seine Aufgabe
in der materiellen Dimension erfüllt hat. Diese Tatsache erklärt dir
aber noch wenig. Deshalb möchte ich, dass wir dich behutsam an die
umfassende Wahrheit heranführen.

Ich bin der Kern einer Energieeinheit. Ich bin reines Bewusstsein -
geschaffen aus den individualisierten Bewusstseinseinheiten von uns
allen. Du und jedes dieser Wesen hier seid ein Teil von mir. Ich wäre
nicht, was ich bin, ohne euch, und ihr wärt nicht, was ihr seid, ohne
mich. Obwohl ich aus euch allen geschaffen bin und ihr aus mir, muss

niemand von uns seine Existenz aufgeben, damit das andere existieren kann. Du solltest das, was ich soeben gesagt habe, aber nicht so verstehen, dass wir in deinem Sinne nicht auch unabhängig voneinander existieren könnten, aber, wie gesagt, wir wären nicht das, was wir jetzt sind. Wir sind so unabhängig von dir, wie du von uns, und doch wären wir nicht, wenn du nicht wärst, und du wärst nicht, wenn wir nicht wären.

Ich spüre, dass dich meine Worte verwirren. Also werde ich versuchen, unsere wahre Realität mit einem Vergleich aus deiner erlebten materiellen Realität zu umschreiben: Sieh, in gewissem Sinne verhält es sich mit uns wie mit einer Familie. In der materiellen Realität bist du ein Mensch - ein Mann. Dein biologischer Auftrag ist es, Vater zu sein, dich also mit einer Frau zu verbinden und Kinder zu zeugen. Um eine eigene Familie zu gründen, musst du Vater sein, du musst aber nicht Vater werden, um Mensch zu sein. Das, was du unter einer Familie verstehst, enspricht im weitesten Sinne dem, was wir zusammen sind. Wir sind eine Familie - eine individuelle Seele! Wir alle zusammen sind deine individuelle Seele, und du bist ein unabdingbarer Teil davon. So wie Mutter, Vater und Kind eine Familie bilden und darin jedes das andere bedingt, so bilden wir alle zusammen deine Familie - deine individuelle Seele. Sowenig wie aber du alleine eine Familie sein kannst, sowenig ist eines dieser Wesen eine individuelle Seele. Nur die Teile ergeben das Ganze.

So wie du als Teil deiner Familie auch unabhängig von dieser existierst, so existiert auch jeder Teil von uns unabhängig vom Ganzen. Obwohl jeder Teil von uns eine individualisierte Bewusstseinseinheit ist, die sich ihrer Aufgabe entsprechend auf unterschiedlichste Art in verschiedenen Realitätsdimensionen manifestiert, sind unser Empfinden, unser Erleben und die darin eingebetteten Erfahrungen immer auch Erfahrungen, die das Ganze macht. Je weiter die Wahrnehmung der einzelnen Bewusstseineinheit entwickelt ist, desto deutlicher sind ihr die Erfahrungen der anderen Bewusstseinseinheiten, der anderen „Familienmitglieder" gegenwärtig.

Du selbst bist gegenwärtig der „Benjamin" unserer „Familie". Der „Benjamin" ist immer der Teil von uns, der eine Aufgabe in der materiellen Dimension erfüllt. Die Art, wie der jeweilige Aspekt unserer selbst seine eigene Realität wahrnimmt, ist in keiner Erfahrungsdimension so beschränkt, wie in der materiellen Dimension. Und doch unterscheidet sich dein Bewusstsein nicht von meinem Bewusstsein. Auch deinem Bewusstsein sind alle Erfahrungen, die wir gemeinsam in den unterschiedlichsten Erfahrungsdimensionen gemacht haben, zugänglich - nur deine Art der Wahrnehmung begrenzt dir den Zugang zu diesem Wissen. Du bist deshalb aber nicht weniger erfahren als jeder andere Teil von uns. Bevor du dich in unser aller Interesse für deine Aufgabe in der materiellen Dimension entschieden hast, warst du ebensowenig inexistent, wie du es jetzt bist - du hast, als das Individuum, das du jetzt bist, schon vielfältige Erfahrungen in anderen Realitätsdimensionen gemacht.

Der Anlass, der uns hier zusammenführt, ist das Thema, das dein Begleiter im Rahmen deiner Ausbildung derzeit behandelt. Die Art deiner gewohnten Wahrnehmung ermöglicht es uns nicht, dir die umfassende Wahrheit und damit auch deine und unsere wahre Natur so zu vermitteln, dass du danach mehr als einen Schimmer davon erfasst hättest. Was wir dir vermitteln möchten, ist gewissermassen in den einzelnen Szenen dieser Inszenierung verborgen, die wir hier für dich „aufführen". Und doch kannst du dadurch über deine Intuition mehr von der umfassenden Wahrheit begreifen, als es dir der derzeitige Wissensstand der menschlichen Gemeinschaft ermöglichen würde.

Ich spüre, dass du das Wesentliche erkannt hast: Du selbst bist Teil eines grösseren Ganzen, und deine materielle Existenz ergibt nur unter diesem Gesichtspunkt einen Sinn. Die Aufgabe, die du während

142

deiner Einbindung in einen physischen Körper zu erfüllen hast, muss -
immer aus deiner Sicht - nicht für dich selbst einen Sinn ergeben. Du
erfüllst die Aufgabe im Dienste und im Interesse des übergeordneten
Ganzen, also deiner „Familie" - deiner individuellen Seele.

Es ist also völlig unsinnig, wenn du - wie dir das die bei euch zir-
kulierenden Theorien glaubhaft machen wollen - davon ausgehst, die
Umstände deiner materiellen Existenz wären das Resultat von Exi-
stenzen, die du selbst zu einem „früheren" Zeitpunkt in der materiel-
len Dimension gelebt hast. Ich versichere dir, dass du, als unser sich
seiner Individualität bewusster Teil, vor deiner aktuellen Existenz in
der materiellen Dimension noch nie Erfahrungen darin gemacht hast.
Gemeinsam, also als individuelle Seele, haben wir aber tatsächlich
schon viele Leben in der materiellen Dimension zugebracht, und die
Erfahrungen, die unser jeweils darin manifestierter Aspekt gemacht
hat, sind damit zwingend Erfahrungen, die jedem Teil von uns, also
auch dir, als „Erinnerung" uneingeschränkt zugänglich sind.

Auf Veranlassung deines Begleiters hast du eine Übung gemacht, die
dir Zugang zur Quelle dieser „Erinnerungen" verschafft hat. Du hast
Sequenzen aus dem Leben des Wesens neben dir, das dieses vor eini-
ger Zeit in der materiellen Dimension verbracht hat, als eigenes, ver-
gangenes Leben erfahren. Doch so, wie du jene Sequenzen erfahren
hast und dabei - „benebelt" durch die bei euch gängigen Theorien -
davon überzeugt warst, Einblicke in ein eigenes früheres Leben zu be-
kommen, so erfährt jeder Teil von uns alle Erfahrungen, die ein an-
derer Teil von uns in den unterschiedlichsten Realitätsdimensionen
macht, als eigene Erfahrung. Nach unserer Wertung oder unserem
Empfinden ist es denn auch völlig irrelevant, ob eine Erfahrung auf
eigenem, individuellen Erleben oder auf dem Erleben eines anderen
Teils von uns basiert. Weil du untrennbar mit jedem anderen Teil von
uns verbunden bist und umgekehrt, unterscheidet dein und unser Be-
wusstsein nicht zwischen den Erfahrungen, die du als Individuum

persönlich machst, und jenen Erfahrungen anderer Teile von uns, die durch die Verbindung zwischen uns zu deinen Erfahrungen werden.

Als sich seiner selbst bewusstes Individuum hast du also nicht als Gilbert Fenard gelebt, und doch ist sein Leben Teil der Erinnerung von uns allen und damit zwingend auch von dir. Wie du das nach dem definitiven Verlassen deiner physischen Hülle auch tun wirst, hat er inzwischen seine Erfahrungen in anderen Realitätsdimensionen fortgesetzt. Welche Realitätsdimensionen dafür in Frage kommen und unter welchen Umständen er darin seine Erfahrungen macht, wird weder durch uns als Ganzes geplant, noch ist das sonst in irgendeiner Weise fremdbestimmt. Er selbst und dereinst auch du, wählt diese Realitätsdimensionen und die Umstände durch die Art seiner Wahrnehmung.

Ich empfange die Frage, die dich beschäftigt! Du bist andere Massstäbe gewohnt, die dereinst über dein weiteres „Schicksal" entscheiden. Weil ich sage, dass die Umstände deiner zukünftigen Erfahrungen von der Art deiner Wahrnehmung abhängen, bist du verunsichert. Wie dir aber schon dein Begleiter erklärt hat, wird die Art der Wahrnehmung ausschliesslich durch die Denkhaltung des Individuums bestimmt. Um dir das zu verdeutlichen greife ich, wie das dein Begleiter auch tut, auf das Beispiel der Gewalt zurück:

Wenn du erkennst, dass Gewalt sich letztlich immer gegen diejenigen richtet, von denen sie ausgeht, dann wird in deiner Denkhaltung kein Platz für eine - wie immer auch begründete - Rechtfertigung von Gewalt sein. In deiner Wahrnehmung wirst du deshalb jeden entsprechenden Widerspruch zum umfassenden Gesetz erkennen. Die Realitätsdimension, in welcher du deine Erfahrungen nach deiner materiellen Existenz fortsetzen wirst, wird demzufolge frei sein von Gewalt, denn du hast dich damit auseinandergesetzt, und die Art, wie du sie in deine Wahrnehmung integriert hast, macht sie im Folgenden überflüssig. Entspricht es nun aber deiner Wertvorstellung, dass Gewalt - sei es durch entsprechende Handlungen oder aber durch die gedankliche Akzeptanz - unter bestimmten Umständen zu rechtfertigen sei, dann wirst du dich dereinst in einer Realitätsdimension wiederfinden, in der Gewalt vermeintlich ebenso unabdingbar ist, wie sie es in eurer materiellen Dimension zu sein scheint.

Wie gesagt, sind die Umstände deiner gegenwärtigen Existenz in der materiellen Realität nicht auf Verfehlungen zurückzuführen, derer du dich anlässlich einer früheren Anwesenheit in dieser Erfahrungsdimension schuldig gemacht hast. Als selbstbewusster Teil von uns erfüllst du eine Aufgabe, die wir als Ganzes, als individuelle Seele, angenommen haben. Diese dient nicht, wie du das in Anlehnung an die gängigen Karmatheorien vermuten könntest, unserer eigenen Entwicklung. Als individuelle Seele sind wir, wie die einzelnen Teile von uns in das durch uns gebildete Ganze, wiederum in ein grösseres Ganzes eingebunden, das aus der Gesamtheit aller existierenden individuellen Seelen gebildet wird. Darauf möchte ich aber heute noch nicht eingehen. Wir werden weitere Gelegenheiten haben, uns im Rahmen deiner Ausbildung zu treffen. Für heute möchte ich die Informationen auf uns als individuelle Seele und die Teile davon, die wir als Individuum sind, beschränken.

Nicht jeder Teil von uns - also nicht jedes dieser Wesen hier - hat schon eine Aufgabe in der materiellen Realität erfüllt, denn wir machen gleichzeitig Erfahrungen in den unterschiedlichsten Realitätsdimensionen. Die Zahl dieser Realitätsdimensionen ist für dich nicht vorstellbar. Auch wenn du dereinst deine physische Hülle verlässt, wirst du nach einer Phase der Orientierung deine Erfahrungen in Realitätsdimensionen fortsetzen, die nicht jeder Teil von uns kennt. Das bedeutet, dass jeder Teil von uns zwar ganz individuelle Erfahrungen macht, und doch wohnt jedem das Wissen um alle Erfahrungen inne, die zum Beispiel du in der materiellen Realität gemacht hast. Jedem

Teil von uns wohnt demnach alles Wissen inne, das wir als Ganzes er-
worben haben, seit wir unser „Ichbewusstsein" dadurch erlangt ha-
ben, dass wir uns unseren eigenen Schöpfungen zugewandt haben.
Wenn dereinst jedes Bewusstseinsfragment, das wir in uns vereinigen,
seine Wahrnehmung so erweitert hat, dass wir uns als ein einziges
Ganzes empfinden, dann ist der Zeitpunkt gekommen, zu dem wir uns
mit allen anderen individuellen Seelen, wie am Anfang der Zeiten, dem
übergeordneten Ganzen, dem ursprünglichen Schöpfungsplan und da-
mit unserem Schöpfer selbst zuwenden können.

Jede individuelle Seele verfolgt dasselbe Ziel. Doch wie wir als in-
dividuelle Seele unser Ziel nur dadurch erreichen können, dass jeder
Teil Aufgaben übernimmt, die diesem Ziel dienen, so kann auch die
Gesamtheit aller individuellen Seelen ihr Ziel nur dadurch erreichen,
dass jede individuelle Seele Aufgaben übernimmt, die dem überge-
ordneten Ziel dienen. Wir werden unser eigenes individuelles Ziel erst
dann erreichen, wenn die Gesamtheit der individuellen Seelen ihr Ziel
erreicht. Darüber werde ich dir bei unserem nächsten Zusammentref-
fen mehr Informationen geben können, denn dies setzt voraus, dass du
nun mit deinem Begleiter noch einer anderen Erinnerung einen Be-
such abstattest. Es war für uns alle sehr wohltuend, dich so intensiv
zu spüren, und ich hoffe, dass auch du aus unserem Zusammentreffen
neue Kraft für deine Aufgabe hast schöpfen können. Lebe wohl und
bleib uns treu!"

Mit dem letzten „Wort" - genauer also mit dem letzten Gedanken -
des Lichtwesens verschmolzen die Konturen der Anwesenden. Sie verschmolzen vor meinen Augen zu einem in der Form nicht mehr zu de-
finierenden Lichtgebilde, dessen Helligkeit so intensiv war, dass ich
geblendet die Augen schloss. Als ich sie wieder öffnete, war das Licht
verschwunden, und ich fand mich, zusammen mit dem Wesen, das
einst Gilbert Fenard war, alleine auf der Lichtung. Auch der kleine Vogel war nicht mehr bei uns. Ich drehte mich zu meinem Begleiter um

und sah, dass er uns über die Lichtung entgegenkam. Gilbert Fenard schien von dem Geschehen genauso beeindruckt wie ich, wir schauten uns an, fanden aber keine „Worte" uns miteinander zu unterhalten.

„Nun, mein Freund, jetzt hast du wohl erkannt, dass deine Vorstellung davon, was und wer deine individuelle Seele ist, weit von der Wahrheit entfernt war", unterbrach mein Begleiter das „Schweigen", nachdem er bei uns angekommen war, und fuhr fort: „Ich bin mir bewusst, dass du das, was du erfahren hast, zuerst verarbeiten musst. Das gilt übrigens auch für unseren Freund hier, denn auch für ihn war es das erste Zusammentreffen mit eurem gemeinsamen Gesamtselbst. Er ist bei uns geblieben, weil er uns beiden noch etwas zeigen möchte. Ich möchte nämlich unsere heutige Lektion nicht beenden, bevor du auch dem Wesen begegnet bist, das einst Paul Lohmann war und mit dessen Leben du dich genauso identifiziert hast, wie mit dem von Gilbert Fenard, der dieses Wesen einst gewesen ist. Davon, was dieser ist und war, hast du nun zumindest eine Vorstellung. Doch Paul Lohmann verkörperte ganz offensichtlich nicht einen Aspekt der gleichen individuellen Seele, der du angehörst, denn er war nicht unter den Wesen, die deine individuelle Seele „dargestellt" haben. Ich schlage deshalb vor, dass wir ihn nun besuchen."

Gilbert Fenard übernahm die Führung und forderte uns auf, ihm zu folgen. Zumindest mit den Gesetzmässigkeiten dieser Dimension schien er sich auszukennen, denn er begann zu schweben, und wir folgten ihm. Einmal mehr nahm ich den Weg, den wir zurücklegten, nicht wahr, sondern fand mich ohne Übergang neben meinen beiden Begleitern in einer Umgebung wieder, die mir nicht mehr gar so fremd erschien wie der Ort, wo ich der Inszenierung meiner eigenen individuellen Seele beigewohnt hatte. Wir befanden uns nun in einer lieblichen Hügellandschaft mit üppiger Vegetation, die sich auf den ersten Blick nicht von einer Landschaft in der materiellen Realität unterschied.

Gilbert Fenard zeigte auf einen der Hügel, und dort, wo beim ersten Hinschauen eben noch eine von Büschen umgrenzte Wiese war, erhob sich nun vor meinen Augen wie aus dem Nichts ein Haus mit blumengeschmückter Fassade. *„So sah bereits mein Haus in der materiellen Realität aus, und ich habe es mir auf die hier übliche Art wiedererschaffen"*, erklärte er an mich gewandt. Ein breites Lachen überzog sein Gesicht, als er fortfuhr: *„Anfänglich, also direkt nach meinem Übergang, war ich dermassen verwirrt, dass ich glaubte, das Haus sei mit mir gestorben und hier wieder auferstanden.*

Inzwischen kenne ich die Gesetzmässigkeiten, unter denen wir uns selbst unsere erlebte Realität erschaffen. Ich weiss, dass das Haus nur solange Realität ist, wie es für mich eine Bedeutung hat, und trotzdem halte ich noch daran fest, denn ich fühle mich darin gut aufgehoben und finde die Ruhe, die ich für die Arbeit an meinem eigenen Selbst benötige. Ich bin mir also vollkommen bewusst, dass ich mich in einer selbstgeschaffenen Realität befinde, doch bin ich noch nicht vollumfänglich in der Lage, diese hinter mir zu lassen."

„Lebst du denn hier ganz alleine", fragte ich etwas zögernd, weil ich nicht wusste, ob er Fragen überhaupt beantworten würde. Doch meine Bedenken waren unbegründet, denn mit einem breiten Lachen antwortete er: *„Du wirst es mir nicht verübeln, wenn mich deine Frage zum Lachen bringt, aber es ist eine Frage, die du nur stellen kannst, weil du mit den Gesetzmässigkeiten in dieser Dimension noch nicht so vertraut bist. Dein Begleiter hat dir zwar schon vieles beigebracht, dessen Wert du dir heute noch gar nicht bewusst sein kannst. Ich jedenfalls wäre froh gewesen, damals nach meinem Tod bereits über jenes Wissen zu verfügen, das dir dein Begleiter vermittelt. Weil mir dieses Wissen gefehlt hat, musste ich mich - wie alle anderen Menschen, die ich hier getroffen habe - mit Erschwernissen auseinandersetzen, die ihre Ursache in meinen eigenen Überzeugungen hatten. Das weiss ich zwar heute, doch damals, direkt nach meinem Übergang, fühlte ich mich hier ziemlich verloren.*

Um aber auf deine Frage einzugehen: Ich lebe hier dann alleine, wenn ich das wünsche. Dieses Haus steht eigentlich gar nicht so alleine, wie du es jetzt wahrnimmst. Unserer Wahrnehmung steht aber immer nur das offen, was wir im Augenblick wahrzunehmen bereit sind. Ich erlaube mir, dir meine selbstgeschaffene Realität zu suggerieren. Dadurch wird deine gegenwärtig erlebte Realität ausschliesslich dadurch bestimmt, was ich selbst im Augenblick als zweckmässig betrachte. Ich erlaube mir das, weil mich dein Begleiter gebeten hat, dich nicht durch Bilder zu verwirren, die für dich weder jetzt noch nach deinem Übergang von Bedeutung sind. Deshalb zeige ich dir nur den Ausschnitt meiner Realität, der als Rahmen für das folgende Geschehen sinnvoll oder in deinem Sinne einleuchtend ist. Aber tretet doch bitte ein in mein Haus, ich habe Besuch und möchte euch miteinander bekanntmachen."

Wir folgten ihm durch einen gepflegten Vorgarten, in welchem unzählige Arten von Blumen blühten. Einige davon waren mir bekannt, doch die meisten habe ich in der materiellen Realität bis heute nie gesehen. Der Weg war mit einer Art von Steinplatten belegt, doch federten diese unter jedem meiner Schritte, als ob ich über einen Moosteppich schreiten würde. Noch bevor wir die zum Hauseingang führende Treppe erreicht hatten, erschien in der Haustüre ein anderes Wesen ebenfalls in der Gestalt eines jungen Mannes. Wieder hatte ich das Gefühl, dieses Wesen sehr gut zu kennen. Auf seiner ausgestreckten Hand sass derselbe kleine Vogel, den ich vorher am Ort des Zusammentreffens mit meiner individuellen Seele zuletzt gesehen hatte.

Der junge Mann lächelte mich an und fragte: *„Erkennst du ihn wieder, den kleinen Lockvogel?"* Richtig, das Wesen war Paul Lohmann! Zwischen ihm und Gilbert Fenard schien nichts zu stehen, die beiden verstanden sich ganz offensichtlich glänzend.

„Du wunderst dich darüber, dass wir beide uns hier freundschaftlich verbunden sind, nachdem wir uns am Ende unserer irdischen Existenz als Feinde gegenübergestanden haben?", fragte er.

„Ungewohnt ist es schon. Mich würde interessieren, wie es dazu kommt, dass ihr euch hier wieder getroffen habt und euch offensichtlich bestens versteht", antwortete ich.

„Uns beiden fällt es schwer, die richtigen Worte zu finden, um deine Frage zu beantworten, nicht zuletzt deshalb, weil wir vieles selbst noch nicht verstehen. Wir sind beide, wie du, noch Schüler. Ich spüre, dass du über Wissen verfügst, das uns beiden fehlt, andererseits verfügen wir über Erfahrungen, die du selbst nicht gemacht hast. Ich würde deshalb vorschlagen, dass deine Frage durch deinen Begleiter beantwortet wird und wir für einmal auch seine Schüler sein dürfen."

Mein Begleiter erklärte sich mit dem Vorschlag sofort einverstanden, und wir setzten uns auf die Steintreppe, die zum Hauseingang hoch führte. Auch hier hatte ich nicht das Gefühl auf Stein zu sitzen, vielmehr empfand ich die Treppenstufe, auf der ich sass, wie ein weiches Kissen.

„Ich freue mich, dass ich heute gleich drei Schüler habe", begann mein Begleiter, *„wie du* (er wandte sich an Paul Lohmann) *aber richtig festgestellt hast, ist euer Wissensstand sehr unterschiedlich. Da meine Aufgabe in der Unterrichtung meines irdischen Freundes besteht, werdet ihr also sicher verstehen, dass ich mich in meinen Ausführungen an seinem Wissensstand orientiere. Trotzdem werde ich mich dabei auf das beschränken, was für euch alle drei von Bedeutung ist. Mit meinem irdischen Freund kann ich das Thema dann später noch vertiefen."*

An mich gewandt fuhr er weiter: *„Das Lichtwesen, das den Kern deiner individuellen Seele „verkörperte", hat dir mit seinen Ausführungen eine Vorstellung davon vermittelt, was du selbst deiner wahren Natur gemäss bist und welcher Sinn deiner irdischen Existenz innewohnt. Zwar habe ich dich schon früher immer wieder darauf hingewiesen, dass du dir die individuelle Seele nicht als den unsterblichen Teil von* *dir selbst vorstellen darfst, sondern dass du ein unsterblicher Teil deiner individuellen Seele bist. Aber Anschauungsunterricht ist natürlich allemal eindrücklicher als blosse Theorie, auch wenn dabei, wie vorher, die Wahrheit über eine Inszenierung versinnbildlicht werden muss.*

Du weisst nun also, dass du selbst nie als Gilbert Fenard gelebt hast, sondern dass er Teil der gleichen individuellen Seele ist wie du, und ihr in eurer Wahrnehmung dadurch, unter gewissen Voraussetzungen, gegenseitig Zugang zu allen Erfahrungen habt, die jemals einer von euch oder ein anderer Teil eures Gesamtselbst gemacht hat. Die Tatsache, dass du dich aber auch als Paul Lohmann erlebt hast, obwohl er nicht Teil der gleichen individuellen Seele ist, wird dadurch natürlich nicht geklärt.

Nachdem du erkannt hast, dass du mit den anderen Teilen deines Gesamtselbst alle Erfahrungen teilst, obwohl du doch über eine eigene unabhängige Individualität verfügst, wirst du nachvollziehen können, was ich meine, wenn ich sage, dass sich die Beziehung, in der du zu deiner individuellen Seele stehst, auf jene Beziehung übertragen lässt, in der diese individuelle Seele zu allen anderen individuellen Seelen steht. Dein Gesamtselbst hat genauso Zugang zu allen Erfahrungen, die jede andere individuelle Seele macht, wie du Zugang zu den anderen Teilen deines Gesamtselbst hast.

Weil aber nichts von dem Wissen und den Erfahrungen deiner individuellen Seele grundsätzlich deiner Wahrnehmung entzogen ist, hast auch du - wieder unter bestimmten Voraussetzungen - Zugang zu den Erfahrungen aller existierenden individuellen Seelen. In Absprache mit deinem Gesamtselbst habe ich dir ermöglicht, einen kleinen Einblick in die Erfahrungen einer individuellen Seele zu nehmen, die nicht mit deiner eigenen identisch ist, deren Erfahrungen aber durch die untrennbare Verbindung aller individuellen Seelen trotzdem auch zum „Erfahrungsschatz" deines eigenen Gesamtselbst gehören. Hätte ich

151

dir einfach ermöglicht, Einblicke in Erfahrungen zu nehmen, die andere Teile deiner Seele in anderen Zeitepochen in der materiellen Dimension gemacht haben, dann hättest du den grundlegenden Fehler der bei euch zirkulierenden Reinkarnationstheorien nicht erkennen können. Dadurch aber, dass du Einblicke in zwei Leben hattest, die am gleichen Tag beendet wurden, war die Unhaltbarkeit dieser Theorien für dich offensichtlich.

Es wird immer wieder Menschen geben, die punktuelle Einblicke in andere Leben erhalten, die „früher" gelebt wurden. Auch wurde bei euch damit begonnen, in sogenannten „Rückführungen" Menschen in vermeintlich eigene frühere Leben zurückzuführen. Nachdem bei euch schon bald jeder Unsinn den Status einer „Therapie" geniesst, wird sicher auch die von Grund auf falsche Reinkarnationstheorie bald als Ausgangsbasis für eine neue Therapie Verwendung finden. Es ist davon auszugehen, dass auch diese Therapie ihre Anhänger in Scharen finden wird und niemand erkennt, dass er sich dadurch nur noch weiter vom Sinn und Ziel seines Lebens entfernt. Die Erkenntnis, dass euch solche Rückführungen unmöglich Einblicke in Leben ermöglichen können, die ihr selbst in anderen Zeitepochen gelebt habt, weil ihr - mit ganz wenigen Ausnahmen, auf die ich bei anderer Gelegenheit zu sprechen komme - vor diesem Leben noch nie in der materiellen Dimension existiert habt, ist von grossem Wert für eure zukünftige Entwicklung."

„Dann ist also auch die Schlussfolgerung falsch, dass Einblicke in solche Leben uns irgend etwas über die Gründe für unsere gegenwärtigen Lebensumstände zu vermitteln vermögen?"

„Absolut richtig! Würdet ihr die Einblicke in solche Leben richtig werten, dann wäre es zwar nicht ausgeschlossen, dass ihr gewisse Zusammenhänge zwischen jenem Leben und eurem eigenen erkennen könntet. Aber erstens ist die Chance, dass überhaupt ein Zusammenhang

besteht schon verschwindend klein und zweitens ist es - gerade weil ihr durch eure Reinkarnationstheorie so völlig falsche Vorstellungen mit diesen Einblicken verbindet - fast ausgeschlossen, dass ihr diese Zusammenhänge überhaupt erkennen würdet.

Nachdem weder Gilbert noch Paul während ihrer irdischen Existenz mit der Reinkarnationstheorie in Berührung kamen, blieb ihnen eine der unangenehmen Erfahrungen erspart, mit denen sich die Anhänger dieser Theorie nach ihrem Übergang auseinanderzusetzen haben. Die Theorie setzt für ihre Gültigkeit ja zumindest voraus, dass der physische Tod nicht das Ende eurer Exisitenz als bewusstes Individuum ist. Nachdem sich diese Voraussetzung selbstverständlich erfüllt, sind die Anhänger der Theorie danach ausnahmslos davon überzeugt, dass sie sich nunmehr auf ihre Reinkarnation in der materiellen Wirklichkeit vorbereiten müssten. Anstatt sich mit ihrer selbstgeschaffenen Realität auseinanderzusetzen und zu begreifen, dass sie die Konsequenzen ihres Denkens und Handelns aus ihrer irdischen Existenz hier und nicht in einer vermuteten, erneuten irdischen Hülle zu tragen haben, warten sie auf den Engel oder den lieben Gott, der ihnen aufzeigen soll, was sie im nächsten Leben besser machen sollen. Viele von ihnen bleiben nach eurer Zeitrechnung während Jahrzehnten in ihrem Traum gefangen und machen keinerlei Fortschritte in der Wahrnehmung der umfassenden Realität. Solche Theorien sind weitaus schädlicher, als es sich ihre Exponenten vorstellen können.

Die östlichen Philosophien, auf denen die Theorie von Reinkarnation und Karma basieren, sind zwar an der Stelle nicht grundsätzlich falsch, wo sie sich nicht mehr auf den einzelnen Menschen, sondern auf die Menschheit insgesamt beziehen. Wenn du dir aber nochmals vor Augen führst, wer du selbst bist, dann wirst du erkennen, dass es a priori ausgeschlossen ist dass du - einmal abgesehen von dem, was eure Religionslehren als „Erbsünde" bezeichnen - dein Leben mit einem persönlichen Karma belastet begonnen hast. Ich behaupte damit keinesfalls, dass nicht so etwas wie „Karma" als objektive Gesetz-mässigkeit existieren würde. Dieser unterliegt jedoch nicht das Individuum im Sinne einer persönlichen „Hypothek", aber die Menschheit als Ganzes hat sehr wohl einem Plan zu folgen, der die Konsequenzen jener Erfahrungen in sich trägt, die eure Vorgängergenerationen in der materiellen Realität gemacht haben. Weil ihr mit dem Begriff „Karma" die Begriffe „Schuld" und „Sühne" sowie „Ursache" und „Wirkung" verbindet, ist es aber nur sehr bedingt richtig, wenn wir in diesem Zusammenhang von einem „kollektiven Karma" sprechen.

Ich würde aber empfehlen, dass du dir diese Zusammenhänge besser durch dein Gesamtselbst erklären lässt, wenn ihr euch - was schon sehr bald der Fall sein wird - das nächste Mal zusammenfindet. Ich schlage deshalb vor, dass wir unsere „Schulstunde" hier beenden und du in deine physische Hülle zurückkehrst, auch wenn dich unsere beiden Freunde darum nicht beneiden."

„Ich möchte im Zusammenhang mit ihnen noch eine Frage stellen."

„Nur zu, wir sind alle drei gespannt!"

„Die beiden haben - nach unserer Zeitrechnung - die irdische Realität vor mehr als siebzig Jahren verlassen und doch halten sie sich, wie mir vorhin Gilbert bestätigt hat, nach wie vor in einer selbstgeschaffenen oder wie du sie nennst, subjektiven Realität auf. Er scheint das zwar zu wissen und ist sich auch der Tatsache bewusst, dass es alleine an ihm liegt, wann er diese subjektive Realität aufgeben will. Dazu hätte ich jetzt gleich zwei Fragen: Erstens, habt ihr euch seit eurem Übergang immer in dieser Realität aufgehalten?"

„Haben wir nicht!", unterbrachen mich die beiden im Chor und schienen sich einmal mehr über meine Frage köstlich zu amüsieren, denn sie schüttelten sich vor Lachen.

„Zweitens, hatte es auf eure erlebte Realität einen Einfluss, dass ihr am Krieg teilgenommen und zumindest du Paul dabei viele Menschen getötet hast?"

Die beiden konnten sich vor Lachen kaum mehr auf den Beinen halten und obwohl - zumindest aus meiner Sicht - meine Fragen überhaupt nicht lustig waren, wirkte ihr Lachen so ansteckend, dass auch ich mich schliesslich nicht mehr beherrschen konnte und sogar mein Begleiter in herzhaftes Lachen ausbrach, wobei er mich anschaute, als würde er mich dafür um Verzeihung bitten, was eine neue Lachsalve auslöste. Man muss sich das vorstellen: Vier Männer, die sich köstlich amüsierten, doch nur drei wussten weshalb.

Nachdem wir uns etwas beruhigt hatten, ging mein Begleiter auf meine Fragen ein: *„Für dich ist es natürlich nicht offensichtlich, was die beiden an deinen Fragen so belustigend finden, aber du musst dir vorstellen, dass du auf sie schon sehr komisch wirkst. Einerseits kannst du, was sie sich bis heute nicht einmal vorstellen konnten, deine physische Hülle verlassen und dich hier aufhalten, ohne dass du deswegen gestorben bist. Du beherrschst damit eine Fähigkeit, die dich in ihren Augen über sie selbst erhebt. Auf der anderen Seite stellst du Fragen, deren Antworten für sie so selbstverständlich sind, dass sie nicht sicher sind, ob du dir mit ihnen einen Spass erlaubst. Du wirkst auf sie wie der Nobelpreisträger, der dich vor der Preisverleihung verschämt darum bittet, ihm die Schuhe zu binden, weil er nicht wisse, wie man das macht. Nimm es ihnen also nicht übel, wenn sie sich auf deine Kosten ein wenig amüsieren, denn sie lachen nicht eigentlich über dich oder deine Fragen, sondern viel mehr über die Situation.*

Ich werde bei der Beantwortung deine zweite Frage vorziehen. Selbstverständlich hat es einen Einfluss auf ihre erlebte Realität, dass sie am Krieg teilgenommen und dabei sogar viele Menschen getötet haben. Es sind weniger ihre Handlungen, als die dahinter stehenden

Wertvorstellungen, welche die Konsequenz bewirken. Dabei ist natür-
lich bereits die Handlung an und für sich eine Konsequenz ihrer Wert-
vorstellungen. Ich kann nicht oft genug darauf hinweisen, dass die er-
lebte Realität nach dem Übergang lediglich eine Fortsetzung der Kon-
sequenzen ist, die ihren Ursprung in eurem Denken und Handeln ha-
ben und auf denen bereits eure erlebte materielle Wirklichkeit gründet. "

„Das ist mir schon klar, aber hier kommen wir doch zwingend wieder mit den kollektiven Erfahrungen in Kontakt, denn eigentlich hatten die beiden doch gar keine andere Wahl, als am Krieg teilzunehmen. Ich will damit sagen, dass wir uns doch im irdischen Leben auch
Zwängen fügen müssen, die vom Kollektiv, von der Gesellschaft, vom
Staat ausgehen, wir also nicht einfach selbst bestimmen können, was
wir tun und lassen wollen. Zwar hat sich Gilbert freiwillig zum Kriegs-
dienst gemeldet, doch wenn er es nicht getan hätte, dann wäre er wohl
durch die Gesellschaft als Feigling abgestempelt worden. Und einmal
in Uniform, blieb ihm doch, wie auch Paul, gar nichts anders übrig,
als auf Befehl zu töten."

„Ihr habt immer die Wahl, ob ihr euer Leben in Übereinstimmung
mit dem umfassenden Gesetz gestalten wollt oder nicht. Auch die bei-
den hatten sehr wohl diese Wahl. Dem umfassenden Gesetz zu folgen,
das jede Tötung, mit welchen Argumenten auch immer, dem gemeinen
Mord gleichsetzt, erfordert oft persönliche Opfer, die euch erspart blei-
ben, wenn ihr einfach gesellschaftlichen Wertvorstellungen folgt.

Du hast zwar vollkommen recht: Hätten sie sich gegen den Kriegs-
dienst entschieden, dann hätten sie neben der Verachtung der Gesell-
schaft sogar mit staatlichen Sanktionen rechnen müssen. Doch alle diese
vermeintlichen Zwänge rechtfertigen nicht ihre Entscheidung, auf Be-
fehl zu töten. Ihr seid immer eigenverantwortlich für eure Handlungen,
davon kann euch weder der Staat noch die Gesellschaft entbinden.
Wer sich ausschliesslich an gesellschaftlichen Wertvorstellungen und

staatlichen Vorgaben orientiert, wird nie in der Lage sein, ein Leben in Übereinstimmung mit dem umfassenden Gesetz zu führen - das ist nur im Rahmen eines selbstbestimmten Lebens möglich!

Wenn du genau überlegst, dann wirst du auch erkennen, dass keiner der Menschen, die es wirklich verdienen von euch als Vorbilder respektiert zu werden, ihr Leben an gesellschaftlichen Wertvorstellungen orientiert haben. Sie alle haben sich zudem mehr oder weniger offen gegen die Vorstellungen der staatlichen Autoritäten gestellt. Jesus ist in diesem Zusammenhang nur ein Name. Auch in eurer Zeitepoche haben solche Menschen gelebt und leben noch unter euch. Ich möchte dazu nur Mahatma Gandhi erwähnen, doch ist auch er lediglich ein bekanntes Beispiel unter vielen."

„Soll das heissen, dass ich mich gegen Staat und Gesellschaft stellen muss, um ein Leben in Übereinstimmung mit dem umfassenden Gesetz zu führen?"

„Nein, das will ich mit meiner Aussage nicht ausdrücken. Staat und Gesellschaft haben ihren Sinn und ihre Berechtigung. Da ihr aber eigenverantwortlich für euer Denken und Handeln seid, könnt ihr euch letztlich für Gedanken und Handlungen, die im Widerspruch zum umfassenden Gesetz stehen, als Rechtfertigung nicht auf Gesellschaft und Staat berufen. Dort, wo ihr erkennen könnt, dass deren Vorgaben sich nicht mit einem Leben im Rahmen dieses Gesetzes vereinbaren lassen, ist es Pflicht, sich dagegen zu stellen.

Der Weise ist sich bewusst, dass das umfassende Gesetz über jedem irdischen Gesetz steht. Letztere sind für das Funktionieren einer Gesellschaft unabdingbar, und doch stellt sich der Weise gegen diese Gesetze, wenn sie im Widerspruch zu dem ihm als Richtschnur dienenden umfassenden Gesetz stehen. Kein Soldat konnte sich nach seinem Übergang jemals darauf berufen, im Auftrag und Interesse von

Gesellschaft und Staat getötet zu haben. Er selbst, nicht die Gesellschaft und nicht der Staat haben getötet. Durch seine Tat verhindert er genauso physische Erfahrungen einer anderen individuellen Seele, wie es der gemeine Mörder tut - nach dem umfassenden Gesetz ist er diesem deshalb auch gleichgestellt. Weil das umfassende Gesetz nicht Strafe, sondern ausschliesslich Konsequenz kennt, und nachdem jede Tötung im Widerspruch zum umfassenden Gesetz steht, sind die Konsequenzen, die ihr daraus zu tragen habt, völlig identisch, ob ihr nun aus - wie ihr sagt - niederen Motiven einen anderen Menschen tötet, oder ob ihr - wie es das umfassende Gesetz versteht - aus niederen Motiven einem Befehl zum Töten folgt. "

„Wären sie nun aber, nachdem sie bereits Uniform getragen haben, zu der Erkenntnis gelangt, dass ihre Handlungen im Widerspruch zum umfassenden Gesetz stehen und hätten sie sich aufgrund dessen geweigert, weiterhin auf Menschen zu schiessen, dann wären sie mit ziemlicher Wahrscheinlichkeit als Deserteure oder Befehlsverweigerer füsiliert worden. Damit hätten sie doch niemandem einen Gefallen getan!"

„Oh doch, sie hätten sich selbst, ihrem Gesamtselbst und letztlich der Gesamtheit aller individuellen Seelen einen Gefallen getan. Ich kann schon verstehen, dass es für dich nicht so einfach nachzuvollziehen ist, dass sogar der eigene Tod in Kauf genommen werden muss, wenn man sich gegen gesellschaftliche Wertvorstellungen stellt, die im Widerspruch zum umfassenden Gesetz stehen. Doch der Sinn eures Lebens liegt nicht im Überleben um jeden Preis, sondern in der Beachtung des umfassenden Gesetzes um jeden Preis.

Es ist nicht wichtig, wie die Gesellschaft über jene denkt, die in den Kriegen an die Wand gestellt wurden, weil sie das Töten nicht mehr mit ihrem Gewissen vereinbaren konnten. Die trivialen Regeln, denen gesellschaftliche Wertvorstellungen folgen, mögen ihr Verhalten als Feigheit brandmarken, für die Gesamtheit der individuellen Seelen -

also auch für den wahren Ursprung derer, die in ihrem Verhalten et-
was Verwerfliches zu erkennen glauben - sind sie allesamt Helden.

Als Soldat war Paul auf seine Auszeichnungen stolz, die er deshalb
bekam, weil er ein besonders fleissiger und erfolgreicher Gehilfe beim
staatlich und gesellschaftlich angeordneten Morden war. Inzwischen
setzt er sich bei der Vergabe von Aufgaben, die durch Manifestationen
seiner Seele in der materiellen Dimension erfüllt werden sollen, ve-
hement dafür ein, dass von seinem Gesamtselbst keine Gewalt mehr
ausgeht oder unterstützt wird. Jener Teil seines Gesamtselbst, der sich
nach seinem Tod in der irdischen Realität manifestiert hat, ist übri-
gens unerschrocken zu seiner pazifistischen Gesinnung gestanden und
war bereit, die Konsequenzen daraus zu tragen. Er wurde deswegen
während des zweiten Weltkrieges tatsächlich vom eigenen Staat und
seinen Helfern ermordet.

Solange es junge Männer als ihre Pflicht gegenüber Staat und Ge-
sellschaft verstehen, dem Ruf zur Waffe zu folgen, solange wird sich
die Menschheit auch mit den Schrecken des Krieges konfrontiert se-
hen. Würden auch nur jene dem Ruf ihres Herzens folgen, die sich be-
wusst sind, dass es kein Argument für Gewalt gibt - eure Armeen wür-
den über Nacht halbiert!

Wie gesagt, haben unsere beiden Freunde inzwischen erkannt, dass
jede von ihnen selbst ausgehende Gewalt letztlich Gewalt gegen das
eigene Selbst ist. In ihren Wertvorstellungen hat Gewalt deshalb kei-
nen Platz mehr und, weil ihre erlebte Realität - nicht weniger als eure
erlebte Realität in der materiellen Wirklichkeit - ausschliesslich Spie-
gelbild ihrer eigenen Wertvorstellungen ist, wirst du hier auch keine
Form der Gewalt mehr finden. Nach deiner Wertung sollten die beiden
deshalb ihre subjektive Realität längst überwunden haben, doch wer-
den sie ganz offensichtlich durch andere ihrer Wertvorstellungen noch
daran gehindert.

Du kannst das sehr gut mit der materiellen Realität vergleichen. Mögen auch die Umstände eures Lebens manchmal schwierig sein, so setzt ihr doch alles daran, euren Aufenthalt in dieser Realität so lange wie möglich auszudehnen. Genauso ergeht es euch aber nach dem Übergang in diese Dimension hier. Mag auch die Erkenntnis gereift sein, dass die unangenehmen Seiten der erlebten Realität ihren Ursprung ausschliesslich in euch selbst haben, so werdet ihr eure Existenz doch mehr oder weniger stark von dieser Realität ableiten. Über sich selbst hinauszuwachsen, bedingt hier nicht weniger Mut als in der materiellen Realität. Solange ihr aber nicht bereit seid, die durch eure Wertvorstellungen selbst gesetzten Grenzen zu überwinden, solange bleibt ihr auch in eurer subjektiven Realität gefangen.

Doch wenden wir uns nun deiner ersten Frage zu: Wenn du fragst, ob sich die beiden seit ihrem Übergang in der gleichen Realität aufgehalten haben, dann wirkt das auf die beiden vor allem deshalb belustigend, weil sie aus deiner Frage ableiten, dass du davon ausgehst, es würden gewissermassen unabhängig voneinander unzählige Realitäten wie unterschiedliche Welten existieren. Sie sind nun aber in ihrer Erkenntnis so weit fortgeschritten, um zu wissen, dass alle diese Realitäten in eurem Sinn den gleichen Raum einnehmen und nicht so getrennt voneinander existieren, wie du das verstehst.

Tatsächlich existiert eine einzige, umfassende objetive Realität, die alle möglichen Realitäten in sich einschliesst. Deshalb lege ich auch besonderen Wert darauf, dass du deine Entwicklung nicht so verstehst, dass sie dich - wie das eben eure esoterischen Theorien weismachen wollen - über eine Art von Stufenleiter in immer höhere Dimensionen oder Sphären führt. Unsere beiden Freunde brauchen also nicht in deinem Sinne den Ort zu wechseln, um sich dereinst in der umfassenden Realität wiederzufinden.

Was du unter Entwicklung verstehst, findet zwar tatsächlich statt, doch handelt es sich um eine Entwicklung deiner Wahrnehmung. Die

160

umfassende Realität ist hier genauso „präsent", wie sie es in eurer irdischen Realität ist. Euch ist aber immer nur jener Teil davon zugänglich, der dem aktuellen Stand eurer Wahrnehmung entspricht. Je weniger diese Wahrnehmung durch Wertvorstellungen, Glaubenssätze und Voreingenommenheit beschränkt wird, desto unverfälschter präsentiert sich dir die einzige umfassende objektive Realität. Die Beschränkung eurer Wahrnehmung ist dabei niemals fremdbestimmt, sondern sie ist in jedem Fall Konsequenz eurer Wertvorstellungen. Es sind also auch nicht eure physischen Sinne, die eure Wahrnehmung beschränken, sondern ihr selbst beschränkt euch in eurer Wahrnehmung auf die euch durch die physischen Sinne vermittelten Eindrücke.

Selbstverständlich können euch die physischen Sinne nur Eindrücke vermitteln, die sich auf die materielle Realität beziehen, denn eine andere Aufgabe haben sie nicht. Sowenig wie aber eure Existenz auf die materielle Dimension beschränkt ist - das gilt auch während eurer Einbindung in einen physischen Körper - sowenig ist eure Wahrnehmung auf die physischen Sinne beschränkt, sofern ihr das Potential der euch gleichermassen zur Verfügung stehenden psychischen Sinne nutzt. Die Realität, die unsere beiden Freunde aktuell erleben, unterscheidet sich also von jener Realität, in der sie sich direkt nach ihrem physischen Tod wiedergefunden haben, nicht weniger, als sich diese Realität hier von deiner erlebten materiellen Realität unterscheidet.

Ich hoffe, dass damit deine Fragen beantwortet sind und möchte den Unterricht in dieser für dich ungewohnten Umgebung für heute beenden. Ich wünsche dir eine sanfte Rückkehr in deine physische Hülle und anschliessend einen geruhsamen Schlaf. Uns allen wünsche ich, dass wir uns wieder einmal zu einer gemeinsamen Lektion treffen. "

Nachdem ich mich von Gilbert und Paul verabschiedet hatte und sie ihr Bedauern darüber ausgedrückt hatten, dass ich nun wieder in die materielle Welt zurückkehren müsse, begleitete mich mein Begleiter noch ein kurzes Stück vom Haus weg. *„Bis bald!"* „hörte" ich noch, dann war er mit einem Mal verschwunden. Ich liess mich wie gewohnt fallen und fand mich kurz darauf in meinem physischen Körper wieder.

Hinweise auf den Sinn des Lebens

Alle die Bemühungen meines Begleiters, mir verständlich zu machen, dass wir Menschen nicht im Sinne unserer Religionen beseelt sind, sondern dass wir in unserer körperlichen Erscheinung lediglich Ausdruck eines von vielen Aspekten einer individuellen Seele sind, vermochten in mir nicht das zu bewirken, was das Zusammentreffen mit meinem tatsächlichen Ursprung auslöste. Nicht, dass ich die Aussagen meines Begleiters bezweifelt hätte, aber irgendwie wirkten sie auf mich doch stets völlig abstrakt - sie schufen in mir ein Vakuum, weil er mir dieses etwas - die Seele -, das ich bisher als mir zugehörig empfunden hatte, durch seine Aussagen in gewissem Sinne entfremdete.

Erst durch die Begegnung mit meiner eigenen Seele war es mir möglich, das Wesen der menschlichen Natur zu verstehen. Erst dadurch habe ich begriffen, dass über und ausserhalb unserer körperlichen Erscheinung ein unendlich viel grösserer und mächtigerer Teil von uns existiert. Erst durch diese Begegnung habe ich die Aussage meines Begleiters, wonach der menschlichen Natur keinerlei Grenzen gesetzt sind, die sich der Mensch nicht durch seinen Verstand selber setzt, in seiner vollen Tragweite verstanden. Die Begegnung mit meiner Seele hat aus mir im wahrsten Sinne des Wortes einen anderen Menschen gemacht.

Wie es mir mein Begleiter versprochen hatte, ergab sich schon bald eine weitere Gelegenheit für ein solches Treffen. Er hatte mich tags zuvor angewiesen, mich nach dem Ausstieg aus meiner körperlichen Hülle auf die Vorstellungen zu konzentrieren, die ich mit dem ersten Treffen verband. Dadurch würde ich den Ort dieses ersten Treffens ohne Schwierigkeiten wieder finden und würde dort - wie er es nannte - erneut auf mein Gesamtselbst stossen. Er selbst wollte mich diesmal nicht begleiten, denn er vertrat die Ansicht, ich würde mittlerweile über genügend Erfahrung verfügen, um mich ausserhalb meines Körpers selbst zurechtzufinden, ohne dass ich mich in subjektive Realitäten verwickeln würde.

So war es also das erste Mal, dass sich mein Begleiter nicht neben mir befand, nachdem ich meine körperliche Hülle verlassen hatte. Die Gesetzmässigkeiten, mit denen man sich ausserhalb der physischen Hülle konfrontiert sieht, bereiteten mir keine Schwierigkeiten und doch war dieser Ausflug zu Beginn etwas ganz Besonderes. Dieses Besondere lässt sich am ehesten mit dem Gefühl vergleichen, das man hat, wenn man nach bestandener Führerscheinprüfung erstmals ohne Begleitung ein Auto fährt. Man weiss, dass man dazu in der Lage ist, tut nichts, das man nicht schon hundertfach getan hätte, und doch bewirkt das Fehlen der Begleitung ein ganz besonderes Gefühl.

Ohne Schwierigkeiten fand ich die Waldlichtung wieder, auf der das erste Treffen stattgefunden hatte. Einmal mehr wurde ich mit den Gesetzmässigkeiten dieser jenseitigen Dimension - dem Fehlen von Raum und Zeit nach unseren Begriffen - konfrontiert, was sich darin äusserte, dass ich den zurückgelegten Weg nicht wahrgenommen hatte. Sobald ich mir die Lichtung vorgestellt hatte, befand ich mich auch schon auf dieser.

Direkt vor mir stand ein riesiger, sonderbarer Felsbrocken. Ich war überzeugt davon, dass er beim ersten Mal nicht hier gestanden hatte. Er glitzerte in Silber- und Goldtönen und strahlte ein intensives, warmes Licht aus. Noch während ich ihn betrachtete, hatte ich das Gefühl, mit ihm zu verschmelzen. Dabei schaute ich ganz plötzlich aus einer völlig ungewohnten Perspektive auf die Waldlichtung. Ich sah mich von Felsen eingeschlossen, ohne dass ich das Gefühl hatte, mich dadurch weniger frei bewegen zu können oder sonst irgendwie eingeengt zu sein. Ich war weiterhin ich selbst, war mir bewusst, dass ich unabhängig von dem mich einschliessenden Felsen existierte und fühlte mich doch eins mit diesem. Ich versuchte, mich zu orientieren und schaute an mir herunter, aber da war nichts ausser Felsen - ich verfügte über keinen Körper mehr.

Ein mulmiges Gefühl stieg in mir hoch, weil ich befürchtete, mich in einer der durch meinen Begleiter oft geschilderten subjektiven Realitäten zu verlieren. Noch während ich das dachte, zog sich der Fels rund um mich herum zurück, und ich fand mich in meiner gewohnten ausserkörperlichen Hülle in einer Felshöhle, die gegen die Waldlichtung hin offen war. Augenblicklich verschwanden meine Befürchtungen und wurden durch ein angenehmes Gefühl der Geborgenheit abgelöst.

„Mach es dir bequem", hörte ich eine Stimme, die aus allen Richtungen gleichzeitig aus dem Felsen "sprach". Ich erkannte sofort die Stimme des „Lichtwesens", das mir beim ersten Treffen Informationen über die Natur der individuellen Seelen gegeben hatte.

Die Höhle war erfüllt von diesem mit Worten kaum zu beschreibenden warmen Licht, das alle mir bisher bekannten jenseitigen

Dimensionen erfüllt. Seine Intensität schien, während die Stimme „sprach", im Rhythmus der Vokale zu schwingen.

Ich setzte mich auf einen grossen Stein am Ausgang der Höhle und hatte dabei das Gefühl, als würde ich mich in einen Polstersessel setzen - der Stein war angenehm weich und schien sich an die Konturen meines „Körpers" anzuschmiegen.

„Ängstigt es dich, wenn ich mich auf diese Art mit dir unterhalte?", hörte ich die Stimme fragen.

"Nein, aber wo bist du, weshalb sehe ich dich nicht?", fragte ich zurück.

„Aber du siehst mich doch - du berührst mich ja!", antwortete die Stimme aus dem Felsen um mich.

„Bist du der Fels, der zu mir spricht?", fragte ich verunsichert und schalt mich im gleichen Augenblick für diese Frage, denn ich wusste ja unzweifelhaft, dass die Stimme dem Lichtwesen gehörte, das sich mir als „Repäsentantin" meines Gesamtselbst - meiner individuellen Seele vorgestellt hatte.

„Ich bin weder der Fels, noch bin ich das Lichtwesen, in dem ich mich dir bei unserem ersten Zusammentreffen gezeigt habe. Ich wählte diesmal lediglich eine für dich etwas aussergewöhnliche Form, um mich zu manifestieren. Das nächste Mal begegnest du mir vielleicht, indem ich dir als wunderschöne Blume, als edles Pferd oder als Engel erscheine. Letzteres ist sogar die am häufigsten gewählte Ausdrucksform, wenn eine individuelle Seele mit einem ihrer in Menschengestalt in der Materie verkörperten Aspekte in Verbindung tritt, weil es sich bei Engeln um die durch euch am ehesten akzeptierte Erscheinungsform „höherer" Wesen handelt."

„Danke, dass du das gesagt hast, denn erst jetzt verstehe ich, was mein Begleiter damit gemeint hat, als er darauf bestand, Engel seien keine von unserer Wahrnehmung unabhängigen Wesen. Ich habe das immer so verstanden, dass Engel in gewissem Sinne durch unsere eigenen Vorstellungen geschaffen würden."

„Das stimmt ja - aus einer umfassenden Perspektive beurteilt - auch! Wenn Engel in eurem Denken einmal als Realität akzeptiert worden sind - es reicht bereits, wenn ihre Existenz für euch nicht mehr grundsätzlich als unmöglich abgelehnt wird - dann wird sich eure individuelle Seele in Ausnahmesituationen dieser Ausdrucksform bedienen. Menschen, welche aufgrund ihrer Denkhaltung die entsprechenden Voraussetzungen erfüllen, können dann sogar in Anwesenheit vieler anderer Menschen eine „Engelserfahrung" haben, deren objektiver Realitätsgehalt für sie selbst ausser Zweifel steht, obwohl niemand der sonst Anwesenden diese Erscheinung sehen kann.

Engel sind ihrer Erscheinung nach also tatsächlich eure eigene Schöpfung. Unabhängig von eurer Wahrnehmung existiert in keiner Realitätsdimension ein Wesen in Engelsgestalt. Das hinter der Erscheinung Stehende ist aber genauso real wie ihr es in eurer über das materielle Erscheinungsbild hinausreichenden Natur seid, denn der Engel ist gleichen Ursprungs wie ihr - ihr seid ein Teil von ihm und er ist ein Teil von euch. Unsere Erscheinungsform wird also - wie dein Begleiter völlig richtig festgestellt hat - nicht unwesentlich durch eure Vorstellungen bestimmt, das bedeutet aber keineswegs, dass wir unserer Natur gemäss „Kreaturen" eurer Vorstellungen wären - ihr bestimmt lediglich bis zu einem gewissen Grad darüber, in welcher „Form" wir euch begegnen."

„Muss ich das so verstehen, dass auch die Elementargeister, also Sylphen, Nymphen, Kobolde, Wichtelmänner, Elfen, Feen, Wasserjungfrauen - und wie sie sonst noch genannt werden - Erscheinungsformen sind, in denen eine individuelle Seele ihrem materialisierten Aspekt - dem einzelnen Menschen - begegnen kann?"

„Auf gar keinen Fall, das ist vollkommen ausgeschlossen! Aus deiner Frage schliesse ich, dass ich noch einiges klarzustellen habe. Wenn ich dir sage, dass eine individuelle Seele euch als materialisierter Aspekt ihrer selbst in Engelsgestalt erscheinen könne, dann erfordert ein solcher Kontakt, dass ihr euch selbst in einem ausserkörperlichen oder zumindest in einem tief luziden Zustand befindet. Wie du weisst, kann sich keine individuelle Seele gleichzeitig in verschiedenen Formen in der Materie manifestieren. Diese Gesetzmässigkeit schliesst demnach a priori aus, dass ihr eurem Gesamtselbst in der Materie in irgendeiner sichtbaren Form begegnen könnt. „Engelserfahrungen" setzen also in jedem Fall voraus, dass ihr euch dabei in eurer Wahrnehmung jenseits der materiellen Dimension befindet. Bei den oft behaupteten Begegnungen mit dem eigenen „Schutzengel" handelt es sich ausschliesslich um „Begegnungen" auf emotionaler Ebene.

Was die durch dich angesprochenen „Elementargeister" anbetrifft, so sind sie, genauso wie ihr Menschen das seid, materialisierte - oder in ihrem Fall nicht selten teilmaterialisierte - Aspekte individueller Seelen. Es führt euch in eurer Erkenntnis des umfassenden Ganzen nicht weiter, wenn ihr euch mit bei euch zirkulierenden Theorien über die Natur dieser „Erscheinungen" auseinandersetzt. Insbesondere die Fragestellung, ob solche „Wesen" über oder unter dem Menschen anzusiedeln seien, sind in Kenntnis des umfassenden Ganzen absurd, weil nur der menschliche Verstand nach einer solchen - dem umfassenden Ganzen bestimmt nicht inhärenten - Hierarchie verlangt. Jede materielle Form ist die Summe einer unterschiedlich grossen Anzahl von Bewusstseinsfragmenten, die sich - völlig unabhängig von der Form, in der sie sich in der Materie manifestieren - in keiner Weise voneinander unterscheiden. Ich bin mir bewusst, dass die Gleichheit und Gleichwertigkeit jeder materiellen Erscheinungsform für den - in

seinen sich selbst auferlegten Gesetzmässigkeiten gefangenen - mensch-
lichen Verstand nicht fassbar ist.

Die „Elementargeister" sind also manifestierte Aspekte individuel-
ler Seelen, wie ihr Menschen es seid. Ihr Ursprung - also ihre indivi-
duelle Seele - manifestiert sich aber nicht (mehr) über Menschenge-
stalt in der Materie. Trotzdem materialisieren sie unter gewissen Vor-
aussetzungen Aspekte ihrer selbst, die aber - im Gegensatz zu euch
Menschen - keine eigenständigen Aufgaben übernehmen. Ihre Existenz
ergibt nur im Kontext der Aufgabe jener Menschen einen Sinn, denen
sie „erscheinen". Nachdem solche Wesen mit Sicherheit keinem Men-
schen „erscheinen", der den höheren Sinn seiner umfassenden Exi-
stenz in der Materie selbst gefunden zu haben glaubt, sondern aus-
schliesslich Menschen, welche sich bewusst auf dem spirituellen Weg
zurück zu ihrem Ursprung befinden - was Irrwege und Sackgassen
nicht ausschliesst! -, besteht ihre Aufgabe innerhalb des umfassenden
Ganzen gewissermassen in der Motivation dieser sich auf ihrem spi-
rituellen Weg befindlichen Menschen. Mit ihrem „Erscheinen" be-
stärken sie diese Menschen in ihrer Überzeugung, dass sich die um-
fassende Wahrheit hinter der materiellen Erscheinungswelt verbirgt."

„Das sind wertvolle Hinweise für mich. Etwas ist mir aber noch nicht
ganz klar: Ich habe zwar verstanden, dass „Elementargeister" den dazu
prädestinierten Menschen offensichtlich in unterschiedlichster materieller oder „halbmaterieller" Form „erscheinen" können. Was oder
wer bestimmt nun aber darüber, ob mir einer dieser "Elementargeister" als Wichtelmännchen in meinem Garten oder als Meerjungfrau
an einem einsamen Strand begegnet?"

„Diesen Entscheid fällt der betreffende Mensch unbewusst selbst.
Dein Begleiter hat schon bei unterschiedlichen Gelegenheiten auf die
Existenz von „Schwingungen" verwiesen, ohne das Thema bisher zu
vertiefen. Ich habe auch nicht die Absicht, ihm in dieser Hinsicht

vorzugreifen, denn was er dir diesbezüglich vermitteln konnte, reicht vollkommen zum Verständnis meiner Antwort auf deine Frage.

Menschen, die sich bewusst für einen spirituellen Weg entschieden haben, unterscheiden sich von der Masse der in den Verlockungen der Materie gefangenen Menschen durch ihre „Schwingung". Je transparenter die vermeintlichen Grenzen zwischen der materiellen und den immateriellen Dimensionen in der Wahrnehmung eines Menschen werden, desto „feiner" - oder im Sinne eurer Physiker, desto „höherfrequentiger" - ist das ihn umgebende Schwingungsfeld. Die durch „Erscheinungen" von „Elementargeistern" betroffenen Menschen unterscheiden sich demnach in ihrer Schwingungsfrequenz von jenen Menschen, für die solche Wesen Phantasiegebilde sind. Die „Erscheinungen" sind also insofern subjektiver Natur, als zu ihrer Wahrnehmung eine bestimmte Schwingungsfrequenz erforderlich ist. Diese Schwingungsfrequenz ist trotz des „gemeinsamen Weges" der betroffenen Menschen sehr individuell, und sie entscheidet letztlich darüber, in welcher materiellen Form sich im Einzelfall „Elementargeister" gegenüber dem einzelnen Menschen in der Materie manifestieren.

Die materielle Form, in der sich diese Wesen manifestieren, ist also nicht determiniert, sondern wird durch das Schwingungsfeld der betreffenden Menschen bestimmt. Auch innerhalb einer bestimmten Schwingungsfrequenz sind aber immer verschiedene „Erscheinungsformen" möglich. Die Wesen orientieren sich in ihrer individuellen „Erscheinungsform" zum Beispiel daran, wie sie bei dem betreffenden Menschen den grössten „Effekt" bewirken. Der Hinweis auf die Tatsache, dass fast ausschliesslich Männer von der Erscheinung von Nymphen berichten, ermöglicht dir ein besseres Verständnis dieser Aussage.

Ich hoffe, dass deine Frage damit beantwortet ist."

„Ja, danke."

„Wenden wir uns also wieder der durch mich gewählten „Erschei-
nungsform" zu:

Wie ich dir bereits gesagt habe, lässt sich meine - oder unsere - wah-
re Natur nicht über eine bestimmte Form ausdrücken. Der Fels kommt
also meiner wahren Natur genau so nahe, wie das Lichtwesen, der En-
gel, die Blume oder das edle Pferd. "

„Ich nehme an, dass du damit verhindern möchtest, dass ich mir eine
bestimmte bildliche Vorstellung von dir mache!?"

„Du hast meine Absicht begriffen. Es mag zwar auf dich etwas absurd
wirken, wenn ich als Fels zu dir spreche. Ich mache das aber gerade
deshalb, weil es mir ein Bedürfnis ist, dich davor zu bewahren, dass du
dein Gesamtselbst in deinem Denken mit einem bestimmten Bild ver-
bindest, so wie du deine materielle Existenz mit dem Bild deines Kör-
pers verbindest. Es dient dir nicht und würde dich dereinst in eine von
deinem Begleiter oft erwähnte subjektive Realitätsdimension führen,
wenn du mich in deinen Vorstellungen in eine bestimmte Form zwängst.

Ich repräsentiere in deinem Sinn deine individuelle Seele, doch wie
dir bereits dein Begleiter verständlich zu machen versuchte, handelt
es sich bei einer individuellen Seele nicht um etwas Formgebundenes.
Ich oder wir sind in eurem Sinne kein geschlossenes System - wir sind
kein Wesen, wir sind nichts von dem, was du dir als materielle oder
immaterielle Erscheinung vorstellen kannst und doch sind wir eine
nicht zu negierende objektive Realität - wären wir es nicht, dann wür-
dest du nicht existieren.

Da sich nach deiner bisherigen Wertung Realitäten in Form, Licht
oder Klang manifestieren, erleichtert es dir die Akzeptanz meiner ob-
jektiven Existenz, wenn ich mich vor dir in einer Form manifestiere,
die dir aus der materiellen Realität bekannt ist, auch wenn du meine

171

gegenwärtige Erscheinungsform darin nicht als bewusste Seinsform wahrnimmst.

Du zweifelst zwar keinen Augenblick daran, dass „über" dir als Individuum noch etwas anderes, etwas unendlich viel Grösseres oder Mächtigeres existiert. Aufgrund deiner bisherigen Erfahrungen verstehst du dieses über dir Stehende nicht mehr als Gott, wie das die Mehrheit der Menschen tut. Du weisst also, dass jene Eigenschaften und Fähigkeiten, welche die Menschheit seit jeher Gott zuschrieb, im wesentlichen die Eigenschaften und Fähigkeiten jeder individuellen Seele sind. Sie ist schöpferisch und - im Rahmen eurer erlebten Realität - allmächtig! Die wahre Natur Gottes dagegen entzieht sich sowohl eurem verstandes-gemässen, als auch eurem emotionalen Erfassen. Wenn ihr auf eurem spirituellen Weg eine vermeintliche Begegnung mit Gott zu spüren glaubt, dann seid ihr zwar möglicherweise eurem Schöpfer nahegekommen - aber euer Schöpfer ist nicht Gott, sondern eure individuelle Seele. "

„Du sagst, ich wüsste, dass es sich bei dem über mir Stehenden nicht um Gott, sondern um die individuelle Seele handle, der ich meine Existenz verdanke. Ich weiss das zwar nicht in dem Sinne, wie ich bisher Wissen definiert habe, aber ich spüre - nicht zuletzt durch die Begegnung mit dir - intuitiv, dass das der umfassenden Wahrheit entspricht. Trotzdem ist dieses intuitive Verstehen auch wieder sehr verwirrend, weil damit völlig neue Fragen auftauchen. Ich verstehe daher zum Beispiel weniger denn je meinen Bezug zu Gott. Ich bin mir zwar bewusst, dass meine Verständnisschwierigkeiten aus dem Bild resultieren, das ich mir aufgrund meiner Glaubensüberzeugungen von Gott und der Welt mache, doch bietet mir dieses Bild zumindest einen gewissen Halt. Im Gegensatz dazu verunsichern mich die diesbezüglichen Aussagen meines Begleiters in einem Masse, dass ich manchmal völlig die Orientierung verliere. Es kann ja aber nicht Sinn seines Unterrichts sein, mich zu desorientieren."

„Nein, das ist bestimmt nicht der Sinn seines Unterrichts, und du spürst ja selbst intuitiv, dass sein Unterricht, bei aller Verunsicherung, die er in dir bewirkt, dich doch auch der umfassenden Wahrheit näher bringt, als es dir je eine irdische Universität ermöglichen könnte. Versuche - um die Absichten deines Begleiters zu begreifen - das dir durch eure Schulen und Wissenschaften vermittelte Wissen als ein Gebäude zu betrachten. Es handelt sich dabei um ein Gebäude, das sehr sanierungsbedürftig ist. Je nach geplantem zukünftigen Verwendungszweck des Gebäudes mögen tiefgreifende Sanierungen ausreichen. Im Zusammenhang mit deiner Lebensaufgabe erwies sich aber, dass eine Sanierung keine Lösung mehr darstellt, weil es auf morschen Fundamenten steht. Dein Begleiter ist also gewissermassen gezwungen, das alte Gebäude bodeneben abzubrechen und auf einem gesunden, tragfähigen Fundament für dich ein neues (Wissens-)Gebäude aufzubauen.

Mit anderen Worten: Die wissenschaftlichen Erkenntnisse, aus denen eure Gesellschaft ihr (vermeintliches) Wissen schöpft, gründen auf einem dermassen falschen Bild der umfassenden Realität, dass es nicht möglich ist, durch Richtigstellung einzelner Theorien der umfassenden Wahrheit näher zu kommen. Nachdem nun aber dein eigenes, bisheriges Bild der Realität auf den Erkenntnissen eurer Wissenschaften gründet, ist es verständlich, dass deren Infragestellung bei dir zu einer gewissen Desorientierung führt. Bedenke aber auch, dass dir dein Begleiter durch die besonderen Umstände Anschauungsunterricht bieten kann, während sich die meisten Menschen mehr und mehr in einem Vakuum fühlen, weil sie intuitiv wissen, dass eure Wissenschaftler nie in der Lage sein werden, die drängendsten Fragen der Menschheit zu lösen, und sie euch auch kein treffendes Bild des übergeordneten Ganzen, in das die Menschheit eingebunden ist, vermitteln können."

„Das ist schon richtig, nur das mir vermittelte Wissen ist für mich trotzdem von relativem Wert, es versetzt mich zum Beispiel ja auch nicht in die Lage, diese drängendsten Fragen der Menschheit zu lösen".

„Du kannst sie aber - im Gegensatz zu den Wissenschaftlern - nicht deshalb nicht lösen, weil du in der falschen Richtung nach Lösungen suchst, sondern dein Unvermögen resultiert aus der Erkenntnis, dass die Menschheit diese Lösungen nicht akzeptieren würde. "

„Entweder überschätzt du meine Fähigkeiten oder ich unterschätze sie, doch das scheint mir im Moment gar nicht so wichtig. Jedenfalls sind mir die mir vermittelten Erkenntnisse in meiner erlebten materiellen Realität kaum dienlich; sie bringen mich sogar immer wieder in Versuchung, die Menschheit und davon insbesondere ihre Führer, die sich selbst als Elite verstehen, als dumm und ignorant zu qualifizieren."

„Die Versuchung, der du dich ausgesetzt fühlst, resultiert daraus, dass es dir immer noch schwer fällt, zu akzeptieren, dass der Ursprung jedes Menschen, also die individuellen Seelen, genau gleich weit entwickelt sind und deshalb auch kein Mensch in der Entwicklung seines Gesamtselbst über einem anderen steht, mögen ihre individuellen Biografien in der materiellen Realität euch auch zu derart falschen Schlüssen verleiten. Der Sinn dessen, was dir dein Begleiter vermitteln kann, liegt nicht darin, dass du dich nicht trotzdem mit den alltäglichen Fragen deiner materiellen Existenz auseinandersetzen musst. Diesbezüglich hast du aus diesen Erkenntnissen tatsächlich keinen Vorteil zu erwarten. Ganz im Gegenteil können sie, wie du selbst schon festgestellt hast, im Alltag sogar erschwerend sein.

Du bezweifelst nun aber den Sinn der dir vermittelten Erkenntnisse gerade deshalb, weil du daraus keinen direkten Nutzen für deine erlebte materielle Realität ableiten kannst. Du suchst nach dem Sinn deiner Erfahrungen, der daraus abgeleiteten Erkenntnisse und damit letztlich nach dem Sinn deines Lebens. "

„Genau das ist es, was ich sagen will."

„Ob du in deinem Sein und den Erfahrungen, die dieses gestalten, einen Sinn zu erkennen vermagst, liegt ausschliesslich daran, welches Selbstbildnis du von dir hast - in welchem Kontext du dein eigenes Sein im Sein des umfassenden Ganzen siehst. Dass das zeitgemässe Selbstbildnis, das die Menschheit von sich hat, in vielem, was euch tagtäglich widerfährt, keinen Sinn aufzuzeigen vermag, ist nicht weiter verwunderlich. Ihr verkennt in eurer Wertung des Geschehens, dass sich das umfassende Gesetz in seiner „Logik" am Wohle des umfassenden Ganzen orientiert.

Das Erleben, die Erfahrungen und Erkenntnisse des Individuums ergeben der „Logik" des umfassenden Gesetzes folgend nur dann einen Sinn, wenn sie aus einer umfassenden Perspektive beurteilt werden, oder anders gesagt, das umfassende Gesetz kennt keinen individuellen Sinn des Seins, wie ihr das versteht, deshalb führt auch die Suche danach bestenfalls in eine Sackgasse des Denkens!"

"Willst du damit sagen, dass die Frage, welche jeden Menschen seit Urzeiten beschäftigt, also die Frage nach dem Sinn seines Lebens, ohne Aussicht auf die richtige Antwort ist, weil es eine solche Antwort gar nicht gibt?"

„Selbstverständlich gibt es eine Antwort auf diese Frage. Nur widerspricht diese so sehr eurem eigenen Selbstbildnis und der daraus abgeleiteten Suche nach einem individuellen Sinn eures Seins, dass ihr diese Antwort nicht finden könnt. Massgebend dafür, ob eine Antwort der umfassenden Wahrheit entspricht, ist doch, dass sich bereits die ihr zugrundeliegende Fragestellung an dieser umfassenden Wahrheit orientiert. Weil ihr aber den Sinn eures Seins im individuellen Erleben sucht und in dieser Suche noch durch mehrheitlich völlig absurde Reinkarnations- und Karmatheorien unterstützt werdet, ist es aussichtslos, dass ihr - auf der Grundlage dieser Denkhaltung - eine Antwort findet, die mit der umfassenden Wahrheit übereinstimmt."

„Das heisst, eine Antwort nach dem Sinn meines individuellen Seins, meiner Erfahrungen, meines Leidens usw. kann ich nur finden, wenn ich nach ihrem Sinn im Rahmen des umfassenden Ganzen - also der Schöpfung insgesamt - suche?"

„Richtig! Die Existenz des Individuums - und damit auch die darin enthaltenen Erfahrungen - erhält ihren Sinn aus dem Sinn der Existenz des Kollektivs, oder wie es dein Begleiter bei anderer Gelegenheit formuliert hat: Eure Einbindung in ein grösseres Ganzes schwächt - entgegen eurer Wertung - nicht die Individualität, sondern sie begründet sie erst.

Erinnere dich auch daran, was dir dein Begleiter über das Geschehen vermittelt hat, das ihr als Schöpfung versteht. Alles, was ihr der Schöpfung zuordnet, ist gewissermassen eine Schlaufe, die im ursprünglichen Schöpfungsplan nicht vorgesehen war, und in sich selbst dem einzigen Sinn und Ziel folgt, diesen ursprünglichen Schöpfungsplan doch noch zu erfüllen. Wir, die individuellen Seelen, müssen uns mit der durch uns geschaffenen Realität, mit unserer eigenen Schöpfung auseinandersetzen, alle die darin enthaltenen Erfahrungsmöglichkeiten ausschöpfen, um schliesslich zu der Erkenntnis zu gelangen, die es uns ermöglicht, dem Sinn unseres Seins folgend, wieder aktiv an der Umsetzung des ursprünglichen Schöpfungsplanes mitzuwirken.

Natürlich kennt das Kollektiv der individuellen Seelen längst den Sinn seiner Existenz und damit auch seine Aufgabe; das entbindet uns aber nicht davon, unseren einstmaligen Entscheid - uns unabhängig von der „göttlichen" Führung schöpferisch zu betätigen - in all seinen Konsequenzen zu erfahren. Ihr Menschen, als verkörperte Aspekte individueller Seelen, seid eine dieser Konsequenzen. So wie die Gesamtheit der individuellen Seelen, alle Erfahrungen machen müssen, die sich aus ihrer eigenen Schöpfung ergeben, so muss die Menschheit

*alle in der materiellen Realität denkbaren Erfahrungen machen, um
zu der Erkenntnis zu gelangen, die es schliesslich den individuellen
Seelen ermöglicht, auf weitere Manifestationen materieller Art zu verzichten.*

*So wie jede individuelle Seele ihre Manifestationen in den Dienst
des Kollektivs oder der Gesamtheit aller individuellen Seelen stellt
und ihre Manifestationen nur unter diesem Gesichtspunkt einen Sinn
ergeben, so ergibt auch die Existenz des einzelnen Menschen, der in
jeder Dimension, in der er sich aufhielt, aufhält und aufhalten wird,
eine solche seelische Manifestation darstellt, nur unter diesem Gesichtspunkt einen Sinn. Du kommst dem Sinn des individuellen menschlichen Lebens also nicht näher, wenn du diesen in vermeintlichen Konsequenzen aus früheren Leben - wie das eure Reinkarnations- und Karmatheorien weismachen wollen - suchst. Deine Existenz in der materiellen Realität gründet auf einem Plan, den du mit deinem Gesamtselbst erarbeitet hast. Die Erfahrungen, die du während dieser materiellen Existenz machen sollst und machen wirst, dienen der Aufgabe,
die unser Gesamtselbst im Interesse der Gesamtheit aller individuellen Seelen übernommen hat.*

*Du hast - als dir deiner selbst bewusster Teil unseres Gesamtselbst -
vor deiner Geburt in der materiellen Realität in anderen, nichtmateriellen Dimensionen Erfahrungen und Erkenntnisse gesammelt, die
ebenso der Erfüllung jener Aufgaben dienten, die unser Gesamtselbst
im Dienste der Gesamtheit aller individuellen Seelen übernommen hat.
Die dabei gemachten Erfahrungen und die daraus abgeleiteten Erkenntnisse haben dich dazu prädestiniert, in dieser Zeitepoche eine
Aufgabe in der materiellen Realität zu übernehmen. Deine Existenz in
der materiellen Realität ist also vollkommen unbelastet von Konsequenzen aus „früheren" materiellen Existenzen, denn eine solche erscheint in eurer „Biografie" als selbstbewusster Teil eures Gesamtselbst nicht."*

„Da ist aber mein Begleiter anderer Ansicht", wandte ich ein, denn ich erinnerte mich daran, dass mir mein Begleiter bei unserem ersten Zusammentreffen, im Zusammenhang mit unserer gemeinsamen Aufgabe erklärt hatte, ich hätte mich freiwillig für den schwierigeren Part dieser Aufgabe entschieden, was bedingt habe, dass ich mich für eine weitere Inkarnation in einem materiellen Körper entschieden hätte.

„Dein Begleiter hat in dir einen sehr aufmerksamen Schüler. Er hat natürlich recht. Ich präzisiere meine letzte Aussage: Eine „frühere" materielle Existenz erscheint in eurer „Biografie" als selbstbewusster Teil eures Gesamtselbst i n a l l e r R e g e l nicht. Die Ausnahmen von dieser Regel sind äusserst selten - derzeit lebt gerade einmal eine Handvoll dieser Wesen unter euch. Bei ihnen handelt es sich in eurem Sinne tatsächlich um „Reinkarnierte", und trotzdem ist auch ihre derzeitige materielle Existenz in keiner Art und Weise karmisch vorbelastet.

Als selbst Betroffener hast du natürlich das Recht, die Gründe für diese seltenen Fälle von Reinkarnation zu erfahren. Dazu musst du dich an die Aussagen deines Begleiters erinnern, wonach jede individuelle Seele über Manifestationen von Teilaspekten ihrer selbst Erfahrungen in einer unendlichen Vielzahl von Realitätsdimensionen macht. Der „Aufenthalt" in den einzelnen Realitätsdimensionen wird dadurch bestimmt, in welcher Dimension die Fähigkeiten der individuellen Seele im Dienste der Aufgabe der Gesamtheit aller individuellen Seelen am besten zum Tragen kommt. Neben Realitätsdimensionen, in denen jede individuelle Seele über Aspekte ihrer selbst zwingend Erfahrungen machen muss - eine davon ist die materielle Realität -, existiert eine Vielzahl von Realitätsdimensionen, in denen nur wenige Seelen aufgrund der ihnen innewohnenden besonderen Fähigkeiten Erfahrungen machen. Da - wie gesagt - jede individuelle Seele mit allen anderen in untrennbarer Verbindung und Interaktion steht, partizipiert dennoch die Gesamtheit der individuellen Seelen an diesen Erfahrungen.

Du kannst aus dem Gesagten ableiten, dass zwar jede Seele über individuelle Fähigkeiten verfügt, die sie durch ihre Manifestationen in den unterschiedlichsten Realitätsdimensionen erworben hat, dass aber letztlich doch alle individuellen Seelen über den gleichen „Entwicklungsstand" verfügen. Dasselbe gilt für die einzelnen sich ihrer selbst bewussten Teile der individuellen Seelen. Jeder Teil eines Gesamtselbst verfügt über individuelle Fähigkeiten, welche Voraussetzungen für die Übernahme von Aufgaben in ganz bestimmten Realitätsdimensionen darstellen, und doch partizipieren auch hier wieder alle anderen Teile des Gesamtselbst an der durch diesen Teil gemachten Erfahrungen. Die Summe der individuellen Fähigkeiten der Teile eines Gesamtselbst ist danach entscheidend dafür, in welchen Realitätsdimensionen die individuelle Seele im Dienste der Gesamtheit Aufgaben übernehmen kann; denn wie gesagt, nicht jede individuelle Seele manifestiert Aspekte ihrer selbst in jeder existierenden Realitätsdimension.

Was eure materielle Realität anbetrifft, so muss darin zwar jede Seele Erfahrungen machen, aber nicht jede ist aufgrund ihrer individuellen Fähigkeiten für jede Aufgabe geeignet, die sich der Gesamtheit der Seelen darin stellt. Auf die Art der Erfahrungen, die jedes Gesamtselbst in der materiellen Dimension zwingend selbst machen muss, wird dein Begleiter sicher noch eingehen. Abgesehen von diesen Erfahrungen, manifestiert sich die individuelle Seele nur dann in der materiellen Realität, wenn sie - oder präziser gesagt, einzelne Teile ihrer selbst - über spezifische Fähigkeiten verfügt, die es ihr ermöglichen, Aufgaben zu übernehmen, die sich der Gesamtheit stellen. Verfügt sie nicht über die gefragten Fähigkeiten, dann zieht sie sich vorübergehend oder auch dauernd aus einer Realitätsdimension zurück, das heisst, auf eure materielle Dimension bezogen, sie erschafft keine weiteren materiellen Formen mehr, sondern setzt ihr Werden in einer anderen Erfahrungsdimension fort.

Ob sich eine individuelle Seele aus der materiellen Dimension zurückzieht, also ihren Zyklus von Manifestationen in der Materie abge-

schlossen hat, wird nicht - wie euch das eure Reinkarnationstheorien weismachen wollen - dadurch bestimmt, dass es sich bei ihr nun um eine "vollkommene Seele" handelt, sondern einzig dadurch, ob sie über spezifische Fähigkeiten verfügt, die es ihr ermöglichen, Aufgaben zu übernehmen, die sich dem grösseren Ganzen in der Materie überhaupt noch stellen. „Vollkommen" - aber auch dann nicht in eurem Sinn - ist die individuelle Seele erst dann, wenn die Gesamtheit der Seelen diesen „Status" erreicht hat - sie befinden sich nicht in einem Wettbewerb um individuelle Vollkommenheit!

Wenn die Gesamtheit der individuellen Seelen dereinst alle Erfahrungen gemacht hat, die sich aus der Existenz der materiellen Realität ergeben, dann wird diese ihren „Zweck" im umfassenden Ganzen erfüllt haben und wird aufhören zu existieren. Ihr Ende wird aber nichts mit euren Vorstellungen vom Ende der Zeit gemeinsam haben, denn sie hört auf zu existieren, weil eure individuellen Seelen ihre Wahrnehmung von ihr abwenden. Ihr Traum, der zur Existenz der materiellen Realität - wie ihr sie wahrnehmt - geführt hat, wird sich auflösen und damit eben auch die materielle Realität als „Trauminhalt". Doch davon, alle Erkenntnisse gewonnen zu haben, die sich aus der Existenz der materiellen Realität ergeben, ist die Gesamtheit der individuellen Seelen noch weit entfernt. Sie werden also weiterhin Aspekte individueller Seelen mit Aufgaben betrauen und durch die daraus gewonnenen Erkenntnisse dem Ziel ihres Werdens näher kommen.

Kehren wir in unseren Betrachtungen aber nun zurück zu jenen individuellen Seelen, die ihren Zyklus von Manifestationen in der Materie abgeschlossen haben. Es ist dir also klar, dass diese nicht zwingend über mehr Erfahrung mit materiellen Manifestationen verfügen als jene individuellen Seelen, die sich weiter über materielle Formen manifestieren.

Das Zurückziehen aus einer Realitätsdimension ist also nicht gewissermassen die „Belohnung" dafür, dass diese individuelle Seele alle in dieser Dimension möglichen Erfahrungen gemacht und alle daraus ableitbaren Erkenntnisse gewonnen hätte. Vielmehr sind ihre spezifischen Fähigkeiten der Gesamtheit aller individuellen Seelen in dieser Dimension nicht mehr dienlich, weshalb sie sich Aufgaben in anderen Realitätsdimensionen zuwendet, wo sie ihre spezifischen Fähigkeiten im Dienste des grösseren Ganzen zum Tragen bringen kann.

Nun setzt sich ja die individuelle Seele aus der Summe ihrer selbstbewussten Teile zusammen - auch wenn sie ihrer Natur gemäss mehr als die Summe dieser Teile ist. Wenn sich - um ein einfach verständliches Beispiel zu wählen - die individuelle Seele dreimal in menschlicher Gestalt in der Materie manifestiert, dann handelt es sich jedesmal um einen anderen Teil des Gesamtselbst, der entsprechend seiner spezifischen Fähigkeiten einer bestimmten Aufgabe dient. In aller Regel - und damit schliessen wir den Kreis - wird keiner dieser Teile, nachdem er seine Aufgabe erfüllt hat, jemals wieder in die gleiche Realitätsdimension zurückkehren, denn es werden andere materialisierte Aspekte individueller Seelen folgen, die über jene spezifischen Fähigkeiten verfügen, welche für die Aufgabenstellung innerhalb einer Zeitepoche dienlich sind.

Du darfst dir das auch keineswegs so vorstellen, dass jeweils nur eine individuelle Seele - respektive einer ihrer Teilaspekte - über die genannten spezifischen Fähigkeiten verfügt. Weil ihr eben den Sinn eures Seins in eurem individuellen Erleben sucht, erkennt ihr nicht, dass dieses Sein immer im Dienste eines Planes steht, an dem gleichzeitig eine Vielzahl von Menschen beteiligt sind. Alle diese Menschen verfügen über jene Fähigkeiten, die zur Erfüllung dieses Planes erforderlich sind. Jede Zeitepoche kennt ihre eigene Aufgabenstellung - wobei der Begriff „Zeit" dir einmal mehr lediglich als Orientierungshilfe dient - und erfordert entsprechend unterschiedliche Fähigkeiten. Jene Teile individueller Seelen, die sich zum Beispiel vor fünfhundert

Jahren aufgrund ihrer spezifischen Fähigkeiten in Menschengestalt materialisiert haben, wären nicht dazu geeignet, die sich der Gesamtheit aller individuellen Seelen in eurer Zeitepoche stellenden Aufgaben zu bewältigen, auch wenn sie „zwischenzeitlich" selbstverständlich in anderen Realitätsdimensionen neue Erkenntnisse und damit neue Fähigkeiten „erworben" haben, die aber von der Aufgabenstellung her in der materiellen Dimension nicht von Nutzen sind.

In jeder Zeitepoche wurde und wird die Gesamtheit der individuellen Seelen und damit auch deren „Instrument", die Menschheit, mit Aufgaben konfrontiert, die sich aus dem Denken und Handeln dieses „Instrumentes" erst ergeben. Der freie Wille, über den ihr verfügt, ermöglicht es euch, euer Leben so zu führen, dass der Plan eurer individuellen Seelen zumindest zeitweise vollkommen negiert wird. Das führt für die anderen am gleichen Plan beteiligten Menschen zu einer Situation, die sie mittels ihrer auf eben diesen Plan abgestimmten Fähigkeiten nicht bewältigen können. Solange es sich um einzelne „Abweichler" handelt, stehen den individuellen Seelen Korrekturmöglichkeiten zur Verfügung. Eine dieser Korrekturmöglichkeiten ist die Krankheit. Entweder das Individuum findet über die Aufarbeitung seiner Krankheit zurück zum „Plan", also zurück zum eigentlichen Sinn seines Seins, oder - falls das Individuum zu der dazu erforderlichen Erkenntnis nicht in der Lage ist - die Krankheit wird von der individuellen Seele als „Instrument" der Todeserfahrung ihres materialisierten Aspektes eingesetzt. Letzteres führt dann dazu, dass die in den gleichen Lebensplan Involvierten intuitiv erfassen, dass sie diesen ohne den verstorbenen Menschen umsetzen müssen, was in der Regel auch gelingt.

Lebenspläne „binden" also immer ein mehr oder weniger grosses Kollektiv an eine bestimmte Aufgabe. Neben Aufgaben, in die Menschen aus einer Familie bis zu einer ganzen Nation „verwoben" sind, kennt das Werden der individuellen Seelen aber auch grössere „Entwürfe", in welche zum Beispiel Rassen, Religionen, Geschlechter

oder die Menschheit als Ganzes eingebunden sind. Weigern sich die-
se, zum Beispiel aufgrund zeitgemässer Wertvorstellungen, diesen Plan
zu erfüllen, dann reichen die genannten Korrekturinstrumente nicht
mehr aus, die dadurch entstandene Situation zu bereinigen.

Damit wären wir nun bei den erwähnten Ausnahmen, welche die Re-
gel - wonach es keine Reinkarnation in materiellen Formen gibt - be-
stätigen: In der genannten Situation können sich individuelle Seelen,
welche ihren Zyklus von Manifestationen in der materiellen Dimensi-
on abgeschlossen haben, im Interesse der Gesamtheit der individuel-
len Seelen dazu entschliessen, die Inkarnation eines ihrer Aspekte ge-
wissermassen zu wiederholen. In diesem Fall wird dieser Aspekt - der
nun tatsächlich über Erfahrungen aus einer früheren Inkarnation ver-
fügt und sich dieser auch mehr oder weniger klar bewusst ist - mit ei-
ner Aufgabe versehen, welche dazu dient, die Voraussetzungen dafür
zu schaffen, dass der Plan der Gesamtheit aller Seelen innerhalb ei-
ner bestimmten Zeitepoche doch noch umgesetzt wird.

Die Fähigkeiten, die diesen Seelenaspekt dazu prädestinieren, eine
solche Aufgabe zu übernehmen, hat er aus den Erkenntnissen gewon-
nen, die er aus seinen Erfahrungen während seiner materiellen Exi-
stenz in einer früheren Zeitepoche, aber auch - und dies in grösserem
Masse - durch seine Erfahrungen in jenseitigen subjektiven Rea-
litätsdimensionen abgeleitet hat. Es handelt sich bei ihnen ausnahmslos
um Seelenaspekte, die sich in solchen jenseitigen subjektiven Rea-
litätsdimensionen sehr intensiv mit den schmerzhaften Konsequenzen
ihres eigenen Denkens und Handelns aus ihrer materiellen Existenz
auseinandersetzen mussten und deshalb vom Wunsch getrieben wer-
den, anderen Menschen solche Erfahrungen zu ersparen.

Solche Menschen verfügen dann - nicht nur was die Erfahrung in
der materiellen Realität anbelangt - tatsächlich über „Wissen“, das
sie über andere Menschen „erhebt“. In aller Regel hat aber das Wirken

dieser Menschen nichts Spektakuläres an sich, sondern es erfolgt in aller Stille, und die Menschheit wird von ihrer Existenz keine Notiz nehmen. Sie selbst sehen in ihrem Wirken auch keineswegs etwas Aussergewöhnliches. Um Missverständnissen gleich vorzubeugen sei auch gleich erwähnt, dass es sich bei diesen Menschen weder um - in eurem Sinne - Heilige oder Erleuchtete handelt, noch werden sie als grosse Staatsführer in Erscheinung treten. Grundsätzlich unterscheiden sie sich in eurer Wahrnehmung durch nichts von anderen Menschen ihrer Zeitepoche.

Neben diesen Ausnahmefällen von tatsächlicher Reinkarnation existiert noch eine beträchtliche Anzahl von Fällen, wo die betroffenen Menschen gewissermassen eine - wie es dein Begleiter genannt hat - „Komplementärinkarnation" erfahren. Solche Wesen sind nicht mit einer Aufgabe betraut, die sie im Dienste der Gesamtheit aller individuellen Seelen übernommen haben, sondern ihre Lebensaufgabe besteht darin, Aufgaben im Dienste ihres Gesamtselbst zu erfüllen, die ein vorher inkarnierter Aspekt desselben Gesamtselbst nicht oder nicht vollständig erfüllt hat. Bei diesen „Komplementärinkarnationen" ist zu unterscheiden zwischen Wesen, die selbst ihre Aufgabe in der materiellen Dimension nicht erfüllt haben und solchen, die Aufgaben gewissermassen für einen anderen materialisierten Aspekt des Gesamtselbst vollenden."

„Kannst du mir das mit einem Beispiel verdeutlichen?"

„Bei denen, die eine „Komplementärinkarnation" erfahren, weil sie selbst in ihrer vergangenen Inkarnation die ihnen gestellte Lebensaufgabe nicht erfüllt haben, handelt es sich um Menschen, die freiwillig aus ihrem damaligen Leben geschieden sind. Ihre „Komplementärinkarnation" dient einzig dem Zweck, dass sie ihrer Verpflichtung im Rahmen der Aufgabenstellung ihres Gesamtselbst nachkommen und jene Erfahrungen machen, die der eigentliche Sinn ihrer damaligen

materiellen Existenz waren. Dein Begleiter hat dir zugesagt, dass er diese Thematik noch ausführlich mit dir erörtern wird. Deshalb möchte ich das nicht zu sehr vertiefen."

„Ich möchte trotzdem eine Zwischenfrage stellen: Haben die Gründe, die einen Menschen dazu gebracht haben, sich selbst das Leben zu nehmen, einen Einfluss darauf, ob er seine einstmalige Aufgabe im Rahmen einer „Komplementärinkarnation" doch noch zu erfüllen hat?"

„Nein, diese „mildernden Umstände" kennt das umfassende Gesetz nicht. Im Gegensatz zu eurer Wertung steht es euch - nachdem ihr euch im Dienste eures Gesamtselbst für eine Aufgabe in der materiellen Dimension entschieden habt - nicht zu, über euer Sein oder Nichtmehrsein in der materiellen Dimension zu entscheiden. Euer Leben ist nicht euer Eigentum, über dessen Sein oder Nichtmehrsein ihr frei verfügen könnt. Ihr verstosst genauso gegen das umfassende Gesetz, wenn ihr euch selbst tötet, wie wenn ihr das mit einem anderen Menschen oder sonst einem Teil der Schöpfung tut. Doch das weisst du selbst ja längst - auf was willst du also mit deiner Frage hinaus?"

„Auf den Tod eines Freundes, der nach einem Unfall, der ihn zum Tetraphlegiker gemacht hat, keinen Sinn mehr in seinem Leben sah und jeden Menschen, der ihm nahestand darum bat, die lebenserhaltenden Geräte abzuschalten. Obwohl ich seinen Wunsch verstehen konnte, war ich nicht fähig, es zu tun, irgend etwas in mir sträubte sich dagegen. Schliesslich hat er aber doch jemanden gefunden, der die Geräte abgeschaltet hat und - auch wenn es dir sicher nicht gefällt - ich habe grosse Achtung vor dem Menschen, der es getan hat und fühle mich kein bisschen besser, weil nicht ich es war. Was ich mich seither aber immer gefragt habe ist, ob dieser Mensch nun im Sinne des umfassenden Gesetzes ein Mörder und mein Freund, der ihn darum gebeten hat, ein Selbstmörder ist. Ich wäre dir dankbar, wenn du mir diese Frage beantworten könntest."

„Du vermutest falsch, wenn du davon ausgehst, es gefalle mir nicht, dass du vor dem Menschen, der diese Geräte abgeschaltet hat, grosse Achtung hast. Er verdient deine Achtung! Er ist weder ein Mörder, noch ist dein Freund ein Selbstmörder. Sie beide haben nicht Leben verhindert, sondern Sterben ermöglicht, das durch die Ärzte verunmöglicht wurde. Das Leben deines Freundes war mit dem Unfall abgeschlossen; mittels der medizinischen Technik hätten die Ärzte ihm aber das Sterben noch während vieler Jahre verwehren können, obwohl das, was sie damit erreicht hätten - aus der Sicht deines Freundes - nie als Erhaltung seines Lebens, sondern immer als Verhinderung seines Sterbens verstanden worden wäre.

Ich möchte aber, dass du meine Antwort nicht missverstehst: Was ich dir soeben gesagt habe, bezieht sich explizit auf deinen Freund. In anderen Fällen kann die Erfahrung, welche ein Mensch aus einem solchen Zustand schöpfen kann, sehr wohl sinn- und wertvoll sein. Solche Fragen lassen sich nie allgemeinverbindlich beantworten. Zwar verstossen die Ärzte, die Sterben verhindern und es „Leben erhalten" nennen, gegen das umfassende Gesetz. Andererseits basiert ihr Handeln auf eurem Verständnis von "Werterhaltung". Die überwiegende Mehrheit der in eurer Zeitepoche lebenden Menschen bewertet deshalb das Handeln dieser Ärzte als im höchsten Grade ethisch und wird Mühe bekunden, meine Aussage zu akzeptieren.

Solange ihr an eurer Wertung menschlichen Lebens festhaltet, bieten medizinischer „Fortschritt" und Medizinaltechnik dem Inidividuum also immer auch neue Möglichkeiten, die Umstände, unter welchen es die Erfahrungen seiner Lebensaufgabe machen will, zu gestalten. Leider ist es aber so, dass die Nutzung solcher Möglichkeiten je länger je mehr nicht mehr freiwillig ist, sondern zum Zwang wird. Wenn sich ein Mensch einmal in die Obhut der Mediziner begeben hat, dann wird er sehr schnell entmündigt - schliesslich wissen nur die Mediziner, was gut und erstrebenswert für ihn ist. Entscheidet sich ein solcher Mensch dann dazu, sein durch die Medizin verhindertes - oder zumindest hinausgezögertes - Sterben dadurch durchzusetzen, dass er durch eigene Einwirkung - oder auf seinen ausdrücklichen Wunsch auch durch die Hilfe anderer Menschen - aus dem Leben scheidet, dann handelt es sich im Sinne des umfassenden Gesetzes weder um Selbsttötung noch um Tötung durch Fremdeinwirkung. Leiden allein - und mag dieses von euch als noch so unerträglich erfahren werden - ist aber im Sinne des umfassenden Gesetzes niemals ein akzeptabler Grund, sein Leben freiwillig zu beenden. Massgebend für ein Handeln in Übereinstimmung mit dem umfassenden Gesetz ist die Voraussetzung, dass ein Mensch ohne - die bereits erfolgte - medizinische Einwirkung sterben könnte oder schon gestorben wäre.

Aufgrund deiner Frage haben wir uns aber etwas im Detail verloren, und wir sollten uns nun jenen Menschen zuwenden, die „Komplementärinkarnationen" erfahren, die nicht im eigenen „Verschulden" begründet sind. Wie angedeutet, vollenden diese Menschen die Aufgabe eines anderen Aspektes ihres Gesamtselbst, welche dieser während seiner materiellen Existenz nicht oder nicht vollständig erfüllt hat."

„Würdest du mir bitte auch dazu ein Beispiel nennen?"

„Wie du weisst, hat jeder Mensch die Konsequenzen seines Denkens und Handelns während seines Lebens nach dem definitiven Verlassen der materiellen Dimension durch Erfahrungen in anderen Realitätsdimensionen selbst zu tragen. Sein Gesamtselbst ist durch diese Konsequenzen nicht direkt tangiert, das heisst, es wird - unabhängig der Erfahrungen, die sein ehemals materialisierter Aspekt in der Folge macht - über andere Aspekte seiner selbst in Menschengestalt neue Aufgaben im Dienste der Gesamtheit aller individuellen Seelen übernehmen. Hat nun aber einer dieser materialisierten Aspekte die Aufgabe, welche die individuelle Seele übernommen hat, nicht oder nicht vollumfänglich erfüllt, dann ist diese „gezwungen", ihre nächste

Manifestation in der Materie erneut in den Dienst derselben Aufgabe zu stellen, um ihre „Schuld" gegenüber der Gesamtheit abzutragen.

Du musst dir bewusst sein, dass die Lebensaufgabe, die ein seelischer Aspekt im Dienste seines Gesamtselbst - und damit im Dienste der Gesamtheit aller Seelen - übernimmt, nur in seltenen Fällen das ist, was ihr unter einer „angenehmen" Aufgabe versteht. Das bedeutet aber keineswegs, dass euer Gesamtselbst aus angenehmen Erfahrungen nicht gleichwertige Erkenntnisse gewinnen könnte, wie aus denen, die mit Leiden verbunden sind. Nur gilt das leider nicht für euch Menschen; schmerzhafte Erfahrungen zwingen euch zu Veränderung - zu Bewegung - zum Loslassen, denn niemand von euch will in einer schmerzhaften Erfahrung steckenbleiben. Angenehme Erfahrungen dagegen führen dazu, dass ihr diese konservieren, festhalten wollt. Um euch und damit euer Gesamtselbst zu bewegen - weiterzuentwickeln - bedarf es deshalb der schmerzhaften Erfahrungen. Erinnere dich daran, was dir dein Begleiter gesagt hat: Die der Schöpfung innewohnende Gesetzmässigkeit erfordert und ist Bewegung. Stillstand, verharren in einer Situation oder einem Zustand - und mögen sie in eurer Wertung noch so angenehm und erstrebenswert sein - bedeutet, sich gegen die der Schöpfung inhärente Gesetzmässigkeit zu stellen und das führt zu Leiden.

Du hast nach einem Beispiel für eine nicht oder nicht vollständig erfüllte Lebensaufgabe gefragt, die dazu führt, dass eine individuelle Seele ihre nächste Manifestation in der Materie wieder mit der gleichen Aufgabe betrauen muss. Anknüpfend an das eben Gesagte wähle ich deshalb als Beispiel eine dieser Lebensaufgaben, die mit Leiden verbunden sind. Ich wähle als Beispiel einen Menschen mit einer körperlichen Behinderung. Natürlich bin ich mir bewusst, dass ihr in einer körperlichen Behinderung keinen Sinn und in der persönlichen und kollektiven Auseinandersetzung mit ihr keine Lebensaufgabe erkennen könnt. Und doch wählen gerade in eurer Zeitepoche nicht wenige Menschen genau das als Lebensaufgabe im Dienste der Gesamtheit aller individuellen Seelen. Bedenke bei der Wertung dieser Aussage, dass gerade eure Gesellschaft höchste Priorität und höchsten Lebenssinn in möglichst uneingeschränkte Mobilität legt. Eure Zeitepoche ist also - aus der sehr wohl zielgerichteten Wertung der individuellen Seelen - geradezu prädestiniert für Manifestationen, die in sich selbst die relative Gültigkeit eurer diesbezüglichen Wertvorstellungen tragen.

Weigert sich nun aber ein materialisierter Seelenaspekt die in seinem körperlichen Zustand begründeten Erfahrungsmöglichkeiten zu nutzen und verbringt statt dessen sein Leben in der sinnlosen Hinterfragung seines "ungerechten Schicksals", dann kommt das einer Verweigerung der Lebensaufgabe gleich, in der letztlich seine materielle Existenz begründet ist. Weil er diese Lebensaufgabe aber nicht nur im Interesse seines Gesamtselbst übernommen hat, sondern von diesem im Dienste der Gesamtheit aller Seelen damit betraut wurde, führt die durch ihn nicht genutzte Erfahrungsmöglichkeit letztlich zu einem „Manko" in der Erfahrung der Gesamtheit aller individuellen Seelen. Seine individuelle Seele wird deshalb ihre nächste Manifestation in Menschengestalt wieder mit den gleichen Voraussetzungen, der gleichen körperlichen Behinderung „versehen", um ihre „Schuld" gegenüber der Gesamtheit aller individuellen Seelen doch noch zu erfüllen.

Solche Menschen werden dann meist in einem verblüffend ähnlichen Umfeld geboren, wie der „Vorgänger" und können sich in Ausnahmefällen sogar mehr oder weniger deutlich an dessen Leben „erinnern", wobei sie das dann aus den bekannten Gründen als „ihr früheres Leben" verstehen.

„Worin besteht denn aber die Lebensaufgabe dieser Menschen und damit der Sinn solcher Geburtsgebrechen?"

„Ich habe von körperlicher Behinderung gesprochen und du interpretierst das so, wie wenn sich meine Aussagen auf Geburtsgebrechen beschränken würden. Die durch mich angesprochene körperliche Behinderung kann aber auch - und ist es viel häufiger - eine Unfall- oder Krankheitsfolge sein. Diesbezüglich bietet eure im Mobilitätswahn gefangene Gesellschaft den individuellen Seelen ein schier unerschöpfliches Reservoir an "Wahlmöglichkeiten". Was die Lebensaufgabe dieser Menschen und damit - wie du es nennst - den Sinn ihrer Behinderung anbetrifft, so liesse sich deine Frage nur individuell beantworten. Verallgemeinernd kann ich dir lediglich den Hinweis geben, dass ihre Lebensaufgabe so beschaffen ist, dass sie sich ihr in einem völlig intakten Körper wahrscheinlich nicht zugewandt hätten, und sie vollbringen deshalb nicht selten Leistungen auf intellektuellen Gebieten, die ihnen den Respekt ihrer nichtbehinderten Mitmenschen einbringen. Selbstverständlich wohnt ihrer Lebensaufgabe - und damit ihrer Behinderung - auch ein Sinn für das Kollektiv inne. Diesbezüglich möchte ich dir nicht eigene Erfahrungsmöglichkeiten durch meine Aussagen vorenthalten. Doch auch dazu zumindest ein kleiner Hinweis: Der Sinn für das Kollektiv erschöpft sich nicht im Mitleid für das betroffene Individuum, du solltest ihn eher in der Hinterfragung gesellschaftlicher Wertvorstellungen suchen.

Wir sind durch deine Fragen nun etwas abgeschweift, doch dienen dir meine Ausführungen sicher im Kontext unseres Themas. Wir sind beim Sinn des Seins verblieben:

Jeder Mensch verfügt zwar vor seinem irdischen Leben bereits über umfangreiche Erfahrungen in anderen Dimensionen des bewussten Seins, doch ist er deswegen nicht im Sinne eurer Karmatheorien vorbelastet. Er ist aber - wie ich vorhin ausführlich dargestellt habe - für seine Lebensaufgabe durch die zuvor gemachten Erfahrungen prädestiniert. Kein Mensch wird also in eine Lebensaufgabe hineingeboren, der er nicht grundsätzlich gewachsen wäre. Kein Mensch zerbricht an seiner Lebensaufgabe; wenn er scheitert, dann deshalb, weil er sein Leben mit dem Leben anderer Menschen vergleicht und daher versucht, ein fremdes Leben zu leben, anstatt sich mit seiner eigenen Aufgabe auseinanderzusetzen.

Die Unannehmlichkeiten, mit denen du dich während deiner materiellen Existenz konfrontiert siehst, sind - mit Ausnahme der erwähnten „Komplementärinkarnationen" - auch nicht die Konsequenz aus „früheren" materiellen Existenzen anderer Teile unseres Gesamtselbst. Sie sind aber - soweit sie nicht Konsequenz deines eigenen Denkens und Handelns in diesem Leben sind - Konsequenz aus den bisherigen materiellen Manifestationen der Gesamtheit aller individuellen Seelen."

„Heisst das, dass ich solche „Unannehmlichkeiten" - wie du sie nennst - gewissermassen stellvertretend für andere Menschen, die früher gelebt haben, zu erleiden habe?"

„Nicht ganz so, wie du das verstehst. Schau, wie ich dir bereits gesagt habe, übernimmt jeder selbstbewusste Teil einer individuellen Seele während seiner materiellen Existenz eigenverantwortlich eine Aufgabe, die im Rahmen des Seins der Gesamtheit aller individuellen Seelen einen Sinn ergibt. Ich sage ausdrücklich: e i g e n v e r a n t - w o r t l i c h ! Jeder Mensch wird die Konsequenzen seines Denkens und Handelns im Rahmen dieser Aufgabe ausschliesslich selbst erfahren - teilweise bereits während seiner materiellen Existenz, zum grösseren Teil aber erst danach, durch Erfahrungen in anderen Realitätsdimensionen.

Neben den individuellen Konsequenzen resultieren aus dem Denken und Handeln jeder Generation, jeder Nation, jedes Geschlechts, jeder Rasse auch kollektive Konsequenzen, welche durch die Gesamtheit der individuellen Seelen, beziehungsweise durch deren zukünftige Manifestationen in der materiellen Realität erfahren werden müssen."

„Könntest du bitte auch diese Aussage durch ein Beispiel präzisieren?"

*„Eigentlich möchte ich es deinem Begleiter überlassen, meine Aus-
führungen zu präzisieren, er steht deinem Erleben in der materiellen
Realität näher als ich und findet bestimmt bessere Beispiele. Andererseits ist eure Zeitepoche nicht gerade arm an treffenden Beispielen.
Ein solches finden wir zum Beispiel im zweiten Weltkrieg.*

*Dieses Geschehen war sowohl durch individuelle als auch durch kol-
lektive Schuld geprägt und hat deshalb auch Konsequenzen, die das
beteiligte Individuum selbst erfahren muss und Konsequenzen, die das
Kollektiv - also die Gesamtheit der individuellen Seelen - durch ihre
nachfolgenden Manifestationen wird erfahren müssen.*

*Individuelle Schuld lässt sich niemals aus dem Verhalten vorange-
hender Generationen rechtfertigen. Wie gesagt übernimmt jeder einzelne Mensch als materialisierter Seelenaspekt eigenverantwortlich
eine Aufgabe im Dienste des grösseren Ganzen. Hitler, seine Generäle
und Offiziere, aber auch seine zivilen und militärischen Wasserträger
sind eigenverantwortlich für das, was sie aus ihrem Leben gemacht
oder eben nicht gemacht haben.*

*Jeder Mensch hat die Konsequenzen aus begangenen und unterlas-
senen Handlungen selbst zu tragen. Weil in euren Geschichtsbüchern
und im Denken des Einzelnen die Beteiligten eines solchen Geschehens mehrheitlich in Gute und Böse aufgeteilt werden, bedarf es an
dieser Stelle doch eines Hinweises in bezug auf die vermeintlich Gut-
en. Für jene, welche die Verantwortung für die durch nichts zu recht-
fertigende, feige Bombardierung deutscher Städte mit Hunderttausen-
den ziviler Opfer tragen, unterscheiden sich die Konsequenzen, die sie
nach ihrem Übergang aus der materiellen Dimension zu gegenwärtigen hatten - beziehungsweise noch haben - in nichts von den*

192

Konsequenzen für jene, welche diesen Krieg letztlich zu verantworten hatten. Ich will hier nicht näher auf diese Konsequenzen eingehen, weil deine gegenwärtige Aufgabe vorsieht, dass dich dein Begleiter im Zuge deiner Ausbildung noch in eine der subjektiven Realitäten führt, in denen sich (vermeintlich) grosse Gestalten der Weltgeschichte nach dem Verlassen der materiellen Realität wiederfinden. Wenden wir uns also den Konsequenzen kollektiver Schuld zu, denn darauf zielte ja deine Frage:

In eurer Wertung des Geschehens wird heute vorwiegend eine politische Partei oder Bewegung und ihr Führer für die Schrecken des zweiten Weltkrieges verantwortlich gemacht. Nach dieser Wertung trägt die kollektive Schuld demnach ausschliesslich die - wie ihr sie nennt - Kriegsgeneration. Das ist aus einer übergeordneten Perspektive natürlich „Geschichtsklitterung". Jeder einzelne dieser Menschen wurde mit einer Lebensaufgabe geboren, die sich aus den Konsequenzen ergaben, welche die Gesamtheit der individuellen Seelen aus dem Denken und Handeln ihrer Seelenaspekte zu tragen hatte, die in den Generationen vor der „Kriegsgeneration" ihre Aufgabe in der materiellen Dimension zu erfüllen hatten. Es dient dem besseren Verständnis nicht, wenn ich dabei in unserem Beispiel weiter als eine Generation zurückgehe. Es kommt der Wahrheit bedeutend näher, wenn ihr die Generation, welche für die erniedrigenden Kapitulationsbedingungen des ersten Weltkrieges verantwortlich war, gleichzeitig als Verantwortliche für den zweiten Weltkrieg bezeichnet, denn diese Generation trägt durch ihr Denken und Handeln jene kollektive Schuld, welche den zweiten Weltkrieg erst zur „Wahrscheinlichkeit" der Weltgeschichte hat werden lassen."

„Dein Beispiel scheint mir ziemlich abstrakt. Ich verstehe schon, was du mir damit vermitteln willst: Gewalt - ob physischer oder psychischer Art erzeugt immer Gegengewalt oder ein erniedrigtes Volk wird sich irgendwann gegen diese Erniedrigung zur Wehr setzen. Damit sind doch aber die Greuel dieses Krieges, wie zum Beispiel der Holocaust, nicht erklärt."

„Ich will auch gar nicht auf Details eingehen, jeder Krieg hat - einmal entfacht - seine eigene Gesetzmässigkeit. Diese Gesetzmässigkeiten liegen in der Verantwortung jener, die aktiv oder passiv durch das Geschehen betroffen sind, und sie alleine haben - jeder seinem Denken und Handeln entsprechend - die Konsequenzen daraus zu tragen. Wir sprechen in unserem Beispiel aber ausschliesslich die kollektive Schuld an, die zu dem Geschehen, also zum zweiten Weltkrieg geführt hat und diesbezüglich trifft eben die, welche ihre Hände nach eurer Wertung in Unschuld waschen können, ganz erhebliche Mitschuld, denn ein Volksverführer wie Hitler - ein Mensch, der in keiner seiner Eigenschaften über ein Mittelmass hinausreichte - wäre ohne die durch die Siegermächte nach dem ersten Weltkrieg geschaffenen Tatsachen in eurer Zeitepoche als Staatsführer undenkbar gewesen. Die Verträge von Versailles trugen sowohl die Figur Hitler als auch den zweiten Weltkrieg als „Wahrscheinlichkeit" des künftigen Weltgeschehens in sich.

Nun müssen, wie du weisst, Wahrscheinlichkeiten im Sinne des umfassenden Gesetzes nicht erlebte Realität werden. Die Wertvorstellungen jener Generationen, die in das Geschehen des ersten und des zweiten Weltkrieges involviert waren, waren letztlich die Voraussetzungen dafür, dass aus den durch die Siegermächte des ersten Weltkrieges geschaffenen Wahrscheinlichkeiten erlebte Realität wurde.

Zwar haben insbesondere die den Kriegsgenerationen folgenden Generationen in deinem Kulturkreis ihre Wertvorstellungen durch die Erkenntnisse, die sie aus dem durch ihre Eltern- und Grosselterngenerationen erlebten Geschehen gewonnen haben, dahingehend geändert, dass sie nicht mehr mit Triumphgeheul auf den Ausbruch eines Krieges reagieren. Doch an den letztlich ursächlichen und verhängnisvollen Wertvorstellungen haben auch sie festgehalten. So ist auch heute für die überwiegende Mehrheit der Menschen Gewalt ein legitimes Mittel, um in Ausnahmesituationen eigene Wertvorstellungen durchzusetzen. Ebenso sind Landesgrenzen und Nationalstolz, ohne die weder der erste noch der zweite Weltkrieg hätten erlebte Realität werden können, in ihren Wertvorstellungen keineswegs Relikte aus der infantilen Periode der Menschheit. Solange ihr eure diesbezüglichen Wertvorstellungen nicht ändert, hängt der nächste Weltkrieg als „Wahrscheinlichkeit" wie ein Damoklesschwert über euch und euren Kindern!"

„Ich verstehe, dass es sich um ein zu komplexes Thema handelt, als dass ich heute auf alle mich in diesem Zusammenhang beschäftigenden Fragen eine Antwort erhalten könnte. Aber eine Anschlussfrage hätte ich schon noch."

„Ich werde versuchen, sie zu beantworten."

„Du hast bei deinen vorangehenden Ausführungen über den Sinn des Lebens mehrmals darauf hingewiesen, dass keine Lebensaufgabe eines Individuums im Sinne einer Konsequenz auf eigenes Fehlverhalten zu verstehen sei. Andererseits hast du aber auch erwähnt, dass die Umstände, unter denen wir eine Erfahrung machen, auch Konsequenz unseres Denkens und Handelns in diesem Leben sein können Sind nun zum Beispiel die Opfer des zweiten Weltkrieges Opfer ihres Denkens und Handelns in ihrem Leben gewesen, oder war die "Opferrolle" Teil ihrer Lebensaufgabe, wie du sie vorhin erklärt hast?"

„Du sprichst mit deiner Frage ein in eurer Zeitepoche äusserst heikles Thema an. Ungeachtet dessen lässt sie sich ohnehin nicht allgemeingültig beantworten. Grundsätzlich kannst du aber davon ausgehen, dass jene, die dem Terror der Nazis zum Opfer gefallen sind, nicht Opfer ihres eigenen Denkens und Handelns geworden sind, sondern eine Lebensaufgabe im Dienste der Gesamtheit der individuellen Seelen

übernommen haben, die nach euren diesbezüglichen Wertmassstäben - dessen bin ich mir bewusst - keinen nachvollziehbaren Sinn ergibt. Doch Erkenntnisse aus dem Geschehen in der materiellen Realität können eure individuellen Seelen nur aus Erfahrungen schöpfen, welche unsere in der Materie manifestierten Aspekte machen. Die Erkenntnis, wozu Hass, falsches eigenes Selbstbildnis, Minderbewertung anderer Menschen aufgrund ihrer Zugehörigkeit zu einer Rasse oder Religion usw. den Menschen „befähigt", können wir also nur aus den damit verbundenen schmerzhaften Erfahrungen unserer Manifestationen in Menschengestalt gewinnen.

Um nicht missverstanden zu werden, muss ich an dieser Stelle aber verdeutlichen, dass der Sinn der materiellen Existenz der Menschen, die schliesslich Opfer des Terrors geworden sind, selbstverständlich nicht in der „Opferrolle" zu suchen ist. Du musst dir das so vorstellen, dass sowohl die Gesamtheit als auch jede individuelle Seele, die einen ihrer Aspekte mit einer ganz spezifischen Aufgabe versehen in Menschengestalt in der Materie manifestiert, sich aller wahrscheinlichen Ereignisse einer Zeitepoche bewusst ist, denn diese „Wahrscheinlichkeiten" gründen ausnahmslos auf dem Denken und Handeln ihrer eigenen „früher" materialisierten Seelenaspekte. Die individuelle Aufgabe des Seelenaspektes wird gewissermassen auf diese wahrscheinlichen Ereignisse abgestimmt, und zwar so, dass die Aufgabe sowohl bei Eintritt als auch bei Ausbleiben dieser Ereignisse erfüllt werden kann oder, was sehr häufig der Fall ist, die Lebensaufgabe besteht gerade darin, Wahrscheinlichkeiten erlebte Realität werden zu lassen oder eben nicht.

Ob ein wahrscheinliches Ereignis erlebte Realität wird, unterliegt dem freien Willen des Kollektivs aller in einer Zeitepoche inkarnierten Menschen. Die individuelle Aufgabe des einzelnen Seelenaspektes wird dadurch jedoch in der Regel "nur" bezüglich der Umstände, unter denen sie erfüllt werden muss, und der Umstände der Todeserfahrung nach dem Erfüllen der Lebensaufgabe tangiert. Die letzte Aussage ist für dich natürlich insofern schwer zu verstehen, als unter den Opfern des Naziterrors viele Kinder und junge Menschen waren. Ich erinnere dich deshalb daran, dass die individuellen Lebensaufgaben, die für die Gesamtheit der individuellen Seelen alle gleich wichtig oder wertvoll sind, ihren Sinn nicht aus der Dauer eines menschlichen Lebens schöpfen. Ich bin mir stets bewusst, dass ich mit der Erwähnung dieser Tatsache äusserst heftig mit euren diesbezüglichen Wertvorstellungen kollidiere. Es sind aber eure diesbezüglichen Wertvorstellungen, die dem umfassenden Gesetz widersprechen - nicht meine Aussage.

Deine Frage ist damit aber noch nicht abschliessend beantwortet, denn im zweiten Weltkrieg gab es ja neben den Opfern des Naziterrors auch Millionen von zivilen und militärischen Opfern, welche dem Kriegsgeschehen an und für sich zugeordnet werden müssen. Was die zivilen Opfer anbelangt, lässt sich ebenfalls keine allgemeingültige Aussage darüber machen, ob sie Opfer ihres eigenen Denkens und Handelns während ihres Lebens geworden sind, oder ob die Opferrolle (wahrscheinlicher) Teil ihrer Lebensaufgabe war. Bei den militärischen Opfern dagegen besteht keinerlei Zweifel, dass die Umstände ihres Leidens und Sterbens Konsequenzen ihres Denkens und Handelns in ihrem Leben waren. Versetze dich dazu noch einmal in die Leben von Gilbert Fenard und Paul Lohmann, dann wirst du die Richtigkeit meiner Aussage verstehen und bestätigen.

Ich möchte es mit meiner Antwort auf deine Frage dabei bewenden lassen. Dein Begleiter wird dieses Thema mit dir sicher noch ausführlich erörtern, denn es enthält viele wichtige Hinweise darauf, wo eure Wertvorstellungen - auch heute noch - im Widerspruch zum umfassenden Gesetz stehen und dadurch immer neues Leiden verursachen.

Nun sollten wir meinem Empfinden nach unsere heutige Begegnung abschliessen und uns wieder unseren individuellen Aufgaben zuwenden,

doch ich empfange Empfindungen, die von dir ausgehen und mich dar-
an erinnern, dass ich eine für dich ganz wesentliche Frage noch nicht
beantwortet habe. Zwar findest du die Antwort auf deine Frage nach
deiner Beziehung zu Gott bereits in meinen zuvor gemachten Aussa-
gen, doch verstehe ich, dass du von mir erwartest, dass ich explizit
auf die Frage eingehe.

Deinen ganz persönlichen, individuellen Bezug zu dem, was ihr un-
ter Gott versteht, kannst du nur dann begreifen, wenn du dich in dei-
ner materiellen Existenz als das erkennst, was du tatsächlich bist - als
materialisierten Aspekt eines unendlich viel grösseren Ganzen. Wie dei-
nem Begleiter fällt es auch mir schwer, dir jene Gedankenbilder - oder
in deinem Sinn Worte - zu vermitteln, die dir ein Verstehen und Begrei-
fen deiner wahren Natur ermöglichen. Durch die Erfahrungen jenseits
der Gesetzmässigkeit von Zeit und Raum hast du zwar ein völlig neu-
es Selbstbildnis gewonnen. Dieses steht aber dermassen im Widerspruch
zu eurer Schulmeinung, dass du in deiner erlebten materiellen Wirk-
lichkeit ständig versucht bist, dich auch in deinem neuen Selbstbildnis
mit anderen materiellen Erscheinungsformen zu vergleichen. Trotz dei-
nes neugewonnenen Selbstbildnisses fällt es dir schwer, dich als - in eu-
rem Sinne - gleichwertig wie Pflanzen und Tiere zu verstehen. Das Selbst-
bildnis, das dein Denken vor deiner "Wandlung" geprägt hat, ist tief in
dir drinnen immer noch aktiv. Es bedarf grosser persönlicher Anstren-
gungen, dass ihr euch in eurem Denken innerhalb des umfassenden
Ganzen dort ansiedelt, wo euch eure Aufgabe und Bestimmung im Dien-
ste der Gesamtheit der individuellen Seelen offenbart wird.

Nehmen wir zum besseren Verständnis meiner Aussage euren Bezug
zu einem gleichwertigen Teil der materiellen Realität, dem Tier. Un-
geachtet der Gefühle, mit denen ihr einem Tier begegnet, widerspricht
es doch eurem Selbstbildnis, dass euch im umfassenden Ganzen kein
höherer Stellenwert zukommt, als dem Tier. Ihr mögt Katzen, Hunde,
Pferde, Vögel lieben, und doch empfindet ihr euch bestenfalls als ihre

Beschützer oder Helfer. Im Extremfall könnt ihr mangels sozialer Kontakte zu euren Mitmenschen sogar soweit gehen, dass ihr das Tier vermenschlicht. Und doch wird sich auch der extremste Tiernarr in seinem Selbstbildnis als über dem Tier stehend empfinden.

Die Tatsache, dass es keinen Menschen gibt oder gab, der in seiner Bedeutung für das umfassende Ganze über dem Tier steht, widerspricht eurem eigenen Selbstbildnis dermassen, dass alleine ihre Erwähnung von euch fast ausschliesslich als Beleidigung und Erniedrigung empfunden wird. Doch gäbe es in eurer materiellen Dimension keine Pflanzen, dann würden auch keine Tiere existieren und ihr Menschen existiert - als materielle Form - letztlich nur deshalb, weil wir individuellen Seelen vorher die Möglichkeit hatten, uns in der Gestalt von Tieren Erfahrungen in der materiellen Dimension anzueignen.

Ihr habt eure materielle Existenz sowenig einem personifizierten, übergeordneten Wesen namens „Gott" zu verdanken, wie eine andere materielle Form darin ihren Ursprung und ihre Ursache hat. Ihr - und jede andere existierende materielle Erscheinungsform - seid im ursprünglichen Schöpfungsplan nicht vorgesehen. Ihr verdankt eure materielle Existenz demnach nicht dem Plan des Schöpfers, sondern alleine und ausschliesslich unserem freien Willen - dem freien Willen eurer individuellen Seelen. Ungeachtet dieser Tatsache wäre grundsätzlich nichts dagegen einzuwenden, wenn ihr euch in eurem Selbstbildnis als „Krone der Schöpfung" empfindet, denn in gewissem Sinne seid ihr das ja tatsächlich - zwar nicht die Krone der ursprünglichen Schöpfung, aber zumindest die Krone unserer Schöpfung. Nur, was ist die Krone ohne ihren Träger? Ihr werdet durch eure Mitwelt getragen, wie die Krone durch den König oder den Kaiser getragen wird. Ohne eure Mitwelt seid ihr in eurer materiellen Erscheinung ohne Sinn und Nutzen!

Die gleiche individuelle Seele, aus der du hervorgegangen bist, hat sich einst während langer Zeit ausschliesslich über Tierkörper manifestiert; und doch waren wir als Gesamtselbst damals nicht mehr und nicht weniger als wir heute sind. Wir waren und sind eine individuelle Seele, die befähigt ist, sich in jeder existierenden Dimension zu manifestieren und wir tun dies in der unseren Erfahrungen in der jeweiligen Dimension entsprechenden Form oder Gestalt.

Würde sich euer Selbstbildnis an diesen Tatsachen orientieren, dann wäre deine Frage nach deinem Verhältnis zum umfassenden Ganzen, also zu Gott, einfach zu beantworten, denn ich würde dir sagen:,,Begegne dir selbst und du begegnest Gott!" Nachdem sich euer Selbstbildnis aber so ausschliesslich auf das beschränkt, was ihr in eurer materiellen Erscheinung ausdrückt, würde diese Antwort bei euch so interpretiert, dass du Gott seist. Nur kann sich Gott ebensowenig in einer materiellen Form manifestieren, die seine gesamte, wahre Natur enthalten würde, wie das einer individuellen Seele möglich ist. Jede materielle Form ist lediglich Ausdruck eines winzig kleinen Aspektes von etwas unendlich viel Grösserem. Leider wird euer materialistisches Selbstbildnis zum Beispiel durch die christliche Religion noch unterstützt, die euch glauben machen will, dass sich Gott über Jesus als "seinen Sohn" in der Materie manifestiert habe. Doch wie dir bereits dein Begleiter erklärt hat, war Jesus nicht mehr der Sohn Gottes, als du es bist, denn er war nicht weniger weit davon entfernt, alle Aspekte Gottes in seiner materiellen Erscheinung zu vereinen, als du es heute bist.

Bevor dein Begleiter die schwierige Aufgabe übernommen hat, dir ein zutreffenderes Bild der umfassenden Realität zu vermitteln, war dieses Bild in dir sehr stark durch die Lehren deiner Religion geprägt. Das dir durch deinen Begleiter vermittelte neue Bild der umfassenden Realität beinhaltete für dich zwangsläufig auch ein völlig anderes Selbstbildnis, als jenes, das zuvor dein Denken geprägt hat. Weil Gott in deinem vormaligen Bild der umfassenden Realität als übergeordnetes Wesen erschienen ist, das von ausserhalb auf diese Realität einwirkt, war es nicht zu vermeiden, dass auch das dir vermittelte neue Selbstbildnis dort zu Lücken führte, wo du vorher Gott am Werk gesehen hast. Nachdem dir aber dein Begleiter stets unmissverständlich erklärt hat, dass Gott - wenn auch anders als dir das bisher vermittelt wurde - eine nicht zu negierende Realität darstellt, müsste dieses neue Selbstbildnis dann falsch sein, wenn Gott darin keinen Platz finden würde.

Das Problem, deine Beziehung zum umfassenden Ganzen - und damit zu Gott - in dein neues Selbstbildnis zu integrieren, entsteht daraus, dass du versuchst, dein Verständnis von Gott, wie es dir durch die Religionslehre vermittelt wurde, mit deinem neuen Selbstbildnis in Einklang zu bringen. Gemäss dieser Lehre solltest du ein von Gott geschaffenes, beseeltes Wesen sein, dessen Lebensaufgabe darin besteht, diesem Gott durch dein Denken und Handeln zu gefallen. Nun hat aber ein dermassen egozentrischer Gott in der tatsächlichen Wirklichkeit der umfassenden Realität keinen Platz. Es ist also nicht verwunderlich, dass dein neues Selbstbildnis gezwungenermassen den Lehren deiner Religion widerspricht. Ein personifizierter Gott, der selbst über und ausserhalb seiner Schöpfung steht, also gewissermassen als "Puppenspieler" die Fäden in den Händen hält, hat keinen Platz in einem Selbstverständnis, das sich an der objektiven, umfassenden Realität orientiert, denn in dieser erscheint Gott zwar als Ursache und alles einschliessender Ausdruck, ohne aber Einfluss auf jenes Geschehen zu nehmen, das ihr fälschlicherweise daraus ableitet und als fremdbestimmt empfindet.

Was ihr als individuelles Schicksal versteht, ist nichts anderes als der Part, den ihr innerhalb unseres kollektiven Traumes spielt. Ihr könnt diesen Part so spielen, wie es unser „Drehbuch" vorsieht, oder ihr könnt ihn, aufgrund eures freien Willens und mittels eures schöpferischen Potentials nach euren Vorstellungen gestalten. Wenn ihr euch aber für Letzteres entscheidet, so habt ihr diesen Entscheid genauso *bis in seine letzte Konsequenz zu erfahren, wie wir den Konsequenzen unseres Entscheides für eine vom ursprünglichen Plan unabhängige Schöpfung nicht entfliehen können.*

So wie es die Bestimmung der individuellen Seelen war und ist, aktive Teilnehmer am ursprünglichen Schöpfungsplan zu sein, so ist es die Bestimmung des Menschen, aktiver Teilnehmer am Schöpfungsplan der individuellen Seelen zu sein. Der Mensch ist dazu durch seine individuelle Seele genau so mit einem freien Willen und mit schöpferischem Potential ausgestattet, wie sie selbst durch Gott damit ausgestattet wurde.

Die Schöpfungen der individuellen Seelen stellen in gewissem Sinne eine Nachahmung der göttlichen Schöpfung dar. So wie sich die göttliche Schöpfung in unzähligen Dimensionen manifestiert, so manifestiert sich auch die durch die individuellen Seelen nachgeahmte Schöpfung in unzähligen Dimensionen. Und so wie die individuellen Seelen im Rahmen ihrer Bestimmung Erfahrungen in den unterschiedlichsten Realitätsdimensionen machen müssen, um sich dereinst wieder mit ihrem Ursprung - mit Gott - zu vereinen, so muss auch der Mensch seine Erfahrungen in den unterschiedlichsten Realitätsdimensionen machen, um sich dereinst wieder mit seinem Ursprung - der individuellen Seele - zu vereinen. Dein ganz persönlicher Zugang zum Göttlichen, zu Gott, zum umfassenden Ganzen führt ausschliesslich über dein Einssein mit deiner individuellen Seele. Dieses Einssein ist zwar das Ziel deiner Existenz als Teil dieser individuellen Seele, es ist aber - weil dein Sein nicht unabhängig vom Sein deines Gesamtselbst ist - gleichzeitig der Weg.

Der Mensch repräsentiert in unserer Schöpfung genauso die „Krone", wie es der individuellen Seele innerhalb der ursprünglichen, der göttlichen Schöpfung zugedacht ist. Auch hier solltest du aber bedenken, dass ich dieser Interpretation des besseren Verständnisses wegen eure Wertung zugrundelege, denn aus holistischer Perspektive ergibt natürlich eine Klassifizierung der Schöpfung keinerlei Sinn. Wenn du verstanden hast, in welcher Beziehung du zu deinem Gesamtselbst stehst und welche Aufgabe du in seinem Plan zu erfüllen hast, dann hast du gleichzeitig die Beziehung deiner individuellen Seele zum übergeordneten Ganzen und ihre Aufgabe im ursprünglichen Schöpfungsplan begriffen, denn grundsätzlich ist es zutreffend, wenn du vom einen auf das andere schliesst. Das kosmische Gesetz „wie oben, so unten" und "wie im Grossen, so im Kleinen", erfährt auch in diesem Zusammenhang seine Bestätigung!

Wenn du also bedenkst, dass die Erfahrungen, welche jede einzelne individuelle Seele durch die Instrumente ihrer eigenen Schöpfung macht, nur im Kontext der Bestimmung der Gesamtheit aller Seelen einen Sinn ergibt, dann kannst du erahnen, wie fruchtlos letztlich eure Suche auf die Frage nach dem individuellen Lebenssinn des einzelnen Menschen bleiben muss. Du solltest das nun aber nicht so verstehen, dass ich damit - in eurem Sinn - den Wert des einzelnen menschlichen Lebens relativieren würde. Jedes dieser Leben ist unabdingbar für die Erfüllung unserer Bestimmung - den Plan, dem die Gesamtheit aller Seelen zu folgen hat. Meine Aussage sollte dir aber als Hinweis darauf dienen, dass ihr in dieses menschliche Leben Werte hineininterpretiert, die aus unserer Sicht absurd sind. So wird etwa - wie ich vorhin im Zusammenhang mit meinen Ausführungen zur Opferrolle bereits erwähnt habe - der Wert oder Erfahrungsgehalt eures Lebens - entgegen eurer Sicht der Dinge - nicht durch seine Dauer bestimmt.

Ich verstehe schon, dass es euch schwerfällt, zu akzeptieren, dass einem Leben, das nur wenige Stunden, Wochen, Monate oder Jahre dauert, im Gesamtkontext, in dem es betrachtet werden muss, der gleiche Erfahrungsgehalt und der gleich grosse Sinn innewohnt, wie dem Leben, das achtzig Jahre und mehr dauert. Das fällt euch unter anderem deshalb schwer, weil ihr nach einem Sinn des Lebens sucht, den ihr nicht im blossen Sein selbst, sondern in den Inhalten, mit denen ihr dieses Sein selbst erfüllt, zu finden glaubt.

Entsprechend logisch erscheinen vielen Menschen deshalb auch eure Reinkarnations- und Karmatheorien, denn auch sie gründen auf der Annahme, dass der Sinn des Seins nicht in ihm selbst, sondern in eurem Erleben zu finden sei. Ihr schafft die Umstände selbst, unter denen ihr die Aufgabe, mit der ihr durch euer Gesamtselbst betraut worden seid, erfüllt und sucht danach nach dem Sinn dieser Umstände, weil ihr diesen in eurem Erleben so hohe Priorität einräumt, dass ihr sie schliesslich für die eigentliche Erfahrung, die eigentliche Aufgabe haltet.

Wenn aber - wie das bei euren Reinkarnations- und Karmatheorien der Fall ist - alle der Fragestellung zugrundeliegenden Annahmen falsch sind, dann mag die Antwort darauf noch so logisch erscheinen, sie entbehrt trotzdem jeder Wahrheit. Das Gültige an diesen Theorien ist die daraus abgeleitete Schlussfolgerung, dass ihr eigenverantwortlich für eure Lebensumstände seid, doch haben diese ihre Ursache eben in eurem erlebten Jetzt und nicht irgendwo in euren eigenen vergangenen materiellen Existenzen. Bedenke dabei stets, dass eure Lebensumstände nichts über eure Lebensaufgabe und die damit angestrebten Erkenntnisse aussagen. Die Lebensumstände werden durch euer Denken und Handeln selbst geschaffen - eure Aufgabe dagegen könnt ihr unabhängig von den Lebensumständen erfüllen. Ihr könnt eure Aufgabe auf dem Weg des Nichtverhaftetseins erfüllen und dabei die gleichen Erfahrungen machen, die gleichen Erkenntnisse gewinnen, wie auf dem Weg des Leidens.

Dein Begleiter hat also gute Gründe, dich immer wieder darauf hinzuweisen, dass du dem Sinn deines und jedes anderen Lebens nicht näher kommst, wenn du ihn in solchen Theorien zu finden glaubst. Der Sinn jedes Lebens gründet letztlich einzig im aktuellen Sein selbst und den Erkenntnissen, die ihr daraus schöpft. Keine eurer Handlungen und keiner der Umstände, die euer Erleben beinflussen, stehen auch nur im entferntesten in einem Zusammenhang mit Handlungen, die ihr vor eurer Geburt in dieses Leben getätigt habt, weil ihr - ich kann es nicht oft genug wiederholen - vor diesem Leben mit Sicherheit noch nicht in Menschengestalt in der materiellen Dimension geweilt habt. "

„Dass die Reinkarnationstheorie - zumindest so wie sie allgemein verstanden wird - keine erlebbare Realität beschreibt, wurde mir zwar eindrücklich bewiesen. Damit ist für mich aber die Karmatheorie nicht einfach mit abgehakt, zumal deine Aussagen immer wieder Hinweise darauf enthalten, dass in Einzelfällen in der materiellen Realität, für jeden Menschen aber nach seinem Tod, so etwas wie Karma über die individuellen Erfahrungen bestimmt. Nach allem, was ich durch dich und auch durch meinen Begleiter zu diesem Thema erfahren habe, komme ich zum Schluss, dass Karma - ganz ähnlich wie die Reinkarnation - eine Tatsache ist, die durch die bekannten Theorien nur leider vollkommen falsch dargestellt wird. Ist meine Schlussfolgerung so richtig?"

„Im wesentlichen ja. Wichtig scheint mir aber, dass du zwischen individuellem und kollektivem Erleben unterscheidest. Die Lebensaufgabe des einzelnen Menschen ist abgestimmt und eingebunden in ein Geflecht von Wahrscheinlichkeiten, die sich aus dem Denken und Handeln der Vorfahren ergeben. Daraus könntest du nun ableiten, dass der Mensch zwar karmisch unbelastet geboren wird, diese Geburt ihn aber in ein karmisch belastetes Umfeld führt, seine Lebensumstände also gewissermassen durch „kollektives Karma" beeinflusst werden. Doch der Begriff „Wahrscheinlichkeit" ist an dieser Stelle deshalb treffend, weil er verdeutlicht, dass die Vorstellungen, die ihr üblicherweise mit dem Begriff „Karma" verbindet, in diesem Zusammenhang eben gerade nicht zutreffend sind. Ob eine Wahrscheinlichkeit zur erlebten Realität wird, liegt ausschliesslich im Ermessen der Menschen selbst - er muss demnach nichts „abtragen".

Eure Vorfahren haben bei ihrem Bestreben um technischen Fort-
schritt einen Weg eingeschlagen, der in seiner Konsequenz die Ver-
nichtung eurer Mitwelt als Wahrscheinlichkeit beinhaltet. Diese Wahr-
scheinlichkeit ist gewissermassen die Hypothek, die ihr diesbezüglich
von euren Vorfahren übernommen habt. Ob aber diese Wahrschein-
lichkeit erlebte Realität wird, liegt nicht am Denken und Handeln eu-
rer Vorfahren, sondern ausschliesslich daran, ob ihr heute lebenden
Menschen aufgrund der gewonnenen Erkenntnisse bereit und fähig
seid, jene Wertvorstellungen zu hinterfragen, welche die Wahrschein-
lichkeit geschaffen haben. Erinnere dich bei dieser Gelegenheit an das
Beispiel mit dem zweiten Weltkrieg: Das Ereignis als solches war bei
der Geburt vieler später in das Geschehen involvierter Menschen be-
reits eine Wahrscheinlichkeit. Weil diese Menschen nicht bereit waren,
die Wertvorstellungen zu hinterfragen, die zu der Wahrscheinlichkeit
geführt haben, wurde diese schliesslich zur erlebten Realität. Ihre Vor-
fahren haben durch ihr Denken und Handeln eine Wahrscheinlichkeit
geschaffen, welche durch das Denken und Handeln der Kriegsgene-
ration zur erlebten schrecklichen Realität geworden ist. Es wäre aber
falsch, zu behaupten, die Kriegsgeneration habe das kollektive Kar-
ma ihrer Vorfahren „abtragen" müssen. Sie hatten die Wahl, es zu tun
oder zu lassen, und zudem solltest du nicht vergessen, dass alle diese
Menschen sich bewusst und aus freiem Willen gerade in jener Zeit-
epoche für ihre Inkarnation in der Materie entschieden - viele gerade
deshalb, weil sie mithelfen wollten, die grossen Probleme jener Zeit
im Dienste ihres Gesamtselbst zu lösen.

Sogar wenn wir das Umfeld, in das ein Mensch - freiwillig - gebo-
ren wird, mit Abstrichen als karmisch belastet bezeichnen wollen, so
ändert das nichts an der Tatsache, dass dieser Mensch selbst bei sei-
ner Geburt über keinerlei individuelles Karma verfügt, das in irgend-
einer Form Einfluss auf seine erlebte Realität hätte. Wie gesagt, lie-
gen die Umstände jedes Lebens ausschliesslich in diesem Leben selbst
begründet. Es existiert und geschieht in der materiellen Realität nichts,

*das auf eine karmische Vorbelastung in eurem Sinne zurückzuführen
wäre. Ihr seid eigenverantwortlich für die Umstände eures Lebens, für
euer Denken und Handeln, für die Erkenntnisse, die ihr aus diesem
Leben schöpft und für die Art eurer Wahrnehmung am Ende dieses Lebens. Aus allen diesen Komponenten setzt sich das zusammen, was du
dereinst als, sagen wir „persönliches Karma", in die durch dich nach
deinem physischen Tod erlebte Realität einbringst. Du selbst, nicht ein
anderer Aspekt deines Gesamtselbst oder gar dieses Gesamtselbst,
hast die Konsequenzen, die sich aus deinem irdischen Leben ergeben,
zu tragen. Wenn wir beim Begriff „persönliches Karma" bleiben wollen, dann tratest du also bei deiner Geburt karmisch unbelastet in die
materielle Realität ein, du wirst sie aber nicht ohne karmische Belastung verlassen."*

„Du hast mir doch gesagt, dass meine Existenz lange vor meiner Geburt in der materiellen Realität begonnen habe und ich bereits über
umfangreiche Erfahrungen aus anderen Realitästsdimensionen verfü-
ge. Nun sagst du mir, dass ich die materielle Realität dereinst nicht
ohne karmische Belastung verlassen werde und ich die daraus resul-
tierenden Konsequenzen wieder in anderen, nichtmateriellen Erfahrungsdimensionen zu tragen habe. Ist das so zu verstehen, dass ich negatives Karma ausschliesslich in der materiellen Dimension ansam-
meln kann? Wenn nicht, stellt sich die Frage, wo ich dann das vor meinem irdischen Leben angesammelte Karma abzutragen habe."

*„Du hast es mit deiner Geburt oder präziser ausgedrückt mit dei-
nem Entscheid für dieses Leben in der materiellen Wirklichkeit vollumfänglich abgetragen!*

*Ich sehe die Gefahr, dass du, wenn ich den Begriff „Karma" ver-
wende, in diesen Begriff alle die Vorstellungen integrierst, die du bisher aufgrund eurer Karmatheorie damit verbunden hast. Andererseits
ist es mir nicht möglich, einen anderen Begriff zu finden, den ihr in*

eurer Wertung gleichermassen mit dem Begriff „Konsequenz" ver-
bindet. Nur solltest du trotzdem versuchen, Karma als etwas in sich
selbst Neutrales zu verstehen.

Ob ihr jene Konsequenzen, die ich als „Karma" bezeichne, als po-
sitiv oder negativ empfindet, liegt nicht in der Konsequenz selbst, son-
dern in der Art eurer Wahrnehmung. Aus einer umfassenden Sichtweise
ist auch das Negative durchaus positiv, denn es ist die einzig mögli-
che Konsequenz aus zum Beispiel euren Handlungen, damit diese im
Kontext des übergeordneten Planes ihre Wertigkeit oder, wenn du so
willst, ihren Sinn erhalten. Deshalb ist für euch die Erkenntnis, dass
keiner eurer Gedanken und keine eurer Handlungen ohne Belang sind,
von unschätzbarem Wert. Ihr könnt keinen eurer Gedanken und keine
eurer Handlungen rückgängig machen, sie streben unwiderruflich da-
nach, sich als „Mosaiksteinchen" an der Erfüllung des übergeordne-
ten Planes zu beteiligen, was nur dadurch möglich ist, dass das Mo-
saiksteinchen alle Facetten an Konsequenzen beinhaltet, die sich aus
dem Gedanken oder der Handlung ergeben oder ableiten lassen.

Wie ich dir bereits zu erklären versuchte, macht nicht jeder Teilas-
pekt unseres Gesamtselbst Erfahrungen in der materiellen Realität.
Wann und in welchen Realitätsdimensionen der einzelne Teil unseres
Gesamtselbst durch seine Erfahrungen zur Erfüllung des Planes aller
Seelen beiträgt, hängt, um bei diesem Begriff zu bleiben, von seinem
persönlichen Karma ab. Dieses persönliche Karma ist ausschliesslich
durch die individuelle Wahrnehmung bestimmt und diese wiederum
steht in ausgewogener Relation zu den durch das Individuum in den
unterschiedlichsten Erfahrungsdimensionen gewonnen Erkenntnissen.
Die Erkenntnisse, die du heute aus deiner erlebten Realität schöpfst,
erweitern oder begrenzen deine Wahrnehmung genauso, wie die Er-
kenntnisse, die du vorher aus deinen Erfahrungen in anderen Rea-
litätsdimensionen gewonnen hast, deine Wahrnehmung erweitert oder
begrenzt haben.

208

Die Art eurer Wahrnehmung bestimmt, wie du selbst unzählige Male zu beobachten Gelegenheit hattest, die Realität, in der ihr euch nach dem physischen Tod wiederfinden werdet. Die Art dieser Wahrnehmung ist das Karma, das dafür entscheidend ist, in welchen Realitätsdimensionen ihr euch dereinst wiederfinden werdet. Aus dem Gesagten kannst du ableiten, dass jene Teile individueller Seelen, die sich in Menschengestalt in der Materie manifestieren, Übereinstimmungen in bezug auf ihre Wahrnehmung aufweisen. Diese Art der Wahrnehmung, dieses persönliche Karma, hat sie dazu prädestiniert, dem Ziel der Gesamtheit aller Seelen dadurch am dienlichsten zu sein, indem sie eine Aufgabe in der materiellen Dimension erfüllen. Du kannst davon ausgehen, dass die Tatsache, dass ihr Menschen das einzige Vergängliche - die materielle Wirklichkeit - als einzig Beständiges wahrnehmt, nicht Folge, sondern Ursache eurer Einbindung in die materielle Realität ist. Die Art der Wahrnehmung hat euch für eure materielle Existenz prädestiniert. Andere Teile individueller Seelen würden sich, aufgrund der Art ihrer Wahrnehmung, in der materiellen Wirklichkeit sowenig zurechtfinden, wie ihr euch in den Realitätsdimensionen zurechtfinden würdet, in denen diese ihre Aufgabe im Dienste der Gesamtheit aller Seelen erfüllen.

Deine Schlussfolgerung, wonach Karma als Gesetzmässigkeit des Seins eine Tatsache ist, die von den bei euch zirkulierenden Theorien leider aber vollkommen falsch dargestellt wird, ist also insofern zutreffend, als euer Denken und Handeln in ihrer Konsequenz sowohl auf die erlebte Realität eurer irdischen Existenz als auch auf euer Erleben nach dem Verlassen des physischen Körpers wirken. Ihr schafft also während eures Lebens jenes Karma, das ihr nach eurem Tod durch Erfahrungen in Realitätsdimensionen abtragen müsst, die diesem Karma "angepasst" sind. Sofern du also den Begriff Karma nicht mit Bildern von Schuld und Sühne belastest, ist Karma tatsächlich eine Gesetzmässigkeit eures Seins.

Ich weiss, dass dein Begleiter die durch dich gewonnenen Erkenntnisse zu den Themen „Reinkarnation und Karma" anhand von Anschauungsunterricht noch vertiefen wird. Ich will es deshalb für heute dabei bewenden lassen und möchte, dass du nun in deine materielle Realität zurückkehrst. Überdenke meine Aussagen und vertiefe sie mit deinem Begleiter."

Wie zu Beginn unseres Treffens schien die Intensität des mich umgebenden hellen Lichtes im Rhythmus der Vokale der letzten Worte zu schwingen. Gleichzeitig veränderte sich meine Umgebung. Der mich umgebende Fels löste sich auf, wie eine Nebelwand unter der Einwirkung der Sonne. So wie sich der Fels auflöste, zeigte sich mein Gesamtselbst wieder in der Gestalt des Lichtwesens, wie ich es bei unserem ersten Treffen kenengelernt hatte. Wieder war es umgeben von anderen Wesen, deren Konturen für mich unterschiedlich deutlich zu erkennen waren.

„Ich weiss, dass meine Aussagen dir dazu verhelfen werden, deine Wahrnehmung zu erweitern, wir werden uns deshalb zukünftig näher sein als in der Vergangenheit", wandte sich das Lichtwesen an mich und fuhr mit einem Schmunzeln in der "Stimme", wie ich es von meinem Begleiter kannte, fort: *„Richte deine Aufmerksamkeit auf dein gegenwärtiges Erscheinungsbild und du wirst feststellen, dass du dich schon weniger von uns unterscheidest als bei unserem ersten Zusammentreffen."*

Ein Kontrollblick genügte mir, um festzustellen, dass ich mich im Gegesatz zum ersten Treffen in meiner „körperlichen" Erscheinung tatsächlich nicht mehr von den anderen Wesen unterschied, die das Lichtwesen umringten. Auch die Konturen meines „Körpers" waren - aufgrund des von ihm ausgehenden Lichtes - undeutlich, verschwommen. Die Feststellung dieser Tatsache bewirkte in mir ein Gefühl von Stolz, das aber nur sehr kurz andauerte, denn fast gleichzeitig erkannte ich, dass sich mein Gesamtselbst mit mir einen Scherz erlaubt hatte.

So wie ich das erkannt hatte, „hörte" ich die Stimme des Lichtwesens: *„Ich wollte dir mit meinem kleinen Scherz nur aufzeigen, dass du deiner wahren Natur gemäss ebensowenig an eine bestimmte Form gebunden bist, wie wir es sind. "*

Das Licht, das die Wesen und mich umgab, wurde nun immer heller, bis ich, wie bei unserem ersten Treffen, geblendet die Augen schloss. *„Vergiss nicht, du bist ich und ich bin du - mein Wissen ist dir auch in der materiellen Realität uneingeschränkt zugänglich - wenn du mich suchst, wirst du auf mich und mein Wissen stossen "*, waren die letzten Worte - oder Gedanken -, die ich wahrnahm. Danach befand ich mich alleine auf der Waldlichtung.

„Wenn du mich suchst, wirst du auf mich und mein Wissen stossen", waren die Worte, die ich für mich wiederholte, als ich mich wie gewohnt fallen liess und mich kurz darauf in meinem physischen Körper wiederfand.

Anhang

Der folgende Teil wurde aufgrund von Anfragen aus der Leserschaft von „Im Herzen der Wirklichkeit" gestaltet.

Inhalt:

Eine ungewohnte Erfahrung (Hinweise auf Merkmale, die eine Unterscheidung zwischen „Projektionen" und tatsächlichen ausserkörperlichen Erfahrungen in jenseits der materiellen Dimension liegenden Erfahrungsrealitäten ermöglichen.)

Fragen und Antworten

- Zur Entstehung des Buches
- Zur Person des Autors
- Zur Entstehung von Krankheiten

Eine ungewohnte Erfahrung

Es war ein warmer Sommerabend in den späten siebziger Jahren. Ich befand mich im Urlaub auf einem Bauernhof im Berner Jura.

Nach dem Abendessen begab ich mich auf einen Spaziergang, der mich durch Pferdeherden, über die durch Steinmauern unterteilten und begrenzten Weiden, zu einer Gruppe typischer Juratannen mit ihren bis zum Boden reichenden Ästen führte.

Es begann bereits zu dunkeln, als ich mich, im Schutze dieser Tannen, in das noch sommerwarme Gras legte. Ich lag auf dem Rücken und schaute in den wolkenlosen Himmel, wo die ersten Sterne zu erkennen waren. Nach kurzer Zeit war ich von Pferden umgeben, die sich für das Bündel Mensch unter den Tannen zu interessieren schienen. Nachdem sie mich ausgiebig beschnuppert und mich - so interpretierte ich jedenfalls ihr Schnauben - für ungeniessbar befunden hatten, war ihre Neugierde befriedigt und sie begannen um mich herum zu weiden.

Inzwischen war es Nacht geworden.

Es war Neumond. Die weidenden Pferde waren nur noch als dunkle Silhouetten zu erkennen. Da in weitem Umkreis keine künstliche Lichtquelle störte, präsentierte sich der Nachthimmel wie ein schwarzes, mit unzähligen glitzernden Diamanten besticktes Tuch. Berührt von der Stille und Weite des Firmaments - mir dadurch meiner Winzigkeit bewusst - erging es mir so wie den meisten Menschen, die einmal Gelegenheit hatten, in klarer Bergluft den sternenübersäten Nachthimmel zu betrachten: Ich wurde von Gedanken und Fragen überwältigt:

„Ist vielleicht da draussen, auf einem dieser glitzernden Punkte, jemand, der wie ich in den Nachthimmel schaut und sich Fragen stellt? Wie mag es wohl auf diesem Stern aussehen - oder auf jenem dort? Existiert dieser Stern dort überhaupt noch oder sehe ich Licht, das vor Millionen von Jahren „ausgesandt" wurde und dessen Quelle heute längst erloschen ist?"

Während ich meine Gedanken auf den funkelnden Sternenhimmel konzentrierte, hatte ich mit einem Mal das Gefühl, zu schweben. Die Sterne schienen mir entgegenzukommen. Ich schien höher und höher zu schweben. Ich versuchte, mich aus der Rücken- in die Bauchlage zu drehen, was mir gelang, und sah nun weit unter mir die Weiden, die Pferde und die Tannengruppe, unter die ich mich hingelegt hatte. Ich hatte meinen Körper verlassen!

Doch es war eine völlig ungewohnte Erfahrung dieser Art. Ich befand mich zwar unzweifelhaft ausserhalb meines Körpers, denn diesen erkannte ich unter der Tannengruppe liegend. Andererseits sah ich, entgegen meiner gewohnten ausserkörperlichen Erfahrungen, wenn auch aus ungewohnter Perspektive, nichts anderes als die mir bekannte materielle Realität.

Um mich herum herrschte tiefe, dunkle Nacht. Das war für mich eine völlig neue Erfahrung, weil ich bei meinen bisherigen Exkursionen im ausserkörperlichen Zustand noch nie so etwas wie Dunkelheit erlebt hatte. Sogar wenn ich meine Aufmerksamkeit auf die materielle Realität gerichtet hatte, war diese bisher immer - auch des Nachts - in ein auffällig warmes, helles Licht getaucht. Entgegen meiner gewohnten Erfahrung in diesem Zustand war auch mein Begleiter nicht neben mir.

Ich entschied mich, den Bauernhof - mein Feriendomizil - aufzusuchen und mich von der Realität meiner Erfahrung dadurch zu überzeugen, indem ich mich in der gewohnten Umgebung näher umsah. Kaum hatte ich mir mein Zimmer vorgestellt, befand ich mich unter der Decke schwebend in demselben. „Immerhin etwas, in dem sich dieser unbekannte Zustand nicht von meinen gewohnten Erfahrungen unterscheidet", dachte ich.

In meinem Zimmer fiel mir ebenfalls als erstes die in diesem Zustand völlig ungewohnte Dunkelheit auf. Da, wie gesagt, Neumond herrschte, konnte ich nur ganz schwach die Umrisse der Möbel erkennen. Mich überkam ein starkes Bedürfnis, mich im Haus umzuschauen, wobei mein besonderes Interesse den Zimmern galt, die ich sonst nicht betreten konnte. Mit Neugierde dieser Art war ich bei meinen bisherigen ausserkörperlichen Exkursionen noch nie konfrontiert worden. Zwar hatte ich zu Beginn meiner ausserkörperlichen Erfahrungen auch einige mir bekannte Menschen in ihrem Haus aufgesucht. Dabei ging es mir jedoch nicht darum, diese Menschen in ihrem privaten Umfeld zu beobachten, sondern ich wollte mich lediglich von der Echtheit meiner Erfahrung überzeugen und hatte die betreffenden Menschen zuvor jeweils über meine Absichten informiert.

Da es mittlerweile bereits kurz vor elf Uhr war - wie ich mich durch den auf meinem Nachttisch stehenden Wecker mit fluoreszierendem Zifferblatt überzeugen konnte -, durfte ich davon ausgehen, dass die anderen Bewohner des Hauses bereits zu Bett gegangen waren. Ich durchdrang wie gewohnt die Zimmertür - darin unterschied sich mein Zustand ganz offensichtlich nicht von meinen gewohnten ausserkörperlichen Erfahrungen - und befand mich auf dem Korridor.

Rechts von mir befand sich das Zimmer von Nathalie, einem jungen Mädchen aus der Ostschweiz, das sich ebenfalls ferienhalber auf dem Bauernhof aufhielt. Ich durchdrang die Tür zu ihrem Schlafzimmer. Auch hier Dunkelheit. Nur die regelmässigen Atemzüge der Schläferin verrieten mir, wo sich das Bett befand. Was mir dabei sofort auffiel, war, dass entgegen allen meinen bisherigen Beobachtungen im ausserkörperlichen Zustand kein „Doppelgänger" über ihrem physischen Körper schwebte. Weil diese „Doppelgänger" jeweils von einem ganz besonderen, hellen Licht umgeben sind, hätte ich ihn sehen müssen. Aber da war nichts, was mit meinen bisherigen Erfahrungen übereinstimmte.

Nachdem ich auch in den Schlafzimmern der Bauernfamilie nur Schlafende, aber nicht ihre immateriellen „Doppelgänger" angetroffen hatte, entschied ich mich, in meinen physischen Körper zurückzukehren. Interessanterweise funktionierte meine gewohnte „Technik" zur Rückkehr auch in diesem Zustand. Gleichzeitig mit meinem Entschluss, fand ich mich, unter den Tannen liegend, in meinem physischen Körper wieder.

Aber sogar das Empfinden, das ich danach hatte, unterschied sich grundlegend von jenem, das ich bisher nach der Rückkehr von ausserkörperlichen Exkursionen kannte. Während für mich nach meinen bisherigen Exkursionen kein Zweifel daran bestand, dass ich meinen Körper verlassen und mich in einer anderen Dimension aufgehalten hatte, war mein Empfinden diesmal so, als wäre ich kurzfristig" gedankenabwesend" gewesen. Meine Erfahrung erinnerte mich jetzt im nachhinein eher an einen Wachtraum als an eine der gewohnten ausserkörperlichen Exkursionen.

Nachdem ich über die Weiden nach Hause geschlendert war, begab ich mich gleich zu Bett und entschloss mich zum bewussten Verlassen meines physischen Körpers, um mir den soeben erfahrenen Zustand durch meinen Begleiter erklären zu lassen. Nach meinem vorherigen Erlebnis war ich bereits vollkommen entspannt und so konnte ich mir die gewohnte Vorbereitung weitgehend ersparen.

Augenblicke, nachdem ich mich zu dieser ausserkörperlichen Exkursion entschlossen hatte, schwebte ich bereits über meinem physischen Körper. Der Zustand, in dem ich mich nun befand, entsprach unverkennbar dem, den ich bisher bei allen meinen ausserkörperlichen Erfahrungen kennengelernt hatte. Wieder fiel mir zuerst dieses warme, helle Licht auf, in das mein Zimmer getaucht war.

Ich hatte kaum Zeit mich zurechtzufinden, als auch mein Begleiter bereits neben mir erschien und mich aufforderte, ihm zu folgen. Indem ich dieser Aufforderung nachkam, durchdrangen wir gemeinsam die Aussenmauern meines Zimmers und befanden uns augenblicklich in der mir mittlerweile in gewissem Sinne zur zweiten Heimat gewordenen „jenseitigen" Parklandschaft, die mein Begleiter auch in der Vergangenheit mehrheitlich als „Schulstube" für seine Lektionen gewählt hatte. Diese Parklandschaft befand sich zwar, wie mir mein Begleiter glaubhaft versicherte, in einer - wie er es nennt - subjektiven Realität. Da die Umgebung aber den Voraussetzungen entsprach, die ich mit Wohlbefinden verband, erachtete es mein Begleiter als sinnvoll, seine Lektionen vor dieser „Kulisse" abzuhalten.

„Nun, mein Freund, diese Erfahrung war für dich offensichtlich etwas verwirrend", begann mein Begleiter. *„Es war richtig, dass du dich*

vorher zur Rückkehr in deine physische Hülle entschieden hast", fuhr er fort.

Ich hatte mich längst daran gewöhnt, dass mein Begleiter alles über mich wusste; und zwar sowohl was ich tat als auch was ich dachte. Man sollte sich aber nicht vorstellen, dass ich mich deswegen ständig beobachtet fühle. Mein Begleiter machte zwar hin und wieder Bemerkungen, die sich auf etwas, was ich getan oder gedacht hatte, bezogen, manchmal nahm er meine Handlungen oder Gedanken auch zum Anlass für eine seiner „Lektionen". Er greift jedoch nie in dem Sinne in mein Leben ein, dass er mir Ratschläge erteilen oder mein Denken und Handeln beurteilen würde. *„Es steht weder mir noch sonst einem Wesen, ausser dir selbst zu, dein Denken und Handeln zu beurteilen. Es liegt in deiner Verantwortung und vor dir alleine wirst du es dereinst auch zu verantworten haben"*, war seine Begründung für diese Haltung.

„Du möchtest von mir also wissen, was deine soeben gemachte Erfahrung bedeuten soll. Zwar warst du während der Erfahrung selbst davon überzeugt, deine physische Hülle verlassen zu haben, obwohl sich die dabei erlebte Realität grundsätzlich von dem unterschied, was du bei deinen bisherigen ausserkörperlichen Exkursionen erlebt hast. Zweifel über die „Echtheit" deiner Erfahrung sind dir erst gekommen, nachdem du bereits wieder in deiner physischen Hülle warst. Würdest du aber nicht über umfangreiche Erfahrungen im ausserkörperlichen Zustand verfügen, dann wären dir diese Zweifel nicht gekommen, weil dir Vergleichsmöglichkeiten gefehlt hätten."

„Ganz richtig, anfänglich erinnerte mich die Erfahrung zwar an die früher gemachten spontanen ausserkörperlichen Exkursionen. Dass es sich um eine völlig andere Erfahrung handelte, habe ich daran erkannt, dass sich die Umgebung, in der ich mich befand, durch nichts von der durch mich erlebten alltäglichen Realität unterschied. Zwar hat mich zum Beispiel damals, zumindest soweit ich es beurteilen kann, auch meine erste ausserkörperliche Erfahrung nicht in diese Dimension hier geführt, und trotzdem war auch die damalige Erfahrung nicht vergleichbar mit dem, was ich soeben erlebt habe. Nachdem ich diese Erfahrung nicht bewusst angestrebt habe, würde mich interessieren, wie sie zustande kam, und inwiefern sie sich von den mir bekannten ausserkörperlichen Erfahrungen unterscheidet."

„Du irrst dich zwar, wenn du davon ausgehst, dass dich deine erste ausserkörperliche Erfahrung nicht in diese Dimension geführt hat, doch ist das im Zusammenhang mit deiner heutigen Erfahrung nicht so wichtig. Für mich ist es schon fast belustigend, wie eine so banale Erfahrung einen dermassen routinierten „Grenzgänger" wie dich beschäftigen kann. Im Grunde genommen hast du nun genau die Erfahrung gemacht, die in unzähligen Büchern beschrieben wird und die bei euch allgemein unter dem Begriff „ausserkörperliche Erfahrung" bekannt ist."

„Aber das war doch keine ausserkörperliche Erfahrung, wie ich sie sonst erlebe. Da fehlte doch einfach die, wie soll ich sagen,..... die Grossartigkeit des Erlebnisses."

„Für dich mag ja das Erlebnis nicht besonders grossartig gewesen sein, die Mehrheit deiner Mitmenschen wäre jedoch schon zutiefst berührt, wenn sie diese Erfahrung machen könnten. Ich habe nicht gesagt, dass sie mit deinen gewohnten ausserkörperlichen Erfahrungen zu vergleichen ist, sondern dass sie dem entspricht, was bei euch unter dem Begriff „ausserkörperliche Erfahrung" verstanden wird. Wie du selbst festgestellt hast, befandest du dich zwar ausserhalb deines physischen Körpers, doch war dir trotzdem nicht mehr als die materielle Realität zugänglich. Ganz entgegen deinen gewohnten Erfahrungen war deine Wahrnehmung also ganz offensichtlich auf die materielle Realität beschränkt.

Erinnere dich bei dieser Gelegenheit daran, dass ich dir einmal ge-
sagt habe, die überwiegende Mehrzahl der bei euch, in der einschlä-
gigen Literatur, beschriebenen ausserkörperlichen Erfahrungen beru-
hen auf „Projektionen". Eine solche Projektion hast du soeben erlebt.
Aus Unwissenheit werden diese Projektionen bei euch meist mit tatsäch-
lichen ausserkörperlichen Erfahrungen verwechselt. Wer nie eine
tatsächliche ausserkörperliche Erfahrung gemacht hat, kann natürlich
auch nicht erkennen, dass es sich dabei um zwei vollkommen ver-
schiedene Erfahrungen handelt. Projektionen sind von ihrem Erfah-
rungsgehalt, wie du selbst festgestellt hast, nicht vergleichbar mit dem,
was du bisher unter ausserkörperlichen Erfahrungen verstanden hast.
Ich möchte damit aber keineswegs sagen, dass Projektionen als spiri-
tuelle Erfahrung ohne Wert wären, nur müssen sie richtig gewichtet
werden.

Zwar löst sich das in eure physische Existenz eingebundene (Teil-)
Bewusstsein auch bei Projektionen von der physischen Hülle, doch
agiert es ausschliesslich über die physischen Sinne und ist deshalb
auch an die materielle Realität - auf die diese Sinne fokussiert sind -
gebunden. Entgegen den dir bekannten Erfahrungen ermöglichen dir
Projektionen auch keinen Einblick in Realitäten, die der materiellen
Dimension in gewissem Sinne übergeordnet sind. Und doch ist es - bei
entsprechender Erfahrung mit diesem Zustand - nicht ausgeschlos-
sen, dass euch durch solche Projektionen auch Erfahrungsdimensio-
nen offenstehen, die ihr nicht mehr mit eurer erlebten materiellen Rea-
lität in Verbindung bringt. Doch handelt es sich bei diesen ausschliesslich
um die an anderer Stelle besprochenen subjektiven „Gebilde", die im
wesentlichen eure eigene Schöpfung darstellen und die keine gültigen
Rückschlüsse auf die Beschaffenheit „jenseitiger" Dimensionen er-
möglichen.

Viele, die selbst über ausserkörperliche Erfahrungen verfügen, wer-
den Mühe damit bekunden, zu akzeptieren, dass diesbezüglich

gewissermassen „qualitative" Unterschiede bestehen. Diese Unterschiede zu erkennen ist auch nur dem möglich, der sowohl über die Erfahrung von Projektionen, als auch über ausserkörperliche Erfahrungen in anderen Realitätsdimensionen verfügt.

Sogar ein in Insiderkreisen allgemein bekanntes Buch zum Thema „ausserkörperliche Erfahrungen" (mein Begleiter nannte den Titel, doch verzichte ich auf die Wiedergabe, weil ich es nicht gelesen habe und auch nicht beabsichtige, es zu tun und demnach seine Aussage nicht beurteilen kann) *beschreibt zum Beispiel ausschliesslich solche Projektionen. Doch dieser Autor - der gewissermassen als Pionier in Sachen ausserkörperliche Erfahrungen gehandelt wird - steht keineswegs alleine da, denn der überwiegende Teil jener Menschen, die von ausserkörperlichen Erfahrungen berichten, beschreibt Projektionen. Wie bei anderer Gelegenheit bereits gesagt, leben in eurer Zeitepoche - völlig entgegen der vielen entsprechenden Berichte, die ein anderes Bild vermitteln - nur ein paar Dutzend Menschen, die über tatsächliche ausserkörperliche Erfahrungen verfügen und nur ein Bruchteil von ihnen verfügt über die Fähigkeit, solche Erfahrungen sogar bewusst herbeizuführen."*

„Wodurch kam nun aber diese Erfahrung bei mir zustande? Spontane Exkursionen ereigneten sich bei mir ausschliesslich im Schlaf und dennoch war keine von ihnen vergleichbar mit dem, was ich soeben erlebt habe. Denn diesmal war ich - wenn auch gedanklich abwesend - wach."

„Die Antwort steckt gewissermassen in deiner Frage selbst. Während tatsächliche ausser-körperliche Exkursionen in der Regel im Schlafzustand erfolgen und - wie gesagt - nur ganz wenige Menschen fähig sind, diese aus dem Wachzustand bewusst herbeizuführen, sind Projektionen sehr häufig. Ungefähr ein Drittel aller Menschen hat schon, mehr oder weniger bewusst, solche Erfahrungen gemacht. Sie sind

jedoch nur aus dem Wachzustand, respektive im Übergangsstadium zwischen Wachen und Schlafen, möglich."

Schmunzelnd: *„Die Fragen übrigens, die du dir bei der Betrachtung des Sternenhimmels gestellt hast, waren für mich schon eine leichte Enttäuschung, habe ich dir diese doch längst beantwortet. Aber ich verstehe schon, dass der alte Menschheitstraum, irgendwann mit ausserirdischen Intelligenzen in Kontakt zu treten, durch meine Aussage, wonach ihr vergeblich nach solchen Wesen Ausschau haltet, nicht einfach ausgeträumt ist. Aber zurück zu deiner Frage:*

Du hast richtig erkannt, dass du „gedanklich abwesend" warst. Du hast dich, losgelöst von allen störenden Gedanken, auf den Sternenhimmel konzentriert und durch die Art, wie du das tatest, hast du die Voraussetzungen für die danach gemachte Erfahrung geschaffen. Du hast dich in gewissem Sinne in den Sternenhimmel „projiziert". Solche Projektionen sind im weitesten Sinne nicht mehr als „Gedankenspiele". Immerhin ermöglichen sie euch aber einen kleinen Einblick in das ungenutzte Potential eures Bewusstseins. Ihr seid weit weniger stark in eurem physischen Körper gefangen und verfügt über weitaus grössere Freiheiten, als ihr aufgrund eures falschen Selbstbildnisses annehmt.

Seit die ersten Berichte über ausserkörperliche Erfahrungen aufgetaucht sind, gab es immer Menschen, die sehnsüchtig danach strebten, solche Erfahrungen selbst machen zu können. Leider glauben nun aber viele Menschen, es handle sich dabei um eine Fähigkeit, die sie gewissermassen erlernen könnten. In dieser falschen Hoffnung werden sie dann noch durch Bücher bestärkt, die vorgeben, dazu geeignete Techniken zu vermitteln. Sie konzentrieren sich dann auf eine solche empfohlene Technik und begeben sich damit unweigerlich in eine Sackgasse.

Alle diese empfohlenen Techniken behindern den Menschen letztlich in seiner ganz persönlichen spirituellen Entwicklung. Sie ermöglichen euch bestenfalls die Erfahrung von Projektionen. Das gilt insbesondere auch für die durch fernöstliche „Meister" vermittelten Anleitungen, die bei euch gewissermassen Hochkonjunktur haben. Letztere können euch auf eurem Weg zu spirituellen Erfahrungen schon deswegen nicht nützlich sein, weil euch die kulturelle Erfahrung, die diesen Lehren zugrunde liegt, fehlt. Wahre spirituelle „Meister" sind sich dieser Tatsache bewusst und werden sich hüten, den in sich selbst zwingend erfolglosen Versuch zu unternehmen, euch mit ihren Weisheiten zu beglücken. Die Lehre, die euch spirituelle Entwicklung - was immer du schliesslich darunter verstehst - ermöglicht, hat ihre Wurzeln ausschliesslich in eurem eigenen Kulturkreis. Ihr seid nicht zufällig in einen bestimmten Kulturkreis hinein geboren!

Ungeachtet dessen werdet ihr aber erst dann tatsächliche ausserkörperliche Erfahrungen machen, wenn ihr gelernt habt, eure Wahrnehmung, über die euch durch die physischen Sinne zugängliche materielle Realität hinaus auszudehnen. Nicht einmal diese Aufgabe lösen die meisten Menschen - gefangen in einem materialistischen Weltbild - während ihres Lebens. Es ist nur allzu verständlich, wenn diese Menschen dann nach Abkürzungen auf ihrem Weg der "spirituellen Entwicklung" suchen und entsprechend anfällig für Versprechen von vermeintlich durch jederman zu erlernende Techniken sind.

Jeder deiner Mitmenschen, der solchen Versprechen vertraut, sollte sich bewusst sein, dass kein Mensch, der in der Lage ist, ausserkörperliche Exkursionen in andere Realitätsdimensionen bewusst herbeizuführen - wo ihm die Konsequenzen seines Denkens und Handelns anschaulich vor Augen geführt werden -, nach dieser Erfahrung so verantwortungslos wäre, ihm völlig fremden Menschen seine „Technik" zugänglich zu machen. Der „Wissende" ist sich bewusst, dass er den betreffenden Menschen - nicht zuletzt auch in ihrer persönlichen spirituellen Entwicklung - grossen Schaden zufügen könnte. Es existieren auch nicht zwei Menschen, denen solche Erfahrungen willentlich *möglich sind, die dazu die gleiche „Technik" anwenden. Jene, die euch „ihre Technik" zugänglich machen, haben selber nie etwas anderes als eben die genannten Projektionen erlebt und können euch deshalb - wenn überhaupt - nichts anderes als Projektionen ermöglichen.*

Du stimmst mir aufgrund deiner eigenen Erfahrungen aber sicher zu, dass in bewussten ausserkörperlichen Erfahrungen keineswegs eine aussergewöhnliche Fähigkeit gesehen werden sollte. Auch handelt es sich nicht gewissermassen um ein Exklusivrecht einiger weniger Menschen. Solche Erfahrungen stehen grundsätzlich jedem heute lebenden Menschen offen. Sie stellen sich, bei entsprechender Ausrichtung ihres Wahrnehmungsfokusses, oder wie du es nennen würdest, bei entsprechender geistiger Einstellung, von selbst ein. Doch wenden wir uns nun wieder deiner aussergewöhnlichen Erfahrung zu:

Dir ist bei deiner Projektion sofort aufgefallen, dass die Gesetzmässigkeiten, mit denen du konfrontiert wurdest, sich grundlegend von den Gesetzmässigkeiten unterscheiden, die du bei deinen ausserkörperlichen Exkursionen kennengelernt hast. Es existieren so grundlegende Unterschiede bezüglich dieser Gesetzmässigkeiten, dass es einfach ist, zwischen Projektionen und ausserkörperlichen Erfahrungen in unserem Sinne zu unterscheiden. Ein ganz wesentlicher Unterschied - die Lichtverhältnisse - ist dir sofort aufgefallen.

Wenn jemand davon spricht, dass er im Zuge einer ausserkörperlichen Exkursion mit Dunkelheit konfrontiert worden sei, dann kannst du mit Sicherheit davon ausgehen, dass es sich nicht um eine ausserkörperliche Exkursion in unserem Sinne gehandelt hat, sondern dass der betreffende Mensch eine Projektion beschreibt. Wie ich dir bei anderer Gelegenheit bereits erklärt habe, existiert jede Art von Polarität, also auch hell und dunkel, nur - gewissermassen als von eurem Verstand geforderte Gesetzmässigkeit - innerhalb eurer materiellen Dimension. Es ist also vollkommen unmöglich, dass du bei einer tatsächlichen ausserkörperlichen Exkursion mit Dunkelheit konfrontiert wirst, es sei denn, bei einem Besuch in einer der subjektiven Jenseitsrealitäten, in die ich dich noch führen werde. Das ist aber in unserem Zusammenhang nicht von Bedeutung, weil diese Jenseitsrealitäten euch auch bei tatsächlichen, bewussten ausserkörperlichen Exkursionen in der Regel nicht zugänglich sind.

Das Gegenteil von Polarität habe ich damals als „Harmonie" bezeichnet. Tatsächlich ist Harmonie - mit Ausnahme der materiellen Dimension - in allen existierenden Erfahrungsdimensionen die bestimmende Gesetzmässigkeit. So benötigen wir in dieser Dimension hier, oder jeder anderen jenseits eurer materiellen Dimension liegenden Erfahrungsrealität, keine Sonne als Lichtquelle und trotzdem existieren wir „im ewigen Licht". Was übrigens keineswegs bedeutet, dass neben eurer materiellen keine Erfahrungsdimension existieren würde, wo eine oder gar mehrere Sonnen scheinen würden. Doch sind diese nicht Quelle des Lichts, das in diesen Dimensionen wahrgenommen wird. Dessen sind sich auch alle Wesen, die sich in diesen Dimensionen „aufhalten", bewusst.

Du hast bei deinen ausserkörperlichen Exkursionen, wenn du deine Wahrnehmung auf die materielle Realität gerichtet hattest, immer wieder festgestellt, dass das Licht, das du wahrgenommen hast, gewissermassen aus den Gegenständen selbst zu strahlen schien. Tatsächlich verfügt jede Bewusstseinsform - also auch Materie - in gewissem Sinne über eine Grundschwingung, die der des „Lichts" entspricht, denn letztlich ist Bewusstsein Energie und Energie ist „Licht". Dieses „Licht" ist für euch aber durch die physischen Sinne nicht wahrnehmbar, sondern es setzt voraus, dass ihr euch eben tatsächlich jenseits von Zeit und Raum befindet, wo eure Wahrnehmung ausschliesslich über die psychischen Sinne erfolgt, auch wenn ihr d i e E r i n - n e r u n g an die körperlichen Sinne dabei manchmal als Orientierungshilfe benutzt. Dadurch wird für dich auch verständlich, weshalb *du - was nach menschlichen Massstäben ausgeschlossen scheint - dieses „Licht" bei deinen gewohnten ausserkörperlichen Exkursionen nicht primär siehst, sondern vielmehr spürst.*

Hättest du dich vorher nicht zur Rückkehr in deine physische Hülle und damit zum Abbruch deiner Projektionserfahrung entschlossen, so hättest du unzweifelhaft weitere Unterschiede zu deinen gewohnten ausserkörperlichen Exkursionen festgestellt. "

„Welche denn zum Beispiel?"

„Nun, da gäbe es einige zu erwähnen. Nachdem du aber mit deiner Projektionserfahrung gewissermassen nur einen Abstecher gemacht hast und die dabei gemachte Erfahrung im Kontext unserer gemeinsamen Aufgabe ohne jede Bedeutung ist, möchte ich dich nicht mit nutzlosen Informationen belasten. Andererseits könnte es aber für dich in Diskussionen mit Mitmenschen, die nicht über die gleichen Möglichkeiten verfügen wie du, hilfreich sein, wenn ich dir noch ein, zwei weitere Beispiele solcher Unterschiede nenne. Der Autor des bereits erwähnten Buches (er nannte erneut den Titel) *widmet zum Beispiel der Sexualität ein eigenes Kapitel. "*

„Was hat denn Sexualität mit ausserkörperlichen Erfahrungen zu tun? Ich kann keinen Zusammenhang erkennen!"

„Hättest du dich vorher nicht für die Rückkehr in deine physische Hülle entschieden, dann wüsstest du aus eigener Erfahrung sehr genau, dass da ein Zusammenhang besteht. Aber der Zusammenhang besteht eben nur in bezug auf „Projektionen", nicht aber in bezug auf ausserkörperliche Exkursionen in unserem Sinn. Menschen - im übrigen mehrheitlich Männer - die über einige Erfahrung mit Projektionen, oder - wie sie glauben - vermeintlich mit ausserkörperlichen Exkursionen verfügen, werden früher oder später die Erfahrung machen,

dass sie im ausserkörperlichen Zustand plötzlich von starken sexuel-len Gefühlen beherrscht werden können. Manchmal, wie zum Beispiel in dem genannten Buch, berichten die Betreffenden sogar von sexuel-ler Befriedigung, die sie während ihren ausserkörperlichen Exkursio-nen mit Wesen aus anderen Dimensionen erfahren haben wollen."

„Oh, nicht schlecht," konnte ich mir nicht verkneifen einzuwenden.

Schmunzelnd fuhr mein Begleiter fort:
„Du solltest nun wirklich nicht neidisch werden, weil dir solche Er-fahrungen bei deinen ausserkörperlichen Exkursionen nicht zuteil wur-den, denn würdest du solche Erfahrungen machen, dann wären dir mit grosser Wahrscheinlichkeit tatsächliche ausserkörperliche Exkursio-nen verschlossen, weil Menschen, die sich längere Zeit auf Projektio-nen einlassen, kaum mehr in der Lage sind, im Zuge ihrer Vorberei-tung jene Schwingungsfrequenz zu erreichen, die erforderlich ist, um die materielle Dimension tatsächlich hinter sich zu lassen."

„Du hast vorhin gesagt, dass Projektionen gewissermassen "Ge-dankenspiele" seien. Wenn ich dich richtig verstanden habe, dann be-deutet dies, dass es sich dabei um subjektive Erfahrungen handelt, wie du sie bereits ausführlich erklärt hast, also in gewissem Sinne um sub-jektiv Realität gewordene Wunsch- oder Wertvorstellungen."

„Du hast mich richtig verstanden."

„Dies bedeutet also, dass ich die in dem genannten Buch erwähn-ten sexuellen Erlebnisse in immateriellen Dimensionen nur dann ma-chen kann, wenn entsprechende Vorstellungen meine Erwartungshal-tung prägen?"

„In immateriellen Dimensionen kannst du solche Erfahrungen überhaupt nicht machen. In den beschriebenen subjektiven Erfahrungsrealitäten

sind sie sehr häufig. Die entsprechenden Vorstellungen müssen dabei deine Erwartungshaltung zwar nicht prägen, aber zumindest beeinflussen!"

„Dann spielen sich diese Erfahrungen demnach ausschliesslich in der Phantasie der Betreffenden ab?"

„Das ist, zumindest in eurer Wertung, ein zu ausschliessliches Urteil. Wenn du akzeptierst, dass sich deine erlebte materielle Realität zum überwiegenden Teil ebenfalls nur in deiner Phantasie abspielt, dann lautet die Antwort jedoch: Ja."

„Das genügt mir nicht als Antwort! Wenn ich deine Aussagen zu objektiven und subjektiven Erfahrungen richtig verstanden habe, so unterscheiden sich diese dadurch, dass objektive Erfahrungen durch jedes Wesen, das sich zu einem bestimmten Zeitpunkt, an einem bestimmten Ort, in einer bestimmten Erfahrungsdimension befindet, mehr oder weniger identisch erlebt werden, während subjektive Erfahrungen lediglich durch ein einzelnes Individuum als Realität erfahren werden, während alle anderen Wesen, die sich zur gleichen Zeit am gleichen Ort befinden, diese Erfahrung als Wachtraum des Betreffenden bezeichnen würden."

„Sofern du damit wirklich nur Erfahrungen ansprichst, hast du meine Interpretation sehr gut begriffen. Zwischen „Erfahrungen" und „Realitäten" musst du aber insofern einen Unterschied machen, als subjektive Realitäten sehr wohl - wie ihr in der materiellen Realität tagtäglich beweist - von vielen Menschen gleichzeitig als vermeintlich objektive Realität erfahren werden können. Subjektive Erfahrungen kann das einzelne Individuum aber tatsächlich so machen, wie du es beschrieben hast.

In dem Sinne handelt es sich bei den beschriebenen sexuellen Erlebnissen tatsächlich um subjektive Erfahrungen, die weder repräsentativ sind, noch sonst einen allgemeingültigen Wert besitzen. Tatsächlich spielen sich solche Erfahrungen - im weitesten Sinne - in der Phantasie der Betreffenden ab, genau so wie die durch dich individuell erlebte materielle Realität - ebenfalls im weitesten Sinne - zum überwiegenden Teil ein Produkt deiner eigenen Erwartungshaltung und deiner eigenen Wertvorstellungen ist."

„Willst du damit ausdrücken, dass die Betreffenden gar·nicht erkennen können, dass es sich bei ihren Erlebnissen um subjektive Erfahrungen handelt, genau so wie ich nicht erkennen kann, dass meine erlebte materielle Realität meine eigene Schöpfung darstellt?"

„Sowohl du als auch jene, die über sexuelle Erfahrungen im ausserkörperlichen Zustand berichten, könnten sehr wohl erkennen, dass es sich dabei um ihre eigene Schöpfung handelt. Dazu wäre es aber erforderlich, dass ihr euren Wahrnehmungshorizont erweitern würdet, was euch jederzeit möglich ist und lediglich durch eure „zementierten" Vorstellungen verhindert wird."

„Ich habe deinen Hinweis verstanden, ich werde mich bemühen!"

„Mein Hinweis sollte kein versteckter Vorwurf an dich sein, denn ich weiss, dass du dir jede erdenkliche Mühe gibst und deine Fortschritte sogar aus unserer Sicht bemerkenswert sind."

„Danke für das Kompliment, aber kannst du mir nun noch erklären, weshalb die genannten sexuellen Gefühle bei „Projektionen" auftreten, während ich bei meinen ausserkörperlichen Exkursionen davon verschont geblieben bin?"

„Was heisst da „verschont geblieben"? (Schmunzelnd:) „Ich kann direkt fühlen, wie du die Betroffenen bemitleidest! Trotz der Erfahrungen, die ich dir im Rahmen unserer gemeinsamen Aufgabe ermöglichen

darf, bist du in erster Linie Mensch - oder präziser gesagt, Mann. Du lebst dieses „Mann-sein" in all seinen Aspekten. Deshalb kann ich nur sagen, dass ich dich gut genug kenne, um zu wissen, dass du nicht das Geringste dagegen einzuwenden hättest, bei deinen ausserkörperlichen Exkursionen solche Erfahrungen zu machen. Aber wie gesagt, wenn du solche Erfahrungen machen willst, dann musst du weiter mit Projektionen experimentieren." (Schmunzelnd:) „Ich werde mich dabei diskret im Hintergrund aufhalten."

„Bei deiner gewohnten Art ausserkörperlicher Erfahrung sind dir derartige Erlebnisse jedenfalls nicht vergönnt. Der Grund dafür liegt darin, dass zur "Überwindung" der materiellen Dimension, in der Vorbereitung also - wie du es verstehst - zur Erreichung der erforderlichen Schwingungsfrequenz, die gleiche Energie erforderlich ist, die deine Sexualität steuert."

„Was? Nicht mit mir! Jetzt willst du mich wohl auf den Arm nehmen!"

„Keineswegs! Ich sehe in deinen Gedanken Bilder, die du in meine Aussage interpretierst, obwohl diese darin - so wie sie zu verstehen ist - gar nicht enthalten sind. Du musst unterscheiden zwischen der sexuellen Aktivität als solcher und der Energie, die dahinter steht. Auch hinter eurer Atmung ist eine bestimmte Form von Energie aktiv, die mit der Atmung als solcher nichts zu tun zu haben scheint. Jedenfalls werdet ihr in der Regel keinen Gedanken daran „verschwenden", w a s euch atmen lässt.

(Schmunzelnd:) Wenn ich dir sage, dass auch ein Baum - übrigens in ausgeprägterer Form als ihr Menschen - über sexuelle Energie verfügt, dann wirst du dein Missverständnis erkennen, denn ich gehe wohl zu Recht davon aus, dass du noch nie kopulierende Bäume beobachtet hast. Die Energie, die ich anspreche, kann sich, muss sich aber

232

nicht in der Aktivität manifestieren, die du ihr als einzig mögliche zu-
schreibst. Tatsächlich transformierst du die gleiche Energie, die gewissermassen deine Sexualität steuert, und nutzt sie, um die zur Überwindung der materiellen Dimension erforderliche Schwingungsfrequenz
zu erreichen.

Diese Tatsache erklärt auch einige Besonderheiten im Zusammenhang mit ausserkörperlichen Erfahrungen: So sind Menschen, die über
ausserkörperliche Erfahrungen verfügen - ob unbeabsichtigte, also
spontane (wobei die bei euch „Nahtoderfahrung" genannten Austritte ausgeschlossen sind, weil sie anderen Gesetzmässigkeiten folgen)
oder bewusst herbeigeführte - überwiegend Menschen, die über sehr
starke sexuelle Energie verfügen. Diese muss sich nun aber keineswegs darin manifestieren, dass sich diese Menschen durch entsprechende sexuelle Aktivität „einen Namen machen". Bei entsprechender spiritueller Entwicklung sind sie ohne weiteres in der Lage, diese
Energie in gewissem Sinne zu transformieren und dadurch gute Voraussetzungen für ausserkörperliche oder andere spirituelle Erfahrungen zu schaffen.

Die Aufforderung zur sexuellen Enthaltsamkeit, wie sie in vielen Religionslehren enthalten ist, hat - wenn auch häufig missverstanden -
sehr wohl einen tieferen Sinn. Zwar könnt ihr damit keinem imaginären
Gott einen Gefallen tun - werdet aber auch nicht „sündig", wenn ihr
die vorhandene Energie für sexuelle Aktivitäten nutzt -, aber eurer spirituellen Entwicklung ist Zurückhaltung in bezug auf sexuelle Aktivitäten allemal förderlich. Völlige Enthaltsamkeit dagegen steht im Widerspruch zu eurer Natur und kann deshalb auch für eure spirituelle
Entwicklung nicht von Nutzen sein, weil euer Denken durch die Ver-
drängung letztlich genau darauf fokussiert wird. Ihr könnt eurer wahren Natur nicht entfliehen, mögen dogmatische Glaubenssätze euch
noch so sehr vom Gegenteil zu überzeugen versuchen. Ihr kommt nicht
umhin, euch mit eurer wahren Natur auseinanderzusetzen und euer

Denken und Handeln an den durch sie bestimmten Gesetzmässigkeiten auszurichten. Die Lehre, die von ihren Anhängern - und zwar ungeachtet ihrer Stellung innerhalb ihrer Hierarchie - völlige sexuelle Enthaltsamkeit fordert, disqualifiziert sich letztendlich selbst, denn sie beweist bestenfalls, wie weit sie von eurer wahren Natur entfernt ist.

Eine sinnvolle Lehre für Menschen kann unmöglich gegen die wahre Natur des Menschen sprechen. Tut sie es doch, dann behindert sie auch ihre Anhänger im Erleben ihrer wahren Natur und dadurch letztlich in ihrer spirituellen Entwicklung. Diese Erkenntnis haben bereits Millionen von Vertretern solcher Lehren nach ihrem Übertritt in diese Dimension gewonnen. Viele von ihnen beurteilten danach ihr vergangenes irdisches Leben als Verschwendung und Beleidigung ihres „übergeordneten" Selbst. Jedoch hast du ja selbst schon erfahren, dass Enthaltsamkeit für spirituelle Erfahrungen nur von Vorteil ist. Du hast zum Beispiel festgestellt, dass du in Zeiten - sagen wir mal - erhöhter sexueller Aktivität Schwierigkeiten hast, deine physische Hülle willentlich zu verlassen."

„Das habe ich tatsächlich festgestellt, glaubte aber bisher, dass es daran liege, dass ich in solchen Zeiten weniger gut „loslassen" könne."

„Selbstverständlich spielt es eine entscheidende Rolle, dass deine Einstellung die Voraussetzungen erfüllt, damit du dich von deiner physischen Hülle lösen kannst. Aber die Verfügbarkeit transformierter sexueller Energie erleichtert es dir, den „Schwingungszustand" zu erreichen, der erforderlich ist, damit du die materielle Dimension „durchstossen" kannst. Erreichst du diesen „Schwingungszustand" nicht, das heisst, ist die "Schwingungsfrequenz" zu niedrig, dann kannst du zwar unter Umständen deine physische Hülle trotzdem verlassen. Du wirst aber, auch wenn du anderen Gesetzmässigkeiten unterworfen bist, die materielle Dimension nicht verlassen können. Deine Erfahrungen

beschränken sich dann eben auf die genannten Projektionen, die sich inhaltlich - wenn auch aus einer anderen Perspektive - weitgehend auf die Beobachtung des Geschehens in der materiellen Dimension beschränken.

Kein Mensch hat jemals willentlich eine tatsächliche, bewusste ausserkörperliche Erfahrung gemacht, bevor er eine solche nicht spontan, also ohne willentliche Beeinflussung, erlebt hätte. Die bei solchen spontanen ausserkörperlichen Erfahrungen gewonnenen Eindrücke, sind in gewissem Sinne die „Startbahn" für willentlich herbeigeführte Erfahrungen. Wie du aus eigener Erfahrung weisst, gelingt ein willentlicher Ausstieg aus der physischen Hülle nur dann, wenn du dich vollumfänglich auf die Bilder und Gefühle deiner vorherigen Exkursionen einstellen kannst. Werden diese Bilder und Gefühle nun aber durch sexuelle Motive und Gefühle gestört, dann können diese einerseits verhindern, dass du die zur Überwindung der materiellen Dimension erforderliche Schwingungsfrequenz erreichst und irgendwo dazwischen subjektive Erfahrungen machst und andererseits können sie diese subjektiven Erfahrungen so stark beeinflussen, dass Erlebnisse, wie die geschilderten sexuellen Erfahrungen mit Wesen aus „anderen Dimensionen" darin vorkommen. "

„Interessant! Gehen wir also davon aus, dass sexuelle Energie eine gute Voraussetzung für ausserkörperliche Erfahrungen ist. Spielt das Geschlecht dabei eine Rolle, oder anders gefragt, verfügen beide Geschlechter über die gleichen Möglichkeiten?"

„Beabsichtigst du, meine Antwort auf diese Frage eines Tages in deinem geplanten Buch zu verwenden? In dem Fall müsste ich sehr vorsichtig sein, denn ich möchte mir nicht den Zorn der Feministinnen zuziehen!"

„Du kennst meine Gedanken. Deshalb weisst du genau, dass ich noch nicht darüber entschieden habe, welche deiner Aussagen ich jemals für mein geplantes Buch verwenden werde. Aber, davon kann ja deine Antwort kaum abhängen, denn es wäre für mich eine völlig neue Entdeckung, dass du in deinen Aussagen auf die Meinung meiner Mitmenschen Rücksicht nimmst."

„Meine Gegenfrage war selbstverständlich nicht ganz ernst gemeint. Sie sollte lediglich ein Hinweis darauf sein, dass meine Antwort nicht ins feministische Menschenbild passt. Wie gesagt, verfügt jede in eurem Sinne lebendige Form über sexuelle Energie. Auf euch Menschen bezogen ist die Verfügbarkeit dieser Energie nicht davon abhängig, ob ihr schon geschlechtsreif seid oder nicht. Auch ein Säugling verfügt bereits über diese Energie, auch wenn er diese - in eurem Sinne - nicht in sexuelle Aktivitäten umsetzt. Was nun aber die Verfügbarkeit der - transformierten - sexuellen Energie für spirituelle Erfahrungen anbetrifft, so haben Männer eindeutig bessere Voraussetzungen. Sie haben einen Vorteil alleine aufgrund der Tatsache, dass sie - eben entgegen des gleichmachenden feministischen Menschenbildes - unzweifelhaft über ein höheres Mass an sexueller Energie verfügen als Frauen. Dieser Vorteil ist ihnen im Zusammenhang mit ausserkörperlichen Erfahrungen jedoch nur dann von Nutzen, wenn sie dazu fähig sind, diese Energie nicht in sexuelle Aktivität zu investieren, sondern sie zu transformieren oder, ich könnte auch sagen, zu steuern.

Der genannte Vorteil lässt sich zum Beispiel daran erkennen, dass es sich bei Menschen, die über tatsächliche oder vermeintliche ausserkörperliche Erfahrungen verfügen, mehrheitlich um Wesen männlichen Geschlechts handelt. Die Verfügbarkeit sexueller Energie und ihre gezielte Transformation für spirituelle Erfahrungen sind aber zwei verschiedene „Paar Schuhe". Nachdem sich die überwiegende Mehrheit der Männer - in eurer Zeitepoche - in ihrem Selbstbildnis übertrieben über ihre sexuellen Aktivitäten identifizieren, stehen sie sich letztlich - nicht nur in Zusammenhang mit ausserkörperlichen Erfahrungen - in bezug auf ihre spirituelle Entwicklung selbst im Wege.

Ganz wichtig scheint mir im Zusammenhang auch der Hinweis, dass sich die sexuelle Energie von Frauen und Männern nicht nur in ihrer Intensität unterscheidet, sondern dass sie von grundlegend anderer „Beschaffenheit" ist, das heisst, sie verfügen über unterschiedliche „Frequenzen"."

„Was muss ich mir darunter vorstellen?"

„Der sexuellen Energie von Männern wohnt zum Beispiel ein Aggressionspotential inne, das zwar nicht den Frauen als verkörperte Wesen, aber zumindest ihrer Sexualenergie weitgehend fehlt. Ich bin mir bewusst, dass der Begriff „Aggression" in eurem Sprachgebrauch eher negativ besetzt ist, was zu missverständlicher Interpretation meiner Aussage führen könnte. Ich bitte dich aber beispielsweise zu bedenken, dass keine Blütenknospe sich zu einer Blume öffnen könnte, wenn ihr nicht ein „Aggressionspotential" innewohnen würde. Jede Geburt ist ein kreativer und zugleich äusserst aggressiver Akt. Deine Austritte aus deinem physischen Körper setzen dieses „Aggressionspotential" voraus, und auch die Schöpfung wäre nicht möglich gewesen, wenn seinem Ursprung - in eurem Sinne also Gott - nicht ein „Aggressionspotential" eigen wäre. Doch zurück zu unserem Thema:

Das der männlichen Sexualenergie eigene Aggressionspotential erleichtert, richtig eingesetzt, die Überwindung der materiellen Dimension bei ausserkörperlichen Exkursionen. Ich will damit aber keineswegs behaupten, dass Frauen weniger grosse Chancen hätten, ausserkörperliche Erfahrungen in unserem Sinne zu machen. Wenn sie sich auf ihre Intuition verlassen, die wiederum der männlichen überlegen ist, dann steht ihnen ein gleichwertiges Instrument für ausserkörperliche Erfahrungen zur Verfügung.

Es würde dem umfassenden Gesetz widersprechen, wenn Männer und Frauen in der Summe nicht über gleiche Erfahrungsmöglichkeiten

verfügen würden. Ihr seid - Männer und Frauen - entgegen anders-
lautender, gleichmachender Theorien zwei völlig unterschiedliche Tei-
le eines grösseren Ganzen. Die „Schwäche" des einen wird kompen-
siert durch die „Stärke" des anderen. Der eine kann nicht existieren
ohne den anderen. Seine Existenz wäre im Rahmen des umfassende
Planes gewissermassen sinnlos. Die letzte Aussage entzieht sich wie-
derum verstandesgemässem Denken, denn ich spreche damit keines-
wegs eure biologische Aufgabe an!

So wie sich jedoch Männer in eurer Zeitepoche mehrheitlich über-
trieben über ihre sexuellen Aktivitäten - oder zumindest ihr entspre-
chendes Potential - definieren, so definieren sich immer mehr Frauen
über ihren Verstand und sprechen - diesmal beeinflusst durch eine von
„männlichem" Denken dominierte gesellschaftliche Wertvorstellung -
ihrer Intuition die Wertigkeit ab, was sie letztlich ebenfalls in ihrer spi-
rituellen Entwicklung behindert. Obwohl also sowohl Männer als auch
Frauen naturgemäss über gute Voraussetzungen für spirituelle Erfah-
rungen verfügen, gelingt es nur wenigen, die verfügbaren Energien
sinngemäss einzusetzen.

Als letztes Beispiel der unterschiedlichen Gesetzmässigkeiten, mit
denen ihr bei „Projektionen" und tatsächlichen ausserkörperlichen
Exkursionen jenseits der materiellen Dimension konfrontiert werdet,
möchte ich das „Körperbewusstsein" erwähnen. Ich habe bei ande-
rer Gelegenheit bereits auf den subjektiven Charakter jener Erfah-
rungen im ausserkörperlichen Zustand verwiesen, bei denen die Be-
treffenden glauben, dass sie sich selbst in schreckliche Gestalten ver-
wandeln, oder solche Gestalten versuchen, von ihrer physischen Hül-
le Besitz zu ergreifen. Dass du selber solche Erfahrungen bei deinen
ausserkörperlichen Exkursionen bisher nicht gemacht hast, habe ich
dir damit erklärt, dass dir dadurch, dass ich dich begleite, Erfahrun-
gen in subjektiven Realitätsdimensionen erspart geblieben sind. Das
ist zwar nach wie vor richtig, doch müssen wir diese Begründung im
Zusammenhang mit deiner heutigen Projektionserfahrung ergänzen:

Wie gesagt führen Projektionen euch nicht eigentlich in Erfah-
rungsdimensionen, die sich objektiv von der materiellen Dimension
unterscheiden. Die Beschaffenheit eures physischen Körpers - mit dem
ihr euch in diesem Zustand vollkommen identifiziert - erregt bei sol-
chen Erfahrungen bedeutend grössere Aufmerksamkeit, als dies der
Fall ist, wenn ihr die materielle Dimension einmal hinter euch gelas-
sen habt und eure Wahrnehmung nicht mehr über die physischen Sin-
ne erfolgt.

Erinnere dich bei dieser Gelegenheit an die erste Exkursion, die du
im ausserkörperlichen Zustand in meiner Begleitung gemacht hast und
die uns ans Sterbebett des jungen Mannes geführt hat. Auf jener Rei-
se hast du versucht, dir einen Eindruck von deinem psychischen Kör-
per zu verschaffen. Nachdem du festgestellt hattest, dass das, was du
damals als „Kleid " aufgefasst hast, dein eigentlicher psychischer Kör-
per ist, der nach deiner damaligen Wertung offensichtlich über kei-
nerlei Konsistenz in eurem Sinne verfügt, war dein Interesse an der
Beschaffenheit dieses Körpers befriedigt. Du hast dir seither keine Ge-
danken mehr darüber gemacht, da du dich in diesem Zustand nicht
mehr - wie ihr das in der materiellen Dimension oder eben bei Pro-
jektionen tut - über deinen Körper definierst. Die Beschaffenheit dei-
nes Körpers in diesem Zustand war dir einfach schlicht nicht wichtig
genug, um ihr weiterhin deine Aufmerksamkeit zu schenken. Die glei-
che Erfahrung von Desinteresse an der Beschaffenheit des Körpers
macht jeder Mensch, dem tatsächliche ausserkörperliche Erfahrungen
in unserem Sinne vergönnt sind. Die Banalität der Bedeutung eines
Körpers kann nur dem bewusst werden, der sich in Dimensionen auf-
gehalten hat, in denen das Selbstverständnis nicht mehr durch die Vor-
stellung eines Körpers bestimmt wird.

Bei Projektionen dagegen geniesst die Beschaffenheit des nichtphy-
sischen Körpers - wie du den entsprechenden Berichten entnehmen
kannst - die uneingeschränkte Aufmerksamkeit seines Beobachters. Ich

verwende absichtlich den Begriff „nichtphysischer Körper", weil die Beschaffenheit, oder wie du es verstehst, die Konsistenz des Projektionskörpers, nicht identisch ist mit dem Körper, den du bei tatsächlichen ausserkörperlichen Exkursionen dein Eigen nennst und den ich in meinen Ausführungen als „psychischen Körper" bezeichne.

Hättest du deine Projektionserfahrung ausgedehnt, dann wäre dir irgendwann aufgefallen, dass sich nicht nur dein Körperbewusstsein, sondern auch die Beschaffenheit des Körpers von dem Körper unterscheidet, den du von deinen ausserkörperlichen Exkursionen her kennst. Ich habe bereits darauf hingewiesen, dass du zur Überwindung der materiellen Dimension eine höhere Schwingungsfrequenz erreichen musst, als dies für Projektionen erforderlich ist. Entsprechend unterschiedlich ist aber auch die Beschaffenheit der beiden Körper. Der nichtphysische Körper, der dir Projektionen ermöglicht, verfügt gezwungenermassen selbst auch über eine geringere Schwingungsfrequenz als der psychische Körper.

Da du dich in deinem Verhalten bei der vorherigen Projektionserfahrung an den Erfahrungen orientiert hast, die du im psychischen Körper gemacht hast, bist du zum Beispiel einfach durch die Tür deines Zimmers hindurchgegangen, ohne den Versuch zu machen, die Tür zu öffnen. Als das funktioniert hat, hast du daraus geschlossen, dass sich die Gesetzmässigkeiten, in denen deine Erfahrung stattfindet, diesbezüglich nicht von den Gesetzmässigkeiten unterscheiden, denen du bei deinen gewohnten ausserkörperlichen Erfahrungen ausgesetzt bist. Doch das war ein Trugschluss: Zwar ist das „Durchdringen" von Materie auch im nichtphysischen Körper möglich, solange du nicht vom Gegenteil überzeugt bist, doch hat Materie und damit auch der nichtphysische Körper eine höhere Konsistenz - oder wie eure Physiker sagen würden eine höhere Dichte - als du es von deinen ausserkörperlichen Erfahrungen her gewohnt bist. Bei Projektionen ist es zum Beispiel ohne weiteres möglich, dass du deinen Körper berühren kannst, was - wie du selber weisst - der psychische Körper, respektive der Zustand in dem du dich dann befindest, nicht zulässt. Du hättest also die Tür zu deinem Zimmer ebensogut mit der Klinke öffnen können. Du hättest mit Sicherheit nicht durch sie hindurch gegriffen, wie du das, aufgrund deiner gewohnten Erfahrungen, erwartet hast.

Trotz der höheren Dichte ist aber der nichtphysische Körper bei Projektionen uneingeschränkt manipulierbar. In den entsprechenden Schilderungen wird deshalb auch der nichtphysische Körper als ausgesprochen plastisch beschrieben, so dass er jede denkbare, auch nichtmenschliche Form annehmen könne. Das ist grundsätzlich richtig, nur erkennen die Betreffenden nicht, dass es sich dabei keineswegs um eine allgemeingültige Gesetzmässigkeit im Rahmen ausserkörperlicher Erfahrungen handelt, sondern, dass sie selbst die Gestalter dieser ungewöhnlichen Körperformen sind. Doch, wie du selbst feststellen konntest, habt ihr auch dann, wenn ihr euch - wie du - als „Grenzgänger" über eure materielle Dimension hinaus begebt, bedingt die Möglichkeit, euer Erscheinungsbild zu verändern. Ihr könnt also zum Beispiel einen Körper annehmen, der eher euren Vorstellungen entspricht als es das Pendant eures physischen Körpers tut. Euer Körper wird aber, sofern ihr euch tatsächlich jenseits der materiellen Dimension aufhaltet, immer eine menschliche Form beibehalten. Nach dem definitiven Verlassen eurer physischen Hülle wird sich übrigens sogar die überwiegende Mehrheit von euch dafür entscheiden, den Körper, der dann zumal das Abbild eures physischen Körpers im Zeitpunkt eures Todes darstellt, zu verändern. In der Regel werdet ihr euren Körper "verjüngen", das heisst, ihr werdet die Erscheinungsform des Körpers wählen, die dieser im jungen Erwachsenenalter im vergangenen Leben hatte. Ich komme bei anderer Gelegenheit darauf zurück.

Ganz anders verhält es sich nun aber, wie gesagt, mit der Wandelbarkeit des persönlichen Erscheinungsbildes bei ausserkörperlichen Erfahrungen im Rahmen von Projektionen. So wie sich die dabei

241

gemachten Erfahrungen fast ausschliesslich in subjektiven Realitäts-dimensionen abspielen, so unterliegt auch das persönliche Erscheinungsbild der uneingeschränkten Manipulierbarkeit durch seinen Beobachter. Die Betreffenden sind meistens dermassen von der Objektivität ihrer eigenen „Schöpfung" überzeugt, dass sie sogar versuchen, sich in der ungewohnten Gestalt bei physisch zentrierten Menschen bemerkbar zu machen. Der Vollständigkeit halber sei aber erwähnt, dass es ihnen nicht möglich ist, in einer objektiven, allgemeingültigen Realitätsdimension „ihr Unwesen zu treiben". Unter bestimmten Voraussetzungen ist es zwar möglich, dass ein in seinem physischen Körper zentrierter Mensch einen Projektionskörper wahrnehmen kann, doch wird dieser immer als Pendant des Körpers erscheinen, der die Projektion gewissermassen aussendet.

Keine Chance dagegen besteht, dass jemals ein physisch zentrierter Mensch den psychischen Körper eines sich auf einer tatsächlichen ausserkörperlichen Exkursion befindlichen Menschen wahrnehmen kann. Den physisch zentrierten Menschen trennen in diesem Fall - im wahrsten Sinne des Wortes - Dimensionen! Wenn er ausgeprägt sensitiv veranlagt ist, so ist es ihm bestenfalls möglich, die Schwingungen des „Reisenden" aufzunehmen, niemals aber wird er dessen psychisches Pendant sehen können. Die in Leintücher gehüllten Hauptdarsteller eurer geliebten Spukgeschichten unterliegen anderen Gesetzmässigkeiten, auf die ich bei anderer Gelegenheit sicher noch zu sprechen komme."

„Jetzt hast du mich aber neugierig gemacht! Gibt es denn tatsächlich Geister oder wie wir sagen, Gespenster?"

„Es gibt sie, was aber nicht heisst, dass jeder Mensch sie wahrnehmen kann, es muss in gewissem Sinne eine Synchronität der Schwingung bestehen. Auch haben diese, übrigens bedauernswerten Wesen, entgegen dem Geschehen in euren Spukgeschichten, keine Möglichkeit,

242

in der physischen Welt irgendwelche Aktivitäten zu entwickeln. Sie sind und bleiben Erscheinungen im wahrsten Sinne des Wortes, die nicht ohne das Zutun ihrer sich als Opfer fühlenden Beobachter „erscheinen" können. Mehr erfährst du heute nicht, es führt uns einerseits zu weit von unserem Thema weg und andererseits sind zuvor noch andere Informationen erforderlich, damit du die „Natur" dieser Erscheinungen verstehen kannst.

Lass uns also unser heutiges Thema abschliessen:

Menschen, die jene Erfahrungen machen, die ich als Projektionen bezeichne, fühlen sich dem vermeintlich fremdbestimmten Geschehen genau so hilflos ausgeliefert, wie ihr die materielle Realität in der Regel als fremdbestimmt wertet. Da die bei solchen Projektionen erreichte Schwingungsfrequenz zwar ausgereicht hat, das „Bewusstsein" auszusenden und in diesem Sinne auch die physische Hülle, nicht aber das Umfeld der materiellen Dimension zu verlassen, erfolgt die Wahrnehmung solcher Erfahrungen ausschliesslich über die trägen physischen Sinne. Dadurch ist es den Betroffenen fast unmöglich, zu erkennen, dass sie sich in einer selbstgeschaffenen Realität aufhalten, an der auch nicht das Geringste fremdbestimmt ist. Solche Erfahrungen mögen, wie bereits gesagt, ihren Sinn darin haben, die Betreffenden erkennen zu lassen, dass sie ausserhalb ihrer physischen Hülle nicht aufhören zu existieren. Sie geben euch aber - das kann nicht deutlich genug gesagt werden - keinerlei Hinweise darauf, wie die Realität jenseits der materiellen Dimension tatsächlich beschaffen ist.

Damit möchte ich unsere heutige Lektion beenden. Zukünftig wird es dir leichter fallen, Berichte über ausserkörperliche Erfahrungen richtig einzuordnen, wenn die Aussagen dort deinen eigenen Erfahrungen widersprechen. Wenn du keine weiteren Fragen hast, dann schlage ich vor, dass du in deine physische Hülle zurückkehrst. Ich wünsche dir einen geruhsamen Schlaf."

Ich hatte zwar unzählige Fragen, musste jedoch das Gehörte zuerst verarbeiten. So liess ich mich wie gewohnt fallen und erwachte am anderen Morgen nach tiefem, traumlosen Schlaf.

Fragen und Antworten

Im folgenden werde ich - unterstützt durch meinen Begleiter - auf einige Fragen eingehen, die mich aus der Leserschaft von „Im Herzen der Wirklichkeit" erreicht haben.

Zu manchen Themen haben mich eine Vielzahl von Zuschriften erreicht. Jede dieser Zuschriften wurde von mir persönlich beantwortet Die hier veröffentlichten Antworten sind als Zusammenfassung der persönlichen Antworten zu verstehen.

Manche der gestellten Fragen wurden durch meinen Begleiter beantwortet. Wie ich das in der persönlichen Beantwortung der Zuschriften auch getan habe, veröffentliche ich diese Antworten authentisch, das heisst, ich fungiere dabei gewissermassen als sein Sekretär. Mein Begleiter spricht den oder die Fragesteller/in stets persönlich an und wählt dabei die Du-Form, nicht ohne sich dafür vorab zu entschuldigen. Um ihn der Leserschaft näher zu bringen, möchte ich deshalb seine „Begrüssungsformel", die er jeweils an den Anfang seiner Antworten stellt, hier einflechten: *„Ich begrüsse dich (Vorname) und freue mich, dass ich meinem irdischen Freund behilflich sein kann, die dich beschäftigenden Fragen zu beantworten. Dass ich dabei nichts von Förmlichkeiten halte, wirst du mir sicher nicht verübeln, denn meines uneingeschränkten Respektes kannst du dir ohnehin sicher sein."*

Auswahl aus Fragen zur Entstehung des Buches:

Es wäre für Ihre Leser sicher interessant, mehr darüber zu erfahren, wie ein solches Buch entsteht. Schreiben Sie die Aussagen Ihres Begleiters zum Beispiel aus der Erinnerung oder wie muss ich mir das vorstellen? (Frau A.G. in Linz, A)

Sie schreiben viel in der direkten Rede. Hat Ihnen ihr Begleiter diese Botschaften diktiert? Oder schreiben sie aus der Erinnerung? Falls ja, sind die Aussagen dann noch authentisch?
(Frau U.Sch. in Zürich, CH)

Eines Ihrer Kapitel beenden Sie z.B. mit dem Satz: „Ich liess mich fallen und wusste von nichts mehr". Wie ist es Ihnen möglich, die Klarheit, mit der Sie in der anderen Dimension Botschaften aufnehmen, in diese unsere materielle Realität herüberzuretten? Wie kommt diese Klarheit zu Papier? Ich z.B. bin auch nach 3xligem Lesen der wunderbaren Botschaften nicht in der Lage, diese ohne jede persönliche Wertung und Emotion an andere weiterzugeben. (Frau M.O. in Jbbenbüren, D)

Wir sind uns nicht einig darüber, ob es sich bei den veröffentlichten Aussagen Ihres Begleiters um gechannelte Botschaften handelt. Sie beschreiben zwar die Umstände, unter denen Ihr Begleiter diese Aussagen macht, aber Sie können doch das nicht alles aus der Erinnerung schreiben. Sind Sie neben Ihrer Fähigkeit, den Körper zu verlassen, auch ein Channelingmedium? (Herr und Frau R.u.K. N in Nürnberg, D)

Sie verweisen darauf, dass Ihr Begleiter es Ihnen überlassen hat, darüber zu entscheiden, welche seiner Aussagen Sie veröffentlichen wollen. Mich würde es interessieren, zu erfahren, nach welchen Kriterien Sie diese Auswahl treffen. In Anbetracht der Tatsache, dass Sie unter einem Pseudonym veröffentlichen und es, wie eigene Recherchen ergeben haben, auch über Ihren Verlag nicht möglich ist, Ihre Identität in Erfahrung zu bringen, frage ich mich, welche Gründe noch dagegen sprechen, alle Aussagen Ihres Begleiters zu veröffentlichen. Ich kann mir zwar vorstellen, dass die offizielle Kirche und andere im Versteckten wirkende Vertreter der Weltherrschaft darüber nicht erfreut wären, aber das muss Sie doch nicht weiter kümmern. Wenn ich Ihre Möglichkeiten hätte, ich würde jedenfalls nicht zögern, diese Schädlinge der Menschheit blosszustellen. (Herr R.D. in Frankfurt, D)

Antwort des Autors

Es ehrt die Leserschaft natürlich, dass sie nicht einfach „konsumiert", sondern sich für die Entstehung des „Produktes" interessiert. Andererseits wurde ich durch die vielen Fragen zu der Entstehung des Buches doch auch sanft darauf hingewiesen, dass ich im Vorwort zuwenig ausführlich darauf eingegangen bin. Zwar habe ich in diesem Vorwort zu erklären versucht, wie es dazu gekommen ist, dass die Aussagen meines Begleiters überhaupt - wenn auch nur auszugsweise - in Buchform veröffentlicht werden. Die Art, wie diese Bücher entstehen, schien mir aber für die Leserschaft zu wenig interessant, als dass ich das zu erklären versuchte. Ich bemühe mich deshalb, das Versäumte nun nachzuholen:

Nach jeder ausserkörperlichen Exkursion erfasse ich stichwortartig Thema und Inhalt der Lektion meines Begleiters. Zu diesem Zeitpunkt weiss ich selbst noch nicht, ob ich die in dieser Lektion gemachten Aussagen jemals veröffentlichen werde. Ich verweise deshalb die Leserschaft ausdrücklich darauf, dass es sich bei den veröffentlichten Aussagen um eine Auswahl handelt und mein Begleiter keinen Einfluss darauf nimmt, welche seiner Aussagen Aufnahme im Buchtext finden. Dabei habe ich mich jedoch an zwischen uns vereinbarte Regeln zu halten, die im wesentlichen besagen, dass Aussagen nicht aus ihrem Zusammenhang gerissen werden dürfen.

In der Praxis bedeutet das für mich, dass ich entweder alle Aussagen einer Lektion veröffentliche, oder sonst auf die Veröffentlichung aller in einer Lektion gemachten Aussagen verzichte. Ich kann nicht behaupten, dass die Auswahl festen Kriterien unterliegt. Sie müssen aber bedenken, dass viele der Aussagen nur im Kontext meiner ausserkörperlichen Exkursionen als solche einen Sinn ergeben. Solche Aussagen würden ausschliesslich von Menschen verstanden, die selbst über ausserkörperliche Erfahrungen verfügen. Zudem entspricht es nicht meiner Absicht, Bücher über ausserkörperliche Erfahrungen zu schreiben - mit meinen Büchern versuche ich einen grösseren Kreis interessierter Menschen zu erreichen.

Viele Aussagen kommen für mich für eine Veröffentlichung auch deshalb nicht in Betracht, weil sie so sehr im Widerspruch zu unseren gängigen Wertvorstellungen liegen, dass sie auf eine Mehrheit der Leserschaft verletzend wirken würden. So versucht mein Begleiter z.B. immer wieder auf den relativen Wert unserer materiellen Existenz hinzuweisen. Nachdem ich mich dazu verpflichtet fühle, seine Aussagen authentisch zu veröffentlichen, würde das mit Sicherheit so verstanden, dass das menschliche Leben einen geringeren Wert habe, als wir ihm in unserer Wertung zuschreiben. Auf die grosse Mehrheit der Leserschaft würde alleine die Tatsache, den Wert menschlichen Lebens zu hinterfragen, verletzend wirken.

Für mich, der ich nicht glaube, sondern weiss - entschuldigen Sie bitte, wenn das überheblich klingt, aber das widerspricht meiner Absicht, dass unsere Existenz tatsächlich nicht auf die kurze Spanne des Lebens in einem materiellen Körper beschränkt ist, wirken solche Aussagen keineswegs verletzend, sie zeigen mir lediglich auf, wie falsch unsere gängige Vorstellung - und Schulmeinung - über uns selbst ist. Ich muss bei meiner Auswahl aber immer davon ausgehen, dass die überwiegende Mehrheit der Leserschaft nicht weiss, sondern glaubt, dass ihre Existenz durch den Tod nicht beendet wird, das heisst, sie sind, trotz ihres guten Willens etwas anders zu glauben, in ihrem tiefsten Inneren immer noch der gängigen „Mit-dem-Tod-ist-alles-aus-Schulmeinung" verhaftet und koppeln ihr Selbstbildnis deshalb mit Sicherheit stärker an dieses irdische Leben, als ich das tue. Wenn mein Begleiter z.B. den medizinischen Fortschritt als Fehlentwicklung der Menschheit bezeichnet, dann sind das Aussagen, die insbesondere jene Menschen verletzen, die aufgrund eigener Erfahrungen davon überzeugt sind, das dieser Fortschritt ein Segen für die Menschheit sei. Mit diesen Beispielen möchte ich Ihnen verdeutlichen, weshalb ich viele Aussagen meines Begleiters als nicht geeignet für eine Veröffentlichung einstufe.

Wenn Sie mir empfehlen, durch Aussagen meines Begleiters die offizielle Kirche und - wie Sie sie nennen - „andere im Versteckten wirkende Vertreter der Weltherrschaft" blosszustellen, dann bleibt mir nur zu konstatieren, dass Sie die Botschaften meines Buches - zumindest bis zur Verfassung Ihres Schreibens - nicht verstanden haben. Mein Begleiter lässt in diesem Zusammenhang ausrichten, dass *„du den Feind deines Weltbildes nicht in der offiziellen Kirche oder anderen im Versteckten wirkenden Vertretern der Weltherrschaft suchen solltest, denn der Feind ist dir viel näher, er steckt in dir selbst!"*

Gleich zu Beginn des Vorwortes von „Im Herzen der Wirklichkeit" habe ich beschrieben, wie ich bei meiner ersten - damals noch nicht absichtlich herbeigeführten - ausserkörperlichen Exkursion, die

Bekanntschaft mit einem Wesen machte, das bis heute mein ständiger Begleiter ist. Das war im Jahre 1959 und das Wesen wird im Buch - auf seinen eigenen Wunsch - schlicht als „Begleiter" vorgestellt. Es ist schwierig, dem Aussenstehenden zu erklären, wie ich die ständige Präsenz meines Begleiters erfahre. Zuerst einmal ist der Begriff „ständig" so zu verstehen, dass er für mich jederzeit erreichbar ist und umgekehrt. Das gilt auch dann, wenn ich mich nicht im ausserkörperlichen Zustand befinde. Seine Anwesenheit ist für mich dann jeweils sowohl spürbar als auch „hörbar". Ich spüre ein innerliches Vibrieren, das sich vom Solarplexus ausgehend über den ganzen Körper ausbreitet und in mir ein Gefühl tiefer Entspannung auslöst, das mit extrem starken Wärmeempfindungen verbunden ist. „Hörbar" ist er für mich als innere Stimme, als klar formulierte Gedanken, die jedoch nicht von meinem Kopf, sondern ebenfalls vom Solarplexus ausgehen. In der Regel gehen die Kontakte von mir aus, das heisst, ich bestimme, wann er „durchkommen" soll. Er hat aber auch die Möglichkeit, ohne meine ausdrückliche Bereitschaft mit mir Kontakt aufzunehmen und macht in Ausnahmefällen - z.B. wenn ich mit Freunden Themen diskutiere, die in unseren „Lektionen" von Bedeutung sind - auch davon Gebrauch. Meine Freunde bekommen davon nur wenig mit. Für die „Eingeweihten" ist es völlig normal - auf die „Nichteingeweihten" wirke ich dabei einfach zeitweise etwas „abwesend".

Auf dem Hintergrund des Gesagten kann ich jetzt versuchen, Ihnen die Entstehung eines Buchmanuskriptes zu erklären: In der Planungsphase bespreche ich mit meinem Begleiter im Rahmen einer ausserkörperlichen Exkursion die Themenbereiche, die in dem Buch behandelt werden sollen. Danach stelle ich aus meinen „Ausflugsnotizen" die meiner Meinung nach geeigneten Aussagen zu diesen Themenbereichen zusammen. Darauf nimmt mein Begleiter, wie gesagt, keinerlei Einfluss. Der nächste Schritt ist der, dass die ausgewählten Aussagen in einem ersten Manuskript nach Themenbereichen geordnet zusammengefasst werden.

Danach beginnt die Feinarbeit: Ich setze mich mit meinem Begleiter in Verbindung und überarbeite danach das Manuskript Satz für Satz. Bei den Botschaften des Buches handelt es sich also nicht um gechannelte Informationen, hingegen kann die Überarbeitung des Manuskriptes zumindest phasenweise mit Channeling verglichen werden. Er kommt dabei mit Ergänzungen durch, besteht nachdrücklich auf bestimmten Formulierungen und verlangt manchmal auch, dass ich mich im ausserkörperlichen Zustand mit ihm treffe, um mir durch Anschauungsbeispiele vor Ort aufzuzeigen, dass ich eine bestimmte Aussage falsch interpretiere. Sie müssen sich das so vorstellen, dass seine "Stimme" für mich sowohl während der ausserkörperlichen, als auch während der "innerkörperlichen" Kontakte klar formulierte Gedanken sind, die aber von mir verbalisiert werden. Der menschliche Verstand funktioniert nun einmal so, dass Gedanken zuerst in Bilder und dann in Worte übersetzt werden. Mein Begleiter muss sich also meines Sprachverständnisses bedienen, wenn er mir etwas erklären will. Das ist viel schwieriger und führt viel häufiger zu - manchmal auch amüsanten - Missverständnissen, als Sie sich möglicherweise vorstellen.

Stellen Sie sich vor, ich sei ein Eskimo, der zwar schon davon gehört hat, dass irgendwo weit jenseits des Eises eine ihm vollkommen fremde Zivilisation existiert. Eines Tages treffe ich dann weit von meinem Zuhause entfernt einen fremden Menschen, der aus jener fernen Zivilisation kommt. Dieser erzählt mir, dass er sich in seiner Heimat ein schönes grosses Haus gebaut habe und beschreibt dessen Aussehen.

Weil in meinem Denken aber das Haus mit dem Bild eines Iglus verbunden ist, beschreibe ich später meinen Freunden das grosse schöne Haus des Fremden als sonderbaren, überdimensionierten Iglu. Auf die gleichen Schwierigkeiten stösst mein Begleiter, wenn er mir seine Aussagen nicht anhand von Anschauungsbeispielen verdeutlichen kann, was nicht immer möglich ist.

Am Anfang habe ich mich manchmal richtiggehend darüber geärgert, wenn ich bei der Überarbeitung des Manuskriptes festellen musste, dass ich eine seiner Aussagen vollkommen falsch verstanden hatte. In der Zwischenzeit habe ich aber festgestellt, dass mir durch die Veröffentlichung seiner Aussagen eine einmalige Möglichkeit geboten wird, das mir vermittelte Wissen zu rekapitulieren, ergänzende Informationen zu erhalten und Interpretationsfehler meinerseits aufgezeigt zu bekommen. Sie dürfen also davon ausgehen, dass jede veröffentlichte Aussage durch meinen Begleiter überprüft und damit absolut authentisch ist.

Auswahl aus Fragen zur Person des Autors

Ich beneide Sie um Ihre Fähigkeit, sich bereits zu Lebzeiten im Jenseits aufhalten zu können und in Ihrem Begleiter einen so einfühlsamen geistigen Lehrer gefunden zu haben. Inwiefern hat sich Ihr Leben dadurch verändert? (Frau N.M. in Anould,F)

Ich bin Ihnen unendlich dankbar dafür, dass Sie die wunderbaren Botschaften Ihres Begleiters veröffentlichen. Geben Sie auch Seminare? (Frau J. F. in Gelsenkirchen, D)

Gibt es eine Möglichkeit, persönliche Fragen zu Lebensaufgabe, spiritueller Ausrichtung, Optimierung der Arbeit mit Ihrem Begleiter zu erarbeiten? Kann ich bei Ihnen direkt lernen im Sinne von Schüler/Lehrer oder in Gruppen? Ich erlebe zur Zeit eine Art Stillstand, den ich als Möglichkeit zur Neuorientierung erfahre. Kann Ihr Begleiter mir dabei helfen? Sind Sie zu Diskussionen über das Leben und dessen Vielfältigkeit bereit? Gibt es eine Möglichkeit, z.B. über Lehrbriefe, mehr von den Informationen zu erhalten, welche von Ihrem Begleiter stammen? (Herr R. J. in Hinterkappelen, CH)

Wären Sie bereit, eine Einladung unseres spirituellen Freundeskreises anzunehmen und bei dieser Gelegenheit Fragen zu Ihrem Buch zu beantworten? (Herr W.V. in Innsbruck, A)

Geben Sie Kurse, wo Sie die Technik für Out-of-Body an Interessierte weitergeben? Ist es möglich bei Ihnen Privatunterricht zu bekommen? (Frau S. N. in Bern, CH)

Ich habe das Gefühl, dass Sie Mitglied einer spirituellen Bruderschaft sind und möchte Sie fragen, ob es für mich eine Möglichkeit gibt, mich dieser Vereinigung anzuschliessen?
(Frau T.R. in Gümligen, CH)

Ich bin begeistert und fasziniert von Ihrem Buch, Sie sind ein wahrhaft Erleuchteter! Sind Sie Mitglied der „Weissen Bruderschaft"? (Herr und Frau N. u. M. B. in München, D)

Wären Sie bereit, im Rahmen eines regelmässigen Briefwechsels, auch spirituelle Fragen zu beantworten, die sich nicht direkt aus Ihrem Buch ergeben? (Frau N.M. in Arbon,CH)

Antwort des Autors

Leider muss ich Sie enttäuschen - ich stehe niemandem als spiritueller Lehrer zur Verfügung, erteile keinerlei Seminare oder Kurse und stehe auch für öffentliche Auftritte nicht zur Verfügung. Soweit die Aussagen meines Begleiters - nach meiner Wertung - anderen Menschen in ihrer spirituellen Entwicklung als Wegweiser dienen können, werden diese in Buchform veröffentlicht. Die Veröffentlichung weiterer Informationen in Form von Lehrbriefen an interessierte Kreise ist ebenfalls nicht vorgesehen.

Ich bin jederzeit dazu bereit, Anfragen aus der Leserschaft - in Abstimmung mit meinem Begleiter - ausführlich und persönlich zu beantworten. Es können auch Fragen sein, die sich nicht direkt aus den veröffentlichten Aussagen meines Begleiters ableiten lassen. Als spiritueller Lehrer fühle ich mich aber nicht berufen; nicht weil ich die Verantwortung scheuen würde, sondern weil ich mir meiner Verantwortung eben sehr bewusst bin.

Meine Absage mag für Sie enttäuschend sein, doch bitte ich Sie, zu versuchen, die Gründe dafür zu verstehen. Ich bin aufgrund meiner Erfahrungen in jenseitigen Dimensionen zutiefst davon überzeugt, dass kein Mensch dazu berufen ist, sich als spiritueller Lehrer eines anderen Menschen zu betätigen. Das mag Ihrer Überzeugung widersprechen und ich habe keinerlei Absicht, Sie davon abzubringen. Aber sehen Sie, obwohl es mir nicht zusteht, andere Menschen zu be- oder verurteilen, stimmt es mich doch traurig, wenn ich sehe und erfahre wie Menschen, die selbst dringend der spirituellen Entwicklung und der Arbeit am eigenen Selbst bedürften, als spirituelle Lehrer auftreten und bestenfalls ihr Ego stärken, wenn sie von einer Schar sinn- und ziellos suchender Menschen als vermeintlich „grosse Seele" bewundert werden. Mir scheint das immer so, als ob eine Gruppe von suchenden Blinden von einem anderen Blinden geführt wird, was sie natürlich nicht erkennen können, weil sie eben blind sind.

Weil es sich mit meinen eigenen Erfahrungen überhaupt nicht deckt, überrascht es mich immer wieder, wie viele Menschen wie selbstverständlich davon ausgehen, spirituelle Entwicklung könne gewissermassen durch „Lehrer" von aussen an Sie herangetragen werden, was - ungeachtet der vielen entsprechenden Angebote - mit Sicherheit nicht der Fall ist. Kein in der materiellen Dimension zentriertes Wesen - das gilt uneingeschränkt auch für jene östlichen „Erleuchteten", die möglicherweise durch ihre exotische Erscheinung zu faszinieren vermögen, bei denen aber jeder einigermassen wache Geist unschwer erkennen kann, dass sie spirituell nicht gerade zu den „Begüterten" zählen - verfügt über das Potential, zu beurteilen, welche spezifischen Erfahrungen Sie ganz persönlich auf Ihrem spirituellen Weg benötigen. Sie dürfen mir glauben, dass ich den spirituellen „Reifegrad" eines Menschen alleine aufgrund seiner Handlungen und Aussagen intuitiv zu erkennen vermag, und beim überwiegenden Teil dieser „Lehrer" stelle ich in dieser Hinsicht erschreckende Mankos fest. Da ist sehr viel überbewertetes, nicht aufgearbeitetes Ego im Spiel!

Was wir - wenn wir über Erfahrungen verfügen, die nicht jedem Menschen ohne weiteres zugänglich sind - schildern können, sind unsere ganz persönlichen, individuellen Erfahrungen. Mit diesen Schilderungen - das liegt in der Natur solcher Erfahrungen - können wir aber immer nur eine Annäherung an unser tatsächliches Erleben und Empfinden vermitteln, weshalb unsere Erfahrungen für den Aussenstehenden immer nebulös bleiben. Keinesfalls dürfen wir aus unseren eigenen Erfahrungen ableiten, dass diese für einen anderen Menschen sinnvoll oder erstrebenswert wären. Vollkommen verantwortungslos ist es meines Erachtens, wenn suchenden Menschen Techniken vermittelt werden, die vermeintlich deren spirituelles Wachstum fördern, denn das ist pure Anmassung und zeugt in jedem Fall von einem recht bescheidene spirituellen Niveau.

Natürlich liegt das Problem nicht nur bei jenen, die sich als „Erleuchtete" aufspielen, denn sie können das ja nur deshalb, weil eine orientierungslos gewordene Menschheit ihnen eine Plattform für ihre Selbstdarstellung bietet. Es ist völlig unsinnig, sich auf seinem individuellen spirituellen Weg an dem zu orientieren, was andere Menschen erfahren haben. Es existieren keine „Techniken", die auch nur für zwei Menschen Gültigkeit hätten; spirituelle Entwicklung ist keine technische Disziplin! Nach manchmal im wahrsten Sinne des Wortes „berauschenden" Anfangserfolgen werden die bedauernswerten „Schüler", wie ich den mir zugestellten Briefen entnehmen kann, früher oder später immer die Feststellung machen, die ich leider auch Ihrem Brief entnehme: „Ich erlebe zur Zeit eine Art Stillstand......". Das ist keineswegs verwunderlich, denn spätestens am Ende einer Sackgasse kommt jeder zum Stillstand!

Nichts ist auf unserem spirituellen Weg verhängnisvoller und tragischer, als wenn wir das Schild „Sackgasse" übersehen. Dieses Schild müsste deshalb meines Erachtens, von Gesetzes wegen, auf jedem Buch, das vorgibt Techniken zur spirituellen Entwicklung zu vermitteln, und am Eingang zu jedem Seminarraum, wo die gleichen Versprechungen gemacht werden, angebracht werden! Viele suchende Menschen könnten dadurch von einem Irrglauben abgehalten werden, der sie letztlich von ihrem ganz individuellen spirituellen Weg abhält. Ich habe mich auf der „anderen Seite des Vorhanges" noch mit keinem verstorbenen Menschen unterhalten, der nicht jede Religionslehre und jede Anleitung zu spirituellem Wachstum belächelt und glattweg als Unsinn bezeichnet hätte! Jedes dieser Wesen ist sich der Tatsache bewusst, dass der Weg zu spirituellem Wachstum nur über das eigene höhere Selbst führen kann und dieses ist über keine Theorie oder Technik, sondern nur über einen hohen Grad an Aufmerksamkeit für sein eigenes inneres Wesen erreichbar.

Sie fragen mich, wie sich mein Leben durch meine spirituellen Erfahrungen verändert habe, und beneiden mich um meine Fähigkeit, mich bereits zu Lebzeiten im Jenseits aufzuhalten. Ich würde Ihre Frage gerne beantworten, nur ist mir das deshalb nicht möglich, weil ich kein anderes Leben kenne. Sie müssen bedenken, dass ich bei meiner ersten ausserkörperlichen Exkursion gerade sieben Jahre alt war. Was danach folgte ist das, was wir in unseren Erinnerungen allgemein als „unser Leben" bezeichnen. Anders ausgedrückt, weil ich nichts anderes kenne, kann ich auch nicht sagen, meine spirituellen Erfahrungen hätten irgendeinen Einfluss auf mein Leben gehabt.

Wenn Sie mich um meine „Fähigkeit" beneiden, meinen physischen Körper zu verlassen und mich bereits zu Lebzeiten im Jenseits aufzuhalten, so versuche ich, soweit mir das aus meiner Sicht der Realität überhaupt möglich ist, Ihre Gefühle nachzuvollziehen. Ich vermute aber, dass Ihre Vorstellungen in diesem Zusammenhang mit Bildern verbunden sind, die meiner erlebten Realität nicht entsprechen. Ich erlebe meine „Fähigkeit" keineswegs so vorteilhaft wie Sie sich das offensichtlich vorstellen. Die materielle Realität in seinem Denken - aufgrund von Erfahrungen jenseits von Zeit und Raum - aus einer in gewissem Sinne übergeordneten Perspektive zu beurteilen, wird, zumindest von mir persönlich, als sehr belastend empfunden. Man erkennt Zusammenhänge, ohne darauf einen grösseren Einfluss zu haben als jeder in der materiellen Realität zentrierte Mensch. Man kann aus jedem Geschehen, das die persönlich erlebte Realität prägt, die zu erwartenden Konsequenzen ableiten und hat letztlich doch keine Möglichkeit das Geschehen zu beeinflussen.

Ich verstehe schon, dass es auf Sie so wirkt, wie wenn ich mich von anderen Menschen unterscheiden würde. Aber glauben Sie mir, ich bin ein Mensch wie jeder andere, der Ihnen täglich begegnet. Ich habe meine Stärken und meine Schwächen. Ich versuche, mein Leben in Anstand und Würde vor mir selbst und meiner Mitwelt zu leben. Einmal gelingt mir das besser, ein anderes Mal weniger gut. Ich bin weder ein „Erleuchteter", noch bin ich Mitglied der „weissen Bruderschaft". Ich unterscheide mich also grundsätzlich durch nichts von Ihnen oder einem anderen Menschen.

Sie können mir über den Verlag jederzeit Fragen stellen, die Sie beschäftigen, doch sollten Sie meine Antworten keinesfalls als „Lehre" auffassen, denn das sind sie nicht. Ich beantworte an mich gestellte Fragen aus meiner eigenen Erfahrung heraus, erhebe aber auch nicht im entferntesten den Anspruch, dass diese Antworten von allgemeiner Gültigkeit sind. Diese können Ihnen Hinweise geben - wie ein

Wegweiser - aber entscheiden, welcher Weg für Sie der richtige ist, müssen sie selbst und vor allem, Sie müssen diesen Weg - davon entbindet Sie kein noch so vollmundiges, anderslautendes Versprechen - alleine gehen! Ich wünsche Ihnen dazu viel Mut und Selbstvertrauen.

Antwort des Begleiters

„Nun, nachdem ich meinen irdischen Freund gewissermassen dazu überredet habe, meine Aussagen auszugsweise in Buchform zu veröffentlichen, kann ich mich jetzt schlecht weigern, die Konsequenzen mitzutragen und die dadurch ausgelösten Fragen zu beantworten. Ungeachtet dieser Verpflichtung ihm gegenüber trage ich natürlich gerne dazu bei, die dich beschäftigenden Fragen zu beantworten.

Ich wünsche mir, dass du die Entscheidung meines irdischen Freundes so akzeptieren kannst, denn es ist die einzig mögliche, die er aufgrund seiner Erfahrungen treffen konnte. Kein Mensch, der über tatsächliche bewusste ausserkörperliche Erfahrungen in Dimensionen verfügt, die „jenseits" eurer materiellen Dimension liegen, wird bereit sein, als dein Lehrer aufzutreten. Sie sind sich bewusst, dass sie dem Suchenden damit unter Umständen grossen Schaden zufügen können und sie selbst die Konsequenzen daraus zu tragen haben.

Jene, die als Lehrer für ausserkörperliche Exkursionen auftreten, verfügen bestenfalls über die Erfahrung von Projektionen, welche in keinem einzigen Fall in eine objektive Erfahrungsdimension führen. Solche "Lehrer" können dir deshalb auch bestenfalls Projektionen ermöglichen, welche keine gültigen Rückschlüsse auf die tatsächliche Beschaffenheit jenseitiger Dimensionen zulassen. Ich sage damit nicht, dass solche Erfahrungen wertlos seien, doch musst du sie richtig einordnen. Aber auch wenn du dir dessen noch nicht bewusst bist, machst du natürlich, wie jeder andere Mensch auch, schon heute laufend ausserkörperliche Erfahrungen - wenn du schläfst. Deine physische Hülle könnte ohne diese regelmässigen Exkursionen deines Bewusstseins gar nicht überleben; das ist auch der Grund, weshalb Schlafentzug früher oder später immer tödlich endet! Es geht also nicht darum, dass ihr lernen müsstet, solche Erfahrungen zu machen. Was ihr lernen müsst, das ist eine Erweiterung eurer Wahrnehmung, doch der Weg dazu führt ausschliesslich über euer eigenes höheres Selbst, da hilft euch kein noch so „erleuchteter" Lehrer.

Auch du solltest noch vermehrt der Stimme deines höheren Selbst vertrauen. Sie ist, wie jede Stimme, die dir Wichtiges zu vermitteln hat, nicht laut; sie ist leicht zu übertönen, doch wenn du dich mehr nach innen und weniger an den deinem Ego schmeichelnden Stimmen der Aussenwelt orientierst, dann findest du in diesem Selbst einen spirituellen Lehrer, der durch keinen „Guru" und kein Buch (auch durch unseres nicht!) zu ersetzen ist. Einen wertvollen Hinweis, wie du das bewerkstelligen sollst, enthält schon die Antwort meines irdischen Freundes: Nimm Abstand von der Überzeugung, irgend etwas, was dir spirituelle Erfahrung ermögliche, die für dich von Bedeutung sei, könne von aussen an dich herangetragen werden. Du musst frei werden von solchen falschen Vorstellungen, denn diese wirken wie Anker, die deine Wahrnehmung auf die Grenzen deiner körperlichen Hülle fokussieren und dich daran hindern, dich im Meer der Unendlichkeit einfach treiben zu lassen - eine unabdingbare Voraussetzung für bewusste ausserkörperliche Erfahrungen!

Du fragst, ob für dich eine Möglichkeit für eine Zusammenarbeit mit mir bestünde. Sieh, mit meinem irdischen Freund verbindet mich eine gemeinsame Aufgabe. Diese hat nichts damit zu tun, dass er meine Aussagen veröffentlicht, das machen wir so nebenbei; das ist gewissermassen unser beider Hobby. So wie jeder von euch seine Aufgabe in diesem Leben zu erfüllen hat, so haben auch wir, die wir nicht mehr an die Materie gebunden sind, unsere Aufgabe in einem übergeordneten

Plan zu erfüllen, der letztlich allen unseren individuellen Seelen dient. Meine Aufgabe sieht nun aber nicht vor, dass ich zu deinem geistigen Begleiter werde.

Doch auch dir steht dein ganz persönlicher geistiger Begleiter zur Verfügung; ihr werdet - falls du dir das dann wünschst - euch spätestens dann treffen, wenn du dereinst deine körperliche Hülle verlässt. Ob das erst dann ist, wenn du stirbst, oder schon früher, das liegt einzig in deiner Macht. Versuche die Grenzen aufzulösen, die dich in deinem Selbstbildnis mit deinem Körper gleichsetzen, versuche dich als Teil eines grösseren Ganzen zu begreifen, begegne deinen Mitmenschen als Teil deiner selbst, begreife die dich umgebende Natur nicht mehr als U m w e l t sondern als M i t w e l t, und du wirst deine Wahrnehmung so erweitern, dass die Voraussetzungen geschaffen sind, dich mit deinem Begleiter zu treffen. Wenn du bewusste ausserkörperliche Erfahrungen machen willst, dann musst du zuerst dein Selbstbildnis so verändern, dass du dich ausserhalb dieses Körpers existierend überhaupt vorstellen kannst.

Nimm in deinem eigenen Interesse Abstand von der Vorstellung, dass unter euch - oder irgendwo in fernen Landen - berufene Gurus leben, die Wesentliches zu eurer eigenen, ganz individuellen spirituellen Entwicklung beitragen könnten. Diese „Heiligen" schöpfen ihre Reputation aus der Tatsache, dass sich die Masse der Suchenden so verhält, wie ein Verhungernder, der, anstatt das Gemüse roh zu essen, nach einem Kochbuch verlangt. Jene Energien, die euch den Zugang zu spirituellen Welten ermöglichen, die fliessen in und um euch, nicht weniger als in und um eure vermeintlichen Gurus. Niemand kann euch lehren, wie ihr mit diesen Energien umzugehen habt, um euren ganz persönlichen Zugang zu diesen Welten zu finden, ausser euer eigenes höheres Selbst. Jeder, der vorgibt, euch Hilfestellung bieten zu können, führt euch nur in seine eigene spirituelle Welt, die mit Sicherheit nicht eure ist!

Wie mein irdischer Freund bereits gesagt hat, sind wir gerne bereit, auf konkrete Fragen, die dich beschäftigen, einzugehen, aber weder er noch ich wollen dir als Krücken dienen. Du bist selbst stark genug, nur musst du lernen, dieser Kraft in dir zu vertrauen und nicht weiter versuchen, die Verantwortung für dein Leben einem spirituellen Lehrer zu übertragen. Es gibt niemanden, der über mehr Kraft verfügt, die für deine spirituelle Entwicklung entscheidend wäre, als du selbst! Nutze die dir verfügbaren Energien, du spürst sie ja - lasse sie fliessen und wirken!

Für diesmal will ich mich nun verabschieden. Ich grüsse dich und bin in Gedanken bei dir."

Frage zu Aussagen über die Entstehung von Krankheiten

Sie behaupten, dass das, was allgemein unter Aufklärung und Vorsorge verstanden wird, mehr Krankheiten verursacht habe, als wir Mediziner jemals würden heilen können und nennen dabei als konkretes Beispiel den Brustkrebs bei Frauen. Die Botschaft Ihres Buches ist insgesamt zwar faszinierend und hat auch mich überzeugt, doch glauben Sie nicht, dass Sie mit o.e. Hinweisen die Menschen verunsichern? Könnten Sie tatsächlich die Verantwortung dafür übernehmen, wenn auch nur eine einzige Frau an Brustkrebs stirbt, weil sie nach der Lektüre Ihres Buches auf die Vorsorgeuntersuchung verzichtet hat und eine Früherkennung deshalb nicht möglich war? (Frau Dr. med. S.W. in R. /D)

Antwort des Autors

Einleitend muss ich klarstellen, dass ich selbst überhaupt nichts behaupte. Aus dem Vorwort des Buches geht deutlich hervor, dass ich lediglich die mir während meiner ausserkörperlichen Exkursionen durch meinen geistigen Begleiter vermittelten Aussagen (auszugsweise) veröffentliche. Wo das nicht durch konkrete Fragestellungen während der „Lektionen" geschieht und entsprechend im Text festgehalten ist, verzichte ich bewusst auf eine Interpretation oder Beurteilung seiner Aussagen.

Was seine veröffentlichten Aussagen zum Entstehen von Krankheiten anbetrifft, so muss ich festhalten, dass im gleichen Kapitel auch unmissverständlich darauf hingewiesen wird, dass uns - weil wir ja mehr oder weniger alle vom „wissenschaftlich bewiesenen" Nutzen der Vorsorge überzeugt sind - keine andere Möglichkeit bleibt, als daran festzuhalten. Zwar erwähnt er, dass durch eine veränderte Denkhaltung Krankheiten vermieden werden könnten, weist aber auch darauf hin, „diese Änderung muss ihren Anfang in einem veränderten Selbstbildnis des Menschen haben, und das dauert nach euren Zeitbegriffen viele Generationen...".

Ich bin deshalb davon überzeugt, dass keine Frau nach der Lektüre des Buches davon ausgeht, sie dürfte einfach nicht an den Sinn der Vorsorgeuntersuchung glauben, dann werde sie schon nicht erkranken. Ich weiss nicht, ob Ihre Befürchtungen nicht auf einem zu naiven Frauenbild gründen.

Persönlich bin ich - nicht zuletzt aufgrund entsprechender Selbstbeobachtung - davon überzeugt, dass eine veränderte Denkhaltung - wie sie mein Begleiter in seinen Aussagen fordert - sowohl das Entstehen als auch die Heilung von Krankheiten positiver beeinflusst, als wir allgemein vermuten. Trotzdem würde ich niemandem empfehlen, auf ärztliche Hilfe zu verzichten, sind wir doch alle mehr oder weniger stark durch den Glauben indoktriniert, der Körper sei eine Maschine und die Medizin habe für jeden „Schaden" eine Reparaturanleitung bereit, bis hin zu den Ersatzteilen.

Meine Fragen an den Autor

Briefe, die an Herrn de Forêt adressiert sind, werden
ungeöffnet vom Verlag (Adresse siehe Impressum, Seite 4)
an den Autor weitergeleitet und von diesem absolut
vertraulich behandelt.

Pierre de Forêt

Im Herzen
der Wirklichkeit

Über Seelengeheimnisse
und psychische Welten

ISBN 3-931652-41-6
240 Seiten · gebunden
DM 29,80

Ein äußerst wichtiges Buch an der Schwelle des neuen Jahrtausends mit zum Teil völlig neuen Botschaften einer für viele Menschen immer noch fremden, unvorstellbaren Wirklichkeit - liebevoll und überzeugend übermittelt durch den geistigen Begleiter des Autors.

Der Autor beschreibt, wie er schon als Jüngling unwillkürlich aus seinem physischen Körper „ausgestiegen" ist und Astralreisen in die feinstoffliche Welt gemacht hat, zu denen er von einem Wesen aus dem Jenseits abgeholt wurde, das sich „Begleiter" nennt.

So erfahren wir u. a. die Sicht der geistigen Welt zu Themen wie:

• Ehe • Mensch, Tier und Pflanze als gleichberechtigte Teile der Schöpfung • Engel • christlicher Glaube und das kosmische = umfassende Gesetz, sowie (eine der wichtigsten Aussagen dieses Buches) • den authentischen Wortlaut der ZEHN GEBOTE.

Die Botschaften dieses Buches weichen in vielem von den bisher vorliegenden Erkenntnissen ähnlicher Literatur ab.

ISBN 3-931652-74-2
168 Seiten · gebunden
DM 29,80

D. Mantez, J.-M. & M. Paffenhoff

Kristallokosmik

Die magische Verbindung zwischen Mensch und Stein

Die Autoren spannen einen Bogen von den altüberlieferten Traditionen der Indianer über die chinesische Energielehre bis zu den Kristallen und ihren Möglichkeiten, als „intelligente Werkzeuge" das Gleichgewicht zwischen Körper, Geist und Seele wiederherzustellen. Der Umgang mit Kristallen als Weg der Einweihung - wie wir Menschen die Schwächen und Stärken unseres menschlichen Seins in uns erforschen und so ein neues Bewußtsein erreichen können.

ISBN 3-931652-71-8
304 Seiten · gebunden
DM 34,50

Triana Hill

Der unsichtbare Liebhaber

Nicht von dieser Welt

„Trianas Lebensgeschichte ist außergewöhnlich. Durch ihre Suche nach der Identität Ihres mysteriösen Erzeugers und jenseitigen Geliebten und ihre Reise in frühere Leben führt sie uns eindringlich die Rätselhaftigkeit unseres Lebens vor Augen."

James Redfield, Autor der „Prophezeiungen von Celestine"

Elisabeth Kübler-Ross

Warum wir hier sind

ISBN 3-931652-72-6
60 Seiten mit 11 Farbbildern
gebunden · 21x21 cm
DM 26,90

Elisabeth Kübler-Ross beantwort vor allem solche Fragen, die in ihren anderen Büchern noch nicht gestellt wurden und die uns alle bewegen: *Warum sind wir Menschen hier?* Warum müssen wir immer wieder inkarnieren? *Warum vergessen wir eigentlich, woher wir gekommen sind?* Was sollen wir in dieser Erdenschule lernen? *Was können wir aus einer Partnerschaft lernen?* Wie kann man mit dem Jenseits in Kontakt kommen? *Wie bereiten wir uns auf ein erneutes Erdenleben vor?* Hat denn alles, was einem im Leben widerfährt, einen Sinn? *Haben wir uns wirklich all das, was uns passiert, selbst schon vorher ausgesucht?*

Elisabeth Kübler-Ross

Jedes Ende ist ein strahlender Beginn

Bildband mit Texten von E. Kübler-Ross und Fotos von Dr. G. Siebel

ISBN 3-923 781-80-6
64 Seiten mit 16 Farbfotografien,
gebunden · 21x21 cm
DM 26,80

Dr. Gottfried Siebel ist katholischer Theologe und hat sich jahrelang der aktiven Sterbebegleitung gewidmet, wobei ihm die Bücher der Ärztin E. Kübler-Ross eine wichtige Stütze waren. Es war seine Idee, Schmetterlinge zu fotografieren und diese den aussagekräftigsten Sätzen von der bekannten Sterbeforscherin gegenüberzustellen, ist doch das Verwandlungsmotiv von der Raupe zum Schmetterling eine Parallele zu unserer eigenen Verwandlung. Ein wunderbares Geschenkbuch, welches zu begeistern weiß.

ELFENHELLFER

Format 10x15cm · broschiert · 80 Seiten · illustriert · DM 8,90 ISBN 3-854 66-00 (   )

Sei gut zu Dir

Der originale Bestseller, der die Elfenhellfer-Bewegung ursprünglich ausgelöst hat. Echte Selbstliebe beginnt mit der An-Erkenntnis, daß jeder von uns Gottes schöpferische Handarbeit ist. (0-6)

Lasse Dir Zeit

Handfeste Ideen für Leute, die immer in Eile sind: Zur Wiedergewinnung dessen, was Du bereits besitzt: Zeit, genügend Zeit. Geleitet zu einem entspannteren, friedvolleren Gebrauch der Zeit. (4-9)

Ein einfacheres Leben

Dieses Büchlein bietet einen Weg mitten durch die Ver-wicklungen unseres komplexen Lebens hin zur Wiederentdeckung seiner einfacheren Freuden und Geschenke. (2-2)

Bleib guten Mutes

Für all jene, die sich alltäglichem Ungemach und Rückschlägen gegenübersehen. Wundervolle Elfenhilfe, den Geist wieder aufzurichten und trotz der rauhen Seiten des Lebens zu lächeln. (3-0)

Dein inneres Kind Erinnern

Augenfällige Ermutigungen, Dich auch als Kind wahrzunehmen, geliebt und glücklich und fähig, als begabtes Kind Gottes Dein Leben mit Zuversicht zu lenken. (1-4)

Loslassen im Annehmen

Inspirierende Texte und einnehmende Illustrationen führen den Leser sanft in Richtung einer lebensbejahenden, heilenden Sichtweise und Einstellung. (5-7)

Die *dritten* 6 von 34 Elfenhellfern:

Neues Baby-neues Leben	(12-X)	**Aus ganzer Seele leben**	(15-4)
Beflügelt Lehrer sein	(13-8)	**Freundschaft entfalten**	(16-2)
Sei gut zu Deiner Familie	(14-6)	**Dem Stress heilsam begegnen**	(17-0)

Sei gut zu
Deinem Körper

Dieser »Elfenhellfer« ist eine wahre Quelle gesunder Körper-Weisheit, eine ganzheitliche Herangehensweise an Fitness als Ausdruck innerer Freude. (6-5)

Sei gut zu
Deiner Ehe

Dieser »Elfenhellfer« für verheiratete Paare ist ein warmherziger Führer für jene, die grundlegende Regeln von Liebe und Romantik kennen, aber einer gelegentlichen Ermutigung bedürfen, um das Knistern und die Freude ihres gemeinsamen Lebens wieder anzufachen. (7-3)

Feiere Dein
Frau-Sein

Feiere die einzigartige Erfahrung und die vielfältigen Geschenke, die darin liegen, eine Frau zu sein. Dieses zauberhaft illustrierte Büchlein schäumt über mit einer bejahenden und ermächtigenden Botschaft für Frauen jeden Alters und jedweder Lebenssituation. (8-1)

Alles Gute zum
WiederGeburtstag

Hier ist eine wunderbare Einladung zu einer sinnvollen Feier dieses besonderen Tages, an dem wir - wieder - ins Buch des Lebens eingetragen werden. (9-X)

Spiele Dich frei

Mit fröhlichen Illustrationen und ermutigenden Richtlinien erinnert uns der Autor, daß es »in Ordnung ist zu spielen und glücklich zu sein«. Gott spielte uranfänglich mit grenzenlosen Möglichkeiten - einschließlich Dir - und es war gut. (10-3)

Vertraue
Deiner Trauer

Der Tod eines geliebten Menschen hat eine machtvolle und bedeutende Auswirkung auf unser Leben. Dieses Büchlein bestärkt jene, die trauern, daß ihr Schmerz zu einer tiefgehenden verwandelnden Heilung werden kann. (11-1)

Die *vierten* 6 von 34 Elfenhellfern: *Erscheinen 2000*